U0682596

张强劲 著

中国地方财政支出区域动态均衡研究

基于效率评价的视角

中国出版集团　东方出版中心

图书在版编目（CIP）数据

中国地方财政支出区域动态均衡研究：基于效率评价的视角 / 张强劲著. －上海：东方出版中心，2021.1

ISBN 978-7-5473-1739-6

Ⅰ. ①中… Ⅱ. ①张… Ⅲ. ①地方财政－财政支出－研究－中国 Ⅳ. ①F812.7

中国版本图书馆CIP数据核字（2020）第244679号

中国地方财政支出区域动态均衡研究：基于效率评价的视角

著　　者　张强劲
责任编辑　邓　伟
封面设计　陈绿竞
内文设计　钟　颖

出版发行　东方出版中心
地　　址　上海市仙霞路345号
邮政编码　200336
电　　话　021- 62417400
印 刷 者　杭州日报报业集团盛元印务有限公司

开　　本　890mm×1240mm　1/32
印　　张　10.75
字　　数　310千字
版　　次　2021年1月第1版
印　　次　2021年1月第1次印刷
定　　价　60.00元

版权所有　侵权必究
如图书有印装质量问题，请寄回本社出版部调换或拨打021-62597596联系。

序

　　财税是国家的基础。新中国成立之初,财税工作就被置于国家建设的重要地位。作为新中国成立前参加革命,新中国成立后参与国家财税工作的老同志,本人对国家财税事业发展充满热情、饱含深情。从1950年新中国成立之初,全国财政收入和支出不足70亿元,到1993年分税制改革前夕我从财税工作岗位退下来,全国财政收入和支出双双超出4 000亿元,再到2019年全国财政收入接近了20万亿元、全国财政支出超过了23万亿元,国家财税事业兴旺发达、蒸蒸日上,作为这条战线上的老工作者,甚感欣慰。

　　强劲作为财政金融学者,在应用经济博士后研究期间对我国地方财政支出效率进行研究的基础上,采用新数据、运用新方法,全面分析了我国省、地、县各级地方财政收入、支出发展变动走势,研究了财政支出对经济发展、人民生活发挥的重要作用,并提出了提高财政支出效率的有益建议。亲历了本书形成的过程,每一点一滴成果都倾注了作者的心血与汗水,虽不敢说本书有多高的学术造诣,也不敢说有多深的理论价值,但书中呈现的国家、省、地、县各级的财政相关数据和形象生动、图文并茂的分析解说,为读者展现了新中国成立、改革开放、分税制改革关键节点上我国财税事业所发生的大事。从书中可以看到我国东、中、西部各省级财政和经济发展相互联系的变迁历程,也可以看到我们的家乡云南省 16 个市(州)、129 个县(区、市)在省委、省政府实施县域经济考核以来,财政支出效率的区域分布和动态调整。这些都是财税领域的关注点,绝大部分内容也是财税工作者喜闻乐见的。

作为亲身参与过分税制改革前的财税工作、亲眼见证了分税制改革后我国财税事业飞速发展的老工作者,在我国财政收入迈向辉煌、财政支出作用举足轻重的今天,中央和地方各级财税发挥好调节经济结构、提高人民物质和精神文化生活水平、促进各民族人民共同发展等方面的重要作用,较好地促进财税与经济社会良性互动,也是我们和社会各行业人士的共同心愿。

张孔寿

2020 年 9 月于云南

目　录

序　/001

第 1 章　引言　/001

　　第一节　研究背景及国内外研究现状　/003

　　第二节　研究框架内容与创新　/016

第 2 章　中国财政收支现状　/019

　　第一节　中国财政收支制度简述　/021

　　第二节　中国财政收入现状分析　/024

　　第三节　中国财政支出现状分析　/032

　　第四节　中国财政收支弹性分析　/034

第 3 章　中国省级地方财政收支现状　/039

　　第一节　中国东部省级地方财政收支动态分析　/042

　　第二节　中国中部省级地方财政收支动态分析　/081

　　第三节　中国西部省级地方财政收支动态分析　/109

　　第四节　中国东、中、西部省级地方财政收支动态分析比较　/149

第 4 章　基于公共产品价值的地方财政支出效率研究
　　　　　/153

　　第一节　地方财政管理体制简述　/155

　　第二节　基于公共产品价值的财政支出效率　/158

第三节　基于公共产品价值的财政支出效率比较　/185

第四节　基于公共产品价值的财政支出效率阶段性分析　/201

第五节　基于公共产品价值的市县两级财政支出效率——以
　　　　云南省为例　/204

第 5 章　基于县域经济考核的地方财政支出相对效率
　　　　研究　/231

第一节　云南省县域经济发展评价体系及考核办法简介　/234

第二节　地方财政支出相对效率评价方法　/237

第三节　云南省省市(州)财政支出相对效率评价分析　/245

第四节　云南省县级财政支出相对效率评价分析　/273

第 6 章　结语　/317

参考文献　/325

引　言

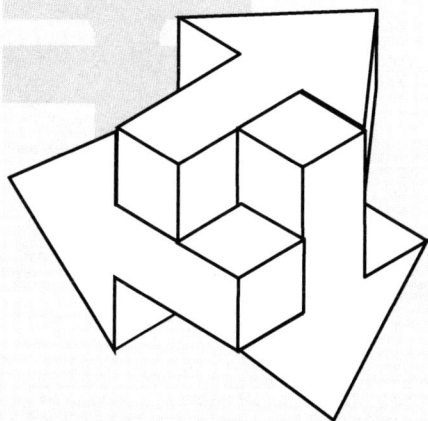

第 **1** 章

财政的理论和实践活动主要都是围绕收入和支出两个方面展开的，"在现代理财中，财政的决策活动要强调民主与透明，财政负担的分配要强调社会公正，财政资源的使用要强调经济效率，如此规范财政收支，便能在政府与国民之间形成'上下相济'的理想态势[①]"。可以说，财政与每个人都息息相关，同全社会的方方面面都存在直接的或间接的关系。

第一节　研究背景及国内外研究现状

在我国，财政是党和政府履行职能的物质基础、体制保障、政策工具和监管手段，履行财政的职能是党和政府活动的重要组成部分，既具有至关重要的经济职能，也承担着举足轻重的社会和政治职能。政府将财政收入通过财政支出活动服务社会、引导资金走向流向、宏观调控市场。财政不但分配社会资源，而且调节社会资源。可以说，财政不仅与政府相关，与每一项具有经济职能的政策相关，而且与每一位国民息息相关。

我国于1998年首次提出建立与市场经济相适应的公共财政框架，这被认为是拉开了全面改革支出管理体制的序幕。"十二五"规划纲要强调推进收入分配改革，对财政支出要更加注重社会公平，对收入调节提出了更高的要求。财政支出改革是我国财税体制改革的重要组成部

---

① 刘辉，马通. 国债管理[M]. 天津：南开大学出版社，2005.

分,2009年中国人民大学"深化财税体制改革"课题组研究指出(宋立,2009):"当前我国进一步深化财税体制改革的任务主要有五个方面。其一,深化预算体制改革,强化预算管理和监督;其二,优化支出结构、明确划分各级政府的支出责任,健全'事权及支出责任与财力相匹配、与财权相适应'的体制;其三,改革完善税收体系、调整完善分税制体制,形成有利于科学发展的税收体系和统筹中央与地方及地方各级政府间财政收入分配关系的财政体制;其四,加快形成统一、规范、透明的转移支付制度,提高一般性转移支付的比例;其五,调整财政层级,完善省以下财政体制,解决县乡财政困难,增强基层政府提供基本公共服务的能力。[1]"从这五个方面,切中我国财税体制的现状及急需解决问题的要害,其中贯穿始终的是统筹中央和地方的财税关系,推进地方财政区域间均衡发展,从而促进经济发展方式的有效转变和经济结构的优化升级,建设创新型国家。自2009年以来十余年,可以说中央和地方各级政府在深化财税改革的理论和实践中取得了显著的成效,五个方面的工作为深化我国财税改革发展发挥着重要的支撑作用,而且对较长一段时间我国财税领域可持续、健康发展仍具有重要意义。在统筹推进"五位一体"总体布局、协调推进"四个全面"战略布局的实践中,区域均衡发展是实现"两个一百年"奋斗目标中的关键点,财政在促进区域经济社会发展中不但起到重要调节作用,而且发挥着举足轻重的杠杆作用,因此,财政的支出均衡性是区域发展均衡性的重要内容和表现形式。

均衡不是一般意义上平均的概念,由于我国地域广阔,不同区域人、财、物的禀赋基础差异较大,单从量的多寡看发展的均衡性显然存在偏颇,而区域间的均衡性从质的好坏看才更全面、更科学,也更具有

---

[1]　"深化财税体制改革"课题组,宋立. 深化我国财政税收体制改革的总体思路、主要任务与改革重点(总报告)[J]. 经济研究参考,2009(26):2-27.

现实操作性。从效率的视角看均衡性，无疑就是动态反映区域发展质量的差异、观察区域均衡发展的有效路径。现实中，有两个系统——市场和政府，分别通过一定的作用机制，以满足人们的各种需要，保证人们生活和社会经济的正常运行，保证效率目标的实现。通过政府的财政支出，对经济社会的各个领域发生作用，作为财政效率的重要部分，各级政府的财政支出效率反映出政府财政支出对经济社会调节的能力、效果和质量。

关于财政支出效率的研究成果众多。有的学者通过财政支出对于促进经济增长的作用来评价财政支出的效率。吴俊培（2003）研究认为公共支出效率应包含资源配置效率和生产执行效率两方面的分析，前者是一个总量和结构问题，后者是一个具体的组织管理问题。朱柏铭和祝燕君（2008）利用时间序列数据，计量检验了瓦格纳定律，从财政支出功能性质分类角度研究我国财政支出与经济增长之间的关系。李永友（2010）利用数据包络分析方法研究财政支出效率，提出识别政府财政支出效率的标准，认为提高资源配置效率、增加经济增长绩效有助于提升财政支出效率。赵霞等（2011）采用灰色关联度方法分析我国财政支出与 GDP 之间的关系，得出各项财政支出对于经济增长的不同作用。唐颖和赵文军（2014）研究公共支出对我国经济增长方式转型的影响，得出财政公共支出效率提高显著促进我国经济增长方式转变的结论。范庆泉等（2015）将政府财政支出分为消费性支出和生产性支出，作为两个因子引入内生增长模型，研究认为政府财政支出对于私人投资具有挤出效应，从而会抑制区域的经济增长，这一现象在东部地区尤其明显。王检等（2016）研究财政支出效率与产业结构的关系，在内生经济增长模型中引入财政支出效率，形成财政支出效率与产业结构的要素积累模型，认为财政支出效率积累资本的效应大于积累劳动，资本、劳动的产业效应明显大于财政支出效率积累要素的产业效应。董翔宇等(2019)基于财政收支效率研究政府效率与要素市场配置效率的关系,提出政府财政收支对于要素配置效率的提升十分有效的论断。纵观关于财政支出与经济增长之间的研究,无论是从实证还是理论的角度分析,学者们得出的结论普遍认为经济增长与财政收支间有相互影响。研究结果支持财政支出的增长大多数情况下有利于经济增长,也有的研究认为财政支出增长会出现抑制经济增长的情况。

改革开放以来,特别是1994年分税制以来,财政分权使各级政府拥有了自己的独立利益,成为名副其实的利益主体,中央和地方的财政关系、财权、事权逐渐明晰,地方政府之间、地方与中央之间的财政竞争关系逐渐显现。与此同时,财政效率高低也反映出各级政府在财政竞争中所处的地位及需要改进和努力的方向。因此,地方政府间财政支出的竞争,也吸引了众多学者的关注。傅勇和张晏(2007)选取省际面板数据验证中国式分权背景下地方政府财政支出结构偏向的问题,认为中国的财政分权与基于政绩考核的地方政府间竞争,导致地方财政支出的扭曲。周业安和章泉(2008)选取我国省际面板数据检验财政分权与经济增长、波动之间的关系,发现财政分权促进经济增长作用显著,同时,财政分权也是导致经济波动的重要原因,在促进经济增长与控制经济波动之间寻找平衡,合理分权尤为重要。王守坤和任保平(2008)研究发现,我国省级政府间存在显著的财政政策行为,且策略性反应函数向右上方倾斜。李永友和沈坤荣(2008)的研究发现,辖区间激烈的竞争一方面使辖区内财政支出对非税收入的依赖程度出现不同程度的上升,另一方面也使财政支出结构表现出不同程度的扭曲。郭庆旺和贾俊雪(2010)对财政分权、政府组织结构影响地方财政支出规模机理进行实证研究,发现财政支出分权对县级地方政府支出规模有显著的正效应,财政收入分权则对地方政府支出规模有显著的负效应,而政府组织结构特点则在一定程度上决定财政分权对县级地方政府支出规模的影响。贾俊雪等(2011)选取县级面板数据实证研究财政分权与地方治理改革所发挥的积极作用,发现收支分权在县级财政解困中发挥的作用具有明显的非对称性,省直管县体制创新对增强县级财政自给能力反而起到抑制作用。徐永胜和乔宝云(2012)建立系统分析财政分权度测度的理论框架,并选取中国数据进行财政分权度测算。周亚虹等(2013)使用地级市数据构建空间面板数据模型,实证分析地方教育财政支出状况,发现地级市在教育支出上存在标尺竞争,财政分权显著减少地方政府的财政教育支出。徐琰超和杨龙见(2014)用地市级数据构建数据包络分析模型,研究中央和地方财政分权、财政转移支付对地方政府消费性财政支出效率的影响。席鹏辉和刘晔(2014)从地方财政支出效率的角度分析财政分权,发现财政分权与财政支出效率间有显著的正效应关系。Jia, Junxue等(2014)研究财政分权与地方财政支出政策的关系,分析纵向财政失衡对地方财政支出政策的影响,发现支出分权增加财政支出,导致资金配置对基本建设安排的权重较大、对教育行政分配的权重较小,相比之下,收入分权对地方政府支出的影响不明显。谭之博等(2015)选取面板数据采用"倍差法"分析财政分权对省直管县民生的影响,发现省直管县改革提高县级财政分权水平,而降低市级财政分权程度。李一花等(2016)采用 DEA 方法测度湖北省县级财政支出效率,运用面板数据构建回归模型估算财政分权对财政支出效率的影响,对省直管县则建立双重差分模型进一步估计其财政改革对财政支出效率的影响,发现省直管县改革对财政支出效率的改善主要通过规模效率实现。赵为民和李光龙(2016)构建空间门槛模型和空间外溢效应模型,研究财政分权对我国地方财政社会性支出效率的影响,发现财政收支分权有利于地方财政社会性支出效率的改善。贾俊雪和应世为(2016)研究地方政府竞争背景下财政分权对企业税收激励的影响,认为财政收支分权对企业有效平均税率具有非对称影响,地方政府对不同所有制企业的税收竞争行为有较大差异,对民营企业不利。崔志坤和张燕(2017)构建数据包络分析模型研究财政分权、转移支付和地方财政支出的关系,发现加强财政分权致使地方福利性财政支出效率下降,而转移支付则获得扩张。詹新宇和韩雪君(2017)基于省际面板数据建立数据包络分析模型,研究财政分权与财政支出效率的关系,得出我国财政支出效率整体水平较低,但存在显著的地区差异,按东、中、西部递减分布;财政分权对财政支出效率的影响也存在地区差异,东部地区的分权已跨过拐点,表现为抑制效应,而在中、西部地区仍表现为显著的促进作用。刘江会和王功宇(2017)构建财政支出效率的数据包络分析模型,以长三角地级市城市群为样本研究地方政府财政竞争对财政支出效率的影响,发现适度的财政竞争会提升财政支出效率,但过度竞争会造成财政支出效率损失。庞伟和孙玉栋(2018)研究财政分权及地方政府竞争对财政支出效率影响在不同区域的分布,认为财政分权对当地财政支出效率会产生负效应,但相邻区域的财政分权却能提高本区域财政支出效率。曹可成(2020)基于省际面板数据构建模型检验财政分权与基础教育间的关系,发现财政分权与基础教育财政支出效率呈现显著的"倒 U 型"关系。从众多学者的研究成果上来看,政府间的财政竞争会对财政支出效率产生影响,适度的财政竞争会提高财政支出效率,财政分权和过度的财政竞争会导致地方财政支出结构的扭曲。分地区来分析财政分权和财政支出效率之间的关系,可以看出财政分权对财政支出效率的影响也存在区域间差异,从一定程度上拉大了区域经济增长差异。研究发现合理的财政分权也会促进经济增长,但不合理的财政分权也会导致经济波动。

测度和评价财政支出效率的方法较多。梁东黎(2004)认为财政支出的效率可以通过人均产量和财政支出占总产量的比例来衡量,采用公共产品价值等于人均产出除以财政支出占总产出的比例,作为财政支出效率评价。按照这种方法测算出的财政支出效率为人均财政支出金额，也就是财政支出投入到单位个人头上的数额，是评价财政支出效率的绝对量。它既可以用于全国财政支出效率评价，也可用于地方财政支出效率评价。郭长林（2007）从财政职能的角度出发，应用回归分析的方法测算财政支出的效率。陈诗一和张军（2008）采用 DEA 分析法和受限 Tobit 模型，测算我国省级地方财政支出效率，动态分析财政分权改革的不同阶段不同区域财政支出效率。伏润民等（2008）构建二次相对效益模型评价一般性转移支付绩效，形成省对县（市）一般性转移支付绩效评价体系。刘穷志和卢盛锋（2009）构造改进的四阶段DEA－Tobit 模型测算新农村建设中财政支农支出效率，认为财政支农应均衡激励农业生产增长和农民生活质量的改善。蔡卫红和王燕武（2009）采用数据包络分析方法与固定效应面板回归模型的两阶段方法，对福建省辖内 9 个地区的财政支出效率进行核算。王德祥和张权（2011）以 2008 年中国内地 126 个地级以上城市为样本数据，应用四阶段数据包络分析方法，对中国城市公共支出效率进行实证分析。才国伟和钱金保（2011）应用数据包络分析方法测算我国 209 个地级市的财政效率，并运用空间计量模型对比分析财政支出和财政效率的空间竞争模式。续竞秦和杨永恒（2011）建立修正的 DEA 两步法模型测算省级政府财政基本公共服务供给效率，认为大多数省份有较大的提升空间，且各省之间还存在显著的不均衡性。李燕凌和欧阳万福（2011）基于 C^2R 投入型 DEA 模型，利用县乡政府三年混合数据测算财政支农支出效率，并在县级层面运用 Tobit 模型分析个体特征变量对县乡财政支农支出效率的影响。唐齐鸣和王彪（2012）采用随机前沿分析法测算 26 个省级地方政府财政支出效率，分析影响地方政府财政支出效率的主要因素，研究表明 1994 年分税制改革明显提高省级地方财政支出效率，但冲击效应减弱后地方财政支出效率呈逐年下降态势。安家康和陈晓和(2012)建立国防产出函数,基于产业函数的计算构建测算国防支出效率的 DEA 模型,以我国周边 31 个国家数据进行实证分析,并提出提高国防支出效率的策略。刘建徽等(2012)基于省际面板数据,采用 Malmquist 指数估算我国地方政府在缩小城乡居民收入差距上财政支出的效率。杨伯坚(2012)采用传统 DEA 模型和 Malmquist 生产率指数测算我国省级财政支农支出的静态和动态效率,研究财政支农资金使用效率的区域差异。李世刚和尹恒(2012)以县级财政面板数据测度因外溢效应和竞争效应引起的财政基础教育支出偏离有效率的水平,认为纠正基础教育财政支出偏低的有效方法是上级财政承担更多的基础教育支出责任。叶青和杨丞娟(2013)基于武汉城市圈"1+8"城市 5 年间样本数据,建立产出导向(output)型 DEA 模型,利用 Malmquist 指数从静态和动态两个层面测度财政支出效率,从财政角度评价该城市圈发展成效。朱浩等(2013)采用 DEA - Tobit 两阶段模型测算中国省级地方政府环境保护财政支出效率,研究表明普遍存在技术无效率现象,且区域间不均衡,中部地区表现较差。晁毓欣(2013)采用 DEA 分析法,测算教育、医疗、农业、环保、社保和交通运输基础设施六大类财政支出效率,从公共品生命周期的角度评价地方财政支出效率。覃鹏等(2013)构建 DEA 模型测算广西壮族自治区 14 地市 4 年间政府财政支出效率,并利用 Malmquist 指数计算各地整体效率的变化情况,分析区域均衡发展的路径,认为控制财政支出增长速度、深入推进支出预算管理技术创新、完善考核体系等可提高广西地方政府财政支出效率。代娟和甘金龙(2013)构建 DEA 模型测算我国地方财政支出效率,得出不同区域财政支出效率同经济发展水平密切相关,东、中、西部财政支出效率依次递减,而东部地区和中部地区是内部差别最大和最小的区域。杨林和许敬轩(2014)基于省际面板数据采用 DEA - Tobit 两步法测算我国地方公共文化服务财政支出效率,通过比较评价,认为地方政府可采取改变可控因素的方法来提升公共文化服务财政支出效率。张践祚和李贵才(2015)选取单投入、多产出指标体系,基于地级以上城市面板数据,构建 DEA - Tobit 模型测算财政支出效率,评价财政政策变动对不同区域的不同影响。杜传忠和张丽(2015)在基础型 DEA 模型的基础上,引入不同产出目标偏好形成偏好型 DEA 模型,测算不同目标偏好下不同区域地方政府效率,评价各区域发展的不同模式。吴骏和钱菲菲(2015)基于新型城镇化的内涵及其建设要求构建财政支出效率评价指标体系,进而采用 DEA 分析法测算安徽省各地级市财政支出效率。孙群力等(2016)用超效率 DEA 模型测度京津冀城市群 10 城市 10 年间财政支出效率,用 Malmquist 指数进行效率动态研究,再用面板数据 Tobit 模型分析效率的影响因素,研究京津冀城市群区域协同发展的财政支出效应。许坤和管治华(2016)构建测算安徽省各地级市财政支出相对效率的超效率 DEA 模型,并利用面板数据,对影响相对效率的主要因素进行分析。李燕和王晓(2016)以国家治理的视角,采用 DEA 方法测算地方财政支出效率,进而运用 Tobit 随机效应模型分析财政透明度对地方财政支出效率产生的总体和区域效应。王谦和李超(2016)构建三阶段 DEA 模型测度省级 20 年地方财政支农支出效率,评价分析我国地方财政农业支出效率的动态区域分布和影响因素。茹玉骢和王文雯(2016)基于 Malmquist 指数采用 DEA 方法,测算不同时间、不同区域环境、教育、卫生医疗、社会福利四大类社会基础设施财政支出效率的动态变化。乔俊峰和陈宇旺(2017)选取河南省 102 个县 11 年的数据用 DEA - Malmquist 方法分别从静态和动态的角度测算县级财政支出效率,基于测算结果,为减税增支压力下,县级财政提高财政支出效率提出建议。王谦和张兴荣(2017)构建测算财政支农支出效率的 DEA - Tobit 模型,以山东省为例进行实证研究,比较山东省不同区域财政支农支出效率的差异及影响效率提升的因素。孙杰等(2017)基于五大发展理念确定投入、产出指标,构建DEA－Tobit 模型测算财政支出效率,比较不同区域的差异。范念龙等(2018)以延安市为例用 DEA 方法测算财政支出效率,并构建巴罗内生增长模型估算财政支出最优水平。付志宇和严文宏(2018)以人均预算内财政支出为投入指标,构建多产出数据包络分析模型测算 10 年间四川省 21 市(州)财政支出效率,并以各市(州)10 年间平均财政支出效率划分效率高、较高、偏低、较低区域,绘制四川省现财政支出效率分布图,直观展现区域效率差异,分析全省均衡发展路径。王谦和董艳玲(2018)在 DEA 模型中引入非期望产出作为反映公共风险的指标,与公共产品构成的期望产出,共同作为产出指标形成公共风险约束下的财政支出效率评价模型,基于 10 年间省际面板数据测算不同区域财政支出效率,并构建随机效应 Tobit 模型对其影响因素进行实证分析。姜扬(2019)以教育、医疗卫生、社会保障支出作为民生性财政支出的主要构成,基于省际面板数据通过 DEA－Tobit 模型分别测算教育财政支出效率、医疗卫生财政支出效率、社会保障财政支出效率,并合成民生性财政总支出效率,分析地方政府民生支出效率区域分布及动态均衡路径。王谦和于楠楠(2020)构建超效率 SBM－DEA 模型,采用山东省17 个地级市 10 年间面板数据,测算地方财政环保支出效率,进而采用随机效应 Tobit 模型研究地方财政环保支出效率的影响因素。Worthington(2001)根据地方政府的职责选择 7 个指标作为产出变量,以地方政府人力、财力总投入为投入变量对澳大利亚 166 个城市的市政支出效率进行了核算和分析。王谦等(2020)基于省际面板数据构建财政科技支出效率的评价指标体系,采用三阶段超效率 SBM－DEA 模型对不同区域科技财政支出效率进行测算和评价。

从国内外研究财政效率的定量分析方法看,一种评价相对效率的计量方法——数据包络分析(Data Envelopment Analysis, DEA)方法被广泛应用，并得到不断推广。数据包络分析是著名运筹学家 A. Charnes 和 W. W. Cooper 等学者以"相对效率评价"概念为基础发展起来的一种新的行之有效的系统分析方法。在多输入和多输出的评价、决策系统中，早期的学者们关注 DEA 方法的优势，在制造业领域研究系统的实现效果及组织系统的有效性（Miller J G 和 Roth A V，1994），为企业的管理者提供决策建议及改进的方向（Subash B A，2003；Braglia 等，2003）。Taylor 和 Harris（2004）采用产出变量的加权和占投入变量加权和的比重计算评价单元的有效性。Charnes 等（1994）通过构建帕累托有效单元集，获得有效前沿面，落在有效前沿面上的单元即为有效单元。最早的 DEA 模型是 Charnes 等（1978）提出的 C^2R 模型，Banker 等（1986）在计算规模尺度时对 C^2R 模型增加了凸性的限制条件。Vahid 和 Sowlati（2007）指出如果一个单元技术有效性高，表明该单元具有在现有资源的条件下提高产出的能力强。

作为一个数学模型，DEA 模型可以通过修改获得更适应评价需要的信息（Boussofiance A 等，1991；Vahid S 和 Sowlati T，2007）。Charnes（1985）提出并研究了 DEA 模型的敏感性和稳定性；许伟和肖承忠（1990）通过比较被检测因素与非检测因素的有效规模作为每个因素影响模型结果的评价；Charnes 等（1985）对 DEA 模型做了重要的扩展，提出了窗口分析。作为 DEA 方法的扩展与增强，Sengupta（1990）提出了 DEA 的随机分布模型；Cook 等（1996）加入序关系研究了在定量因素存在情况下的 DEA 模型；Friedman 和 Stem（1998）在 DEA 模型中研究同时考虑排序和变量选择的方法；Cooper 等（1997）研究多目标规划非主导解决方案的 DEA 模型；韩松和魏权玲（2002）研究资源配置的非参数 DEA 模型；Stem 等（2000）提出 DEA 模型与 AHP 评价相结合排序的方法；王瑛等（2003）采用 DEA 模型与 AHP 评价相结合的方法进行二阶段物流系统综合评价。

自从 DEA 方法被提出，其应用领域不断扩展。L. M. Seiford (1996)提供了 1995 年以前与 DEA 相关领域研究的文章目录，S. Gattoufi 等(2003)将这个目录更新到 2001 年。从目录中提供的文章看，DEA 方法的应用已经扩展到非常广阔的领域，既包括非盈利性的领域也包括盈利性领域。W. F. Bowlin(1987)将 DEA 模型应用到军事上，评价美国现有空军力量的有效性；T. Sueyoshi 等(1999)将 DEA 方法应用到体育方面，构建棒球评价的基准方法；王新宇(2001)应用在商贸业，构建城市百货零售企业经营效率评估的 DEA 模型；陈焕江和吴延峰(2005)构建物流系统绩效综合评价的 DEA 模型。数据包络分析的应用还很广，这些应用证实了 DEA 方法具有在各种领域优于其他评价方法的优势。

A. Bessent 等(1982)针对其他模型不能同时考虑多输出，以及其他方法可能因输入、输出的多重相关性而误导出的结果失真的问题，应用 DEA 方法对休士敦独立校区生产力进行评价。Ying Chu Ng 和 Sung Ko Li(2000)基于 DEA 方法既能够评价个体也可以评价整体的特点，构建 DEA 模型对中国的高等教育进行评价。J. Johnes(2006)应用 DEA 方法实证分析高等教育的有效性。D. Parkin 和 B. Hollingsworth(1997)通过构建 DEA 模型评价苏格兰地区急诊医院的生产效率，以检测 DEA 方法分析问题的有效性。M. Al-Shammari (1999)构建多准则 DEA 模型实证分析医院的生产效能。R. Jacobs (2001)分别应用数据包络(DEA)方法和随机前沿方法(SFA)实证分析医院效能，对两种效能评价方法进行比较。D. Giokas(2002)将 DEA 方法与目标规划、回归分析相结合评估医院服务的有效边际成本，以评价医院的技术有效性。H. D. Sherman 和 E. Gold(1985)针对报表分析不足以获取提高生产能力信息的问题，应用 DEA 方法评价银行分支机构的工作效率。B. Golany 和 J. E. Storbeck(1999)构建 DEA 模型实证分析银行分支机构的运行效率。W. D. Cook 等(2005)研究突尼斯的金融自由化和银行工业效率,建议 DEA 方法用于发现和识别需要进一步分析的决策单元。M. Howland 和 J. C. Rowse(2006)针对传统比率方法不认可根据可控变量和不可控变量上交的分行业绩的问题,构建了 DEA 模型测评银行分支机构的效率。R. Narasimhan(2001)构建 DEA 模型用于供应链领域,实证分析对供应商的评价和改进措施。W. P. Wong 等(2007)构建供应链绩效评价模型。A. D. Ross 和 C. Droge (2004)针对一些潜在输入由于高度相关性而使回归方法不可行的情况,应用 DEA 方法识别无效的原材料和种类,以提高资源配置。Yao Chen 和 J. Zhu(2003)将多输入和多输出联合集成构建识别关键绩效指标的 DEA 模型。

在采用 DEA 方法对评价单元排序时,S. Zilla 和 L. Friedman (1998)研究指出,在一些情况下,尤其是当决策单元数有限时,大部分决策单元均分布在有效前沿面上,也就是出现多个决策单元的效率值为 1 的情况。这样在对决策单元进行评价时按照效率值大小排序的做法便失效。针对 DEA 方法中有效单元不能实现充分排序的问题,有许多排序方法(N. Adler 等,2002)被引入,其中有 P. Andersen 和 N. C. Peterse(1993)提出的超效率排序法,它可以让效率值大于 1,这就实现了有效率单位的效率值不全是 1,也就是不全相同,就可以根据效率值的大小对有效单位进行排序了。R. M. Thrall(1996)、J. Zhu(1996)、A. Hashimoto(1997)、T. Sueyoshi(1999)、L. M. Seiford 和 J. Zhu(1999)的研究对 DEA 超效率排序法及其应用都有重要意义。还有最早由 A. Charn(1985)提出,A. Torgersen(1996)推广的标杆排序法,它是采用无效单元参考有效单元的次数来对有效单元进行间的排序,无效单元参考有效单元的次数多,说明以被参考有效单元作为目标的单元较多,因此排序靠前。

第二节　研究框架内容与创新

本研究从新中国成立以来财政收支制度的沿革出发,在对改革开放尤其是 1994 年分税制改革以来财政收支状况进行分析的基础上,对我国省、地、县三级地方财政支出效率进行评价分析,以效率的视角研究我国地方财政支出动态均衡发展的区域特点,从地方经济社会发展与财政支出相协调的角度提出对策和建议。

第 1 章引言,内容包括:研究的背景及国内外研究现状;研究的框架内容及创新点。

第 2 章中国财政收支现状,内容包括:新中国成立以来财政收支制度的简述;我国改革开放以来财政收入现状的描述与分析;我国改革开放以来财政支出现状与分析;我国财政收支弹性分析。

第 3 章中国省级地方财政收支动态分析,内容包括:分东部、中部、西部三个板块对 31 个省(自治区、直辖市)(不包括台湾地区、香港、澳门,全书皆同)改革开放后 1981 年开始的"六五"计划实施以来我国省级地方财政收支动态分析,并对东、中、西部整体均衡状态做详细比较。

第 4 章基于公共产品价值的地方财政支出效率研究,内容包括:地方财政管理体制的简述;基于公共产品价值的计算,测算全国以及 31 个省(自治区、直辖市)地方财政支出效率值;应用统计分析方法按东部、中部、西部三个板块对 31 个省(自治区、直辖市)地方财政支出效率进行比较分析;应用结构突变的单位根检验方法,对 1981 年"六五"计划开始实施以来,全国以及部分省(自治区、直辖市)财政支出效率进行阶段性分析;基于公共产品价值,测算并分析研究 2011—2018 年云南省市(州)、县级财政支出效率。

第 5 章基于县域经济考核的地方财政支出效率评价——以云南省为例,内容包括:云南省县域经济发展评价体系及考核办法的简介;采用数据包络分析(DEA)方法构建基于云南省县域经济考核的地方财政支出相对效率测算的 C^2R 模型;运用二阶段产出导向型(output)的 C^2R 模型测算云南省 16 个市(州)及 129 个县(区、市)2011—2018 年财政支出相对效率,并进行分析。

第 6 章结语。对我国省、地、县三级地方财政支出区域均衡发展及财政管理创新与发展提出政策建议。

本研究的创新点主要有:

(1)用定量方法对我国省级财政支出状况进行分析。

(2)用统计方法定量分析基于公共产品价值测算的地方财政支出效率。

(3)运用结构突变的单位根检验研究全国及各省级地方财政支出效率阶段性。

(4)基于云南省县域经济考核综合评价指标,构建 DEA 地方财政支出相对效率模型。

(5)结合经济社会发展,分析云南省实施县域经济考核市(州)及县级的财政支出相对效率,提出地方财政支出均衡发展的对策建议。

中国财政收支现状

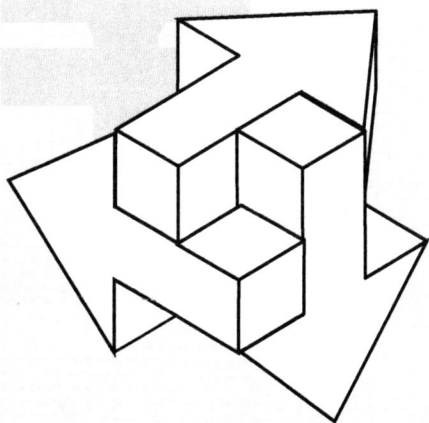

第2章

第一节　中国财政收支制度简述

新中国成立以来,我国财政收支制度大致经历了三个大的阶段[①]:统收统支阶段、分灶吃饭阶段及分税制阶段。三个大阶段的时间划分和内容还可细化为 12 个期间。

(1) 统收统支阶段细分为 7 个期间: ① 1950 年实行高度集中,统收统支;② 1951—1957 年实行划分收支,分级管理;③ 1958 年实行以收定支,五年不变;④ 1959—1970 年实行收支下放,计划包干,地区调剂,总额分成,一年一变;⑤ 1971—1973 年实行定支定收,收支包干,保证上缴(或差额补贴),结余留用,一年一定;⑥ 1974—1975 年实行按固定比例留成收入,另定超收分成比例,按指标包干支出;⑦ 1976—1979 年实行定收定支,收支挂钩,总额分成,一年一变,部分省(市)试行"收支挂钩,增收分成"。

(2) 分灶吃饭阶段细分为三个期间: ① 1980—1985 年实行划分收支,分级包干;② 1985—1988 年实行划分税种,核定收支,分级包干;③ 1988—1993 年实行财政包干。

(3) 分税制阶段按照统一规范的基本原则,划分中央地方收支范围,建立并逐步完善中央对地方转移支付制度,分为两个期间: ① 1994—2018 年实行省及以下地方并行国家税务和地方税务两个征管体制;② 2018 年至今,政府机构改革,各级国家税务和地方税务征管

[①]　百度文库. https://wenku.baidu.com/view/47e264ae08a1284ac850439b.html. 2020,8,25.

机构合并,实行统一的征管体制。

新中国成立后的近 30 年,在不同的形势下,通过适应形势的调整,与计划经济体制相适应的财政管理制度渐渐形成,具体对应的便是统收统支的财政收支制度,这是一种高度集中的财政管理制度。在传统的计划经济时代,资源配置的方式是由政府主导的高度集中的,因而与之相对应的必然是高度集中的财政收支制度。客观地讲,这种统收统支的财政收支体制为新中国成立初期的经济社会发展发挥了重要的作用。与此同时,统收统支、高度集中的财政收支制度,在改革开放的进程中,尤其是社会主义市场经济发展的进程中弊端初显。党的十一届三中全会后,我国迎来了发展的春天,财政收支制度也开启了以分权为特征的改革。由于高度集中的财政体制"统收统支"了大部分资源,并且主要集中在中央政府,因此改革的初始路径就应是通过分配的权力下放来调动地方和微观主体的积极性,以促进经济发展和财政收入的增长。因此,"分灶吃饭"方式的财政收支制度开启了政府间财政关系改革。1994 年开始实施的分税制改革,为适应社会主义市场经济的发展,理顺中央与地方财政的关系,逐渐建立适应地方经济社会发展的地方财政体系,打下了重要的理论和实践操作基础。

贾康和赵全厚(2008)在《中国财政改革 30 年:政策操作与制度演进》一文中对我国的财政收支体制作出过全面的评价,指出"1978 年后我国财政体制变动过程可划分为三大段:一是党的十一届三中全会后放权让利、建立财政'分灶吃饭'的分级包干体制;二是 20 世纪 90 年代前期构建中央与地方之间以划分税种为基础的适应社会主义市场经济体制的分级财政体制;三是 1998 年后实施以建立公共财政框架为取向的全面创新。[1]"

---

① 贾康,赵全厚. 中国财政改革 30 年:政策操作与制度演进[J]. 改革,2008(5):1-25.

根据事权和财权相结合的原则,中央和地方的税收和支出作出了明确的划分。与行政管理体制相适应,现行财政体制遵循"统一领导,分级管理"的基本原则,中央政府仅与省级政府进行收支划分和转移支付,省以下财政体制由各地省级政府在中央指导下,结合本地实际情况确定。从目前的情况看,大部分地区都按照分税制的要求,划分了省以下各级政府的收支范围,并建立了较为规范的省对下转移支付体系。

在市场经济体制下,需要按照收入的内在属性,将税基流动性较强、地区间分布不均衡、收入变化具有周期性或波动性,以及税负易转嫁的税种划为中央收入。如消费税,宏观调控功能较强,留给地方不仅难以实现公平,而且会产生逆向调节,像烟酒类商品的消费税;再如企业所得税,企业所得税与宏观经济景气相关,波动性较强,特别是随着总部经济的发展,投资多元化与企业兼并重组的常态化,税源容易在地区间转移,造成地区间苦乐不均。因此,中央适度集中这些收入,既符合税种属性也有利于宏观调控。

我国地区间发展差异较大,经济发展不平衡,社会发展水平差距较大,自然条件也千差万别,中央财政适度集中财力有利于实施有效的地区均衡政策,推动基本公共服务均等化,促进区域协调发展。我国东部地区人口相对较少,但却是财政收入的"主产区"。据国家统计局数据整理计算[1]:2011年东部地区人口占全国的32%,公共财政收入占全国地方财政总收入的61%;中西部地区人口占68%,公共财政收入仅占全国地方财政总收入的39%。2019年东部地区人口占全国的比重上升至42%,公共财政收入占全国的比重也提升至68%;相应的中西部地区人口占比降至58%,公共财政收入占比降至32%。如果地区间

---

[1] 国家统计局国家数据网站.https://data.stats.gov.cn/easyquery.htm? cn=E0103. 2020,8,25.

经济相对均衡、税源分布相对均匀,中央财政确实可以少集中一些,但在东西部差距虽然有所缩小,却依然较为明显的现实国情下,中央如果不适度集中收入并通过转移支付等支持中西部地区发展,地区间财力差距会更大,公共服务均等化、地区间协调发展、社会和谐等就无从谈起。因此,中央保持一定的财力集中度,既有利于建立和完善社会主义市场经济体制、推动科学发展,又有利于增强宏观调控能力、推动地区间基本公共服务均等化,具有重要的政治和经济意义。

事实上,分税制财政收支制度的确立,才标志着建立起了中央财政收支体系和地方财政收支体系。可以说,1994年分税制财政体制的改革,是中国改革开放之后财政体制的一次最为重大的改革。实行分税制,调动了各级地方政府的理财积极性并促进了企业的公平竞争。各地顺应分税制的要求,积极调整政府职能和培育财源,有力地促进了地方经济的发展。

当然分税制的财政收支制度,也并不是从一建立起就一劳永逸地解决了所有的问题,财政制度的发展总是随着经济社会的发展而发展、改革而改革的。分税制在其建立后有效地解决了当时面临的主要问题,具体地说,是实现了"两个提高"的目标。随着社会主义市场经济的不断发展,随着构建社会主义和谐社会要求的不断深化,分税制的财政收支制度也必将不断地深化发展。当前面临的地方事权与财权匹配性不够协调、收入分配不够合理等问题均需要在现行的财政收支制度框架下加以完善解决。

第二节　中国财政收入现状分析

收入是支出的来源,是保障和改善民生的财力基础。新中国成立以来,我国财政收入走势如图 2-1 所示[①]。全国财政收入从 1950 年的 62.17 亿元增至 2019 年的 190 382.23 亿元,增长超过 3 062 倍,年均增速达 12.3%。改革开放以来,我国的财政收入增幅巨大,从 1979 年的 1 146.38 亿元到 2019 年 190 382.23 亿元,增长了 166 倍,年均增长 13.6%,尤其是 1994 年分税制改革以来,近 20 年的高速增长,绝大部分年份的财政收入增长率都在平均值之上,且多个年份都有 20% 以上的增幅,至我国经济进入新常态才由高速增长向中低速增长转换。

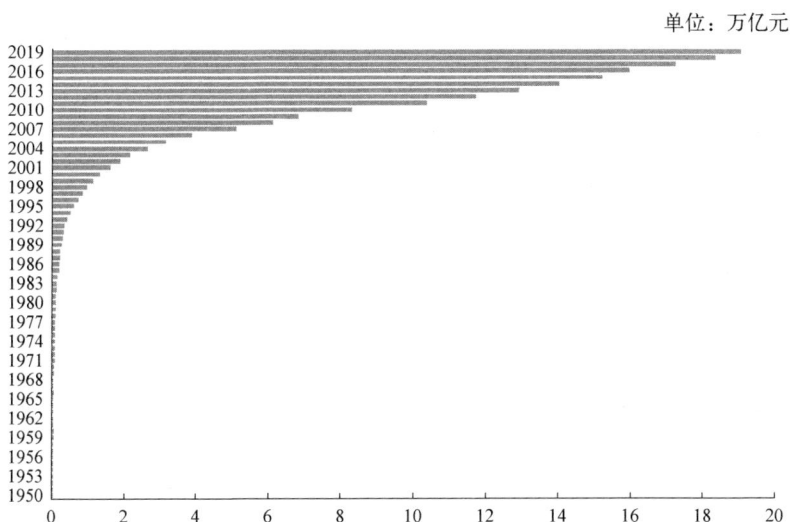

图 2-1　全国财政收入走势

财政收入在 GDP 中的比重变化能够反映出政府收入与经济运行之间的关系。在我国现行经济体制下,财政收入主要来自对企业征收的增值税、所得税、国有企业上缴的利润和政府发行的国债等。分税制改革以前,国有企业的利润上缴在政府收入中占有很大比重,随着经济

① 国家统计局国家数据网站.https://data.stats.gov.cn/easyquery.htm? cn=C01. 2020,8,25.

的增长,国家对非公经济加大扶持,国有企业在经济中的比重有所下降。而这期间国有企业的效率低于非国有企业,当经济增长率提高和利润增加时,企业的留利也会增加;在经济增长率下降时,由于国有企业的效率低于非国有企业,国有企业的利润下降得更多,这就降低了政府的财政收入在国民收入中的比重。

新中国完成社会主义改造后,1953 年,开始实施第一个五年计划,经过 70 年的发展,至 2020 年第十三个五年规划即将完成,我国的 GDP取得了飞速的发展,GDP 走势和实际增速如图 2-2 所示[①]。1953—2019 年从 824.4 亿元增至 99.1 万亿元,增长超过 1 200 倍,年均名义增速 11.3%。剔除物价因素,67 年间 GDP 实际平均增速为 8.3%,改革开放后的(1979—2019 年)实际平均增速为 9.4%。

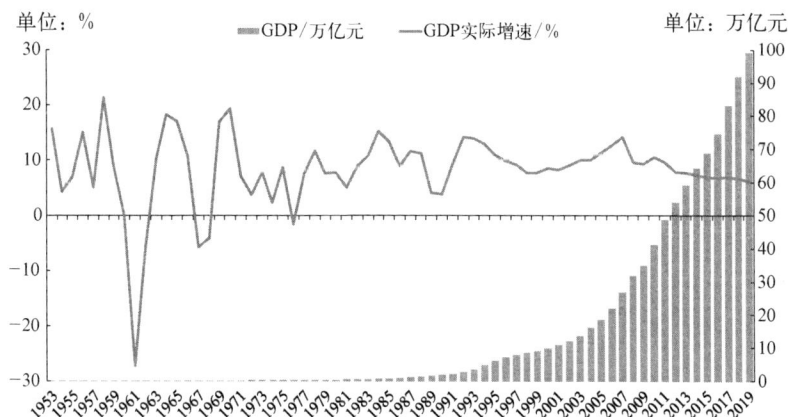

图 2-2 我国 GDP 走势和实际增速

从图 2-2 可看出,我国 GDP 经过第一个五年计划(至 1956 年)达到了 1 030 亿元,第七个五年计划开局之年(1986 年)达 10 376 亿元,第

---

① 国家统计局国家数据网站.https://data.stats.gov.cn/easyquery.htm? cn=C01. 2020, 8, 25.

九个五年计划完成时(2000 年)达 100 280 亿元,到 2019 年接近 100 万亿元,每一个台阶的跨越都是中国人民艰辛努力的收获,也充分展现中国腾飞的步伐。从 1 千亿元到 1 万亿元用了 30 年的时间,从 1 万亿元到 10 万亿元用了 14 年的时间,从 10 万亿元到 100 万亿元预计 10 年左右即将完成。

从图 2-2 看,中国的发展成就令人瞩目,给人以期待。从增速上看,改革开放前常有大起大落,大起时的 1958 年增速高达 21.3%,大落时的 1961 年落到-27.3%,经济发展极不稳定是那个时代的主要特征,1953—1977 年平均增速仅 6.5%。改革开放后经济平稳高速增长,平均增速 9.4%,且分布在(5%,15%)区间,很显然,进入经济新常态后平稳的态势尤为明显。从人均 GDP 看[1],我国的综合实力也得到了明显的提升。1953 年才 142 元/人,1987 年突破 1 000 元/人到 1 123 元/人,2003 年超过 1 万元/人达 10 666 元/人,到 2019 年超过 7 万元/人,每一点进步都是中国人民向着美好生活迈出的坚实步伐。

我国 GDP 增幅(名义增速)及财政收入占 GDP 的比重走势如图 2-3 所示[2]。由图可见,1984 年以前 GDP 增幅与财政收入占 GDP 的比重没有交汇点,一方面是 GDP 的增幅不稳定且总体上较低;另一方面是财政收入占 GDP 的比重偏高所致。1960 年财政收入占 GDP 的比重最高达到 38.9%,而同年 GDP 的增幅仅 1.6%,差距达 37.3 个百分点;GDP 的增幅最低的年份是 1961 年为-16.2%,而该年的财政收入占 GDP 的比重为 28.9%,口子高达 45.1 个百分点。从 1984 年两者第一次相交后,财政收入占 GDP 比重穿过 GDP 增幅一直到 2008 年世界金融危机爆发前,虽也出现剪刀口,但口子较小都在 15 个百分点以内,

---

[1]　国家统计局国家数据网站.https://data.stats.gov.cn/easyquery.htm？cn=C01.2020,8,25.
[2]　国家统计局国家数据网站.https://data.stats.gov.cn/easyquery.htm？cn=C01.2020,8,25.

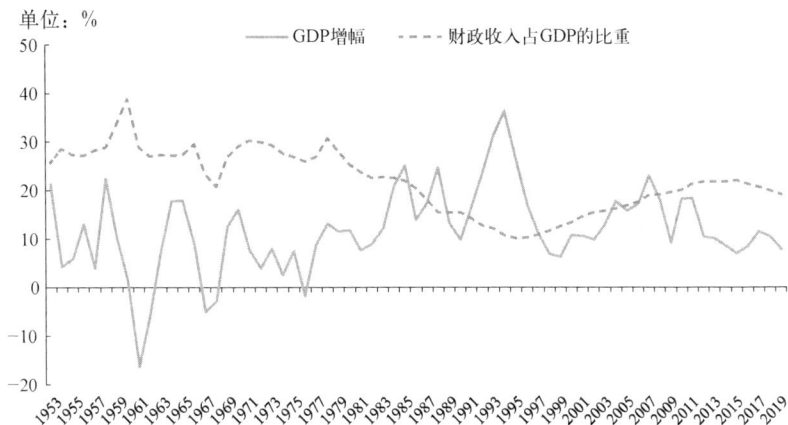

单位：%

———— GDP增幅　– – – 财政收入占GDP的比重

图 2 - 3　我国 GDP 增幅及财政收入占 GDP 的比重走势

且大多是 10 个百分点以内。另外，1995 年以前政府的财政收入在国民收入中的比重持续下行，在经济高涨的 1992—1995 年，这一比重维持在 11％左右，1995 年出现了 1981 年以来的最低点，仅为 10.3％，远远低于 1981 年的 24％。这一比重从 1998 年开始快速回升，2012—2015 年都处在 22％附近的水平。对照着 GDP 增速的走势，结合经济形势的发展，导致近年来财政收入占 GDP 比重提高的原因，主要是由于经济增长调低，GDP 的绝对量增长放缓，而受财政支出压力的不断加大，收入的增收力度亦加大，增速远高于 GDP 的增长率。从宏观税负与经济发展和企业发展的关系看，近年，尤其是 1994 年分税制改革以来，在税收制度和税收政策保持基本稳定的前提下，我国财政收入增长较快，企业利润增长较快，2011 年规模以上工业企业利润比 2005 年增长 3.15 倍[①]，这说明我国的财政发展与经济发展、企业发展之间实现了良性互动和良性循环。

经济决定财政，经济发展是财政增收的前提和基础。但由于不同

----

① 国家统计局国家数据网站.https://data.stats.gov.cn/easyquery.htm? cn=C01. 2020，10，29.

税种对应不同的税基,这些税基一部分与当期 GDP 构成要素有关,也有一部分与当期 GDP 构成要素无关或不直接相关甚至负相关。因此,公共财政收入增速与 GDP(投资＋消费＋净出口)增速并不是一一对应的数量关系。计算财政收入对 GDP 的弹性走势(见图 2‐4)能直观反映出财政收入与经济增长的联动关系[①]。

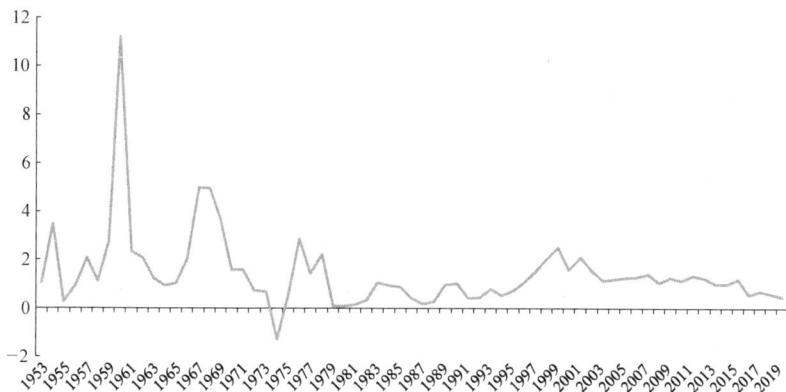

图 2‐4　中国财政收入对 GDP 弹性走势图

从图 2‐4 中可以得出与图 2‐3 相一致的结果。改革开放前弹性走势不稳定,1960 年处于 11.2 的超高弹性,意味着 GDP 增加 1 个百分点,提高财政收入 11.2 个百分点,这种状况几乎是不可想象的;1974 年弹性降至－1.3,意味着 GDP 降低 1 个百分点,反而提升了 1.3 个百分点的财政收入,凸显出那个时候经济增长反而拖累财政收入的增加,表现出经济不正常。改革开放后,弹性保持在大体合理的区间(0,3)上,1996 年以前整体上在 1 以下,1983 年和 1990 年均是在刚到 1 就马上回落,可见那个区间上经济对财政收入的拉动是较为乏力的。分税制改革以前我国财政收入的增幅大多时候低于经济发展的

———————
①　国家统计局国家数据网站.https://data.stats.gov.cn/easyquery.htm? cn=C01. 2020,8,25.

速度,使得财政收入占 GDP 的比重逐年下降。1994 年分税制改革,财政收入对 GDP 的弹性低至 0.55,且低于之后直至 2018 年的弹性,直到 2019 年国家税务和地方税务征管体制又合并,才回落至 0.49。1995 年后这一弹性均在 1 以上,到 2016 年才回落至 1 以下,说明 1995—2015 年财政收入的增幅均高于经济发展速度,但 2016 年才逐渐放缓。1999 年财政收入的增幅高达经济增幅的 2.5 倍,是改革开放以来的最高点,之后有所回落。

财政收入对 GDP 弹性的走势,显示分税制改革明显加快了财政收入的增速,明显提高了财政收入相对于经济增长的比重,1998 年中央首次提出建立与市场经济相适应的公共财政框架,我国的财政收入逐渐趋于合理、稳定,财政收入的增幅逐渐接近于经济发展的增速。当前和今后一段时期,我国要在经济发展的基础上,继续保持财政收入平稳增长,同时调整和优化财政支出结构,进一步提高财政改善民生、增强公共服务的保障能力,使广大人民群众更好地共享改革发展成果,促进经济社会全面协调可持续发展。

按照预算法规定,我国实行"一级政府一级预算",共设立五级预算。国务院编制中央预算草案,由全国人民代表大会批准后执行。地方各级政府编制本级预算草案,由同级人民代表大会批准后执行。地方各级预算收支统称为地方财政收支。中央财政与地方财政的具体平衡情况是:中央财政收入+中央财政赤字+从中央预算稳定调节基金调入=中央本级支出+对地方税收返还和转移支付支出+补充中央预算稳定调节基金;地方本级收入+中央对地方税收返还和转移支付+地方财政收支差额=地方本级支出+地方财政结转下年支出。地方财政收入及其占全国财政总收入的比重如图 2-5 所示[①]。

① 国家统计局国家数据网站.https://data.stats.gov.cn/easyquery.htm? cn=C01.2020,8,25.

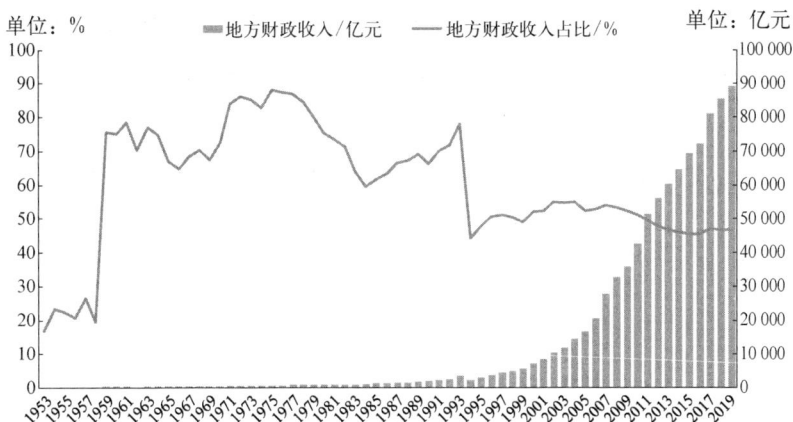

单位：%　　　　■地方财政收入/亿元　　—地方财政收入占比/%　　单位：亿元

图 2-5　地方财政收入及其占全国财政收入比重

从图中可看出，地方财政收入占全国财政收入比重的特点大致可分三个时间段：1959 年前为第一个时间段，1959—1993 年为第二个时间段，1993 年后为第三个时间段。这三个时间段与我国财政收支制度三个阶段恰有一定的对应关系。第一个时间段对应的是我国财政收支制度三大阶段的第一大阶段"统收统支阶段"的前三个期间，第二个时间段对应的则是"统收统支阶段"的后四个期间和第二大阶段"分灶吃饭阶段"，第三个时间段就对应三大阶段的第三大阶段"分税制阶段"。细看1959—1993 年的时间段情况，还可与细分的"统收统支阶段"后四个期间和细分的"分灶吃饭阶段"三个期间再作对应划分。1959 年前的第一个时间段和 1993 年后的第三个时间段，都是以地方财政收入占比较低为主要特征，相比较而言，1993 年后更为适中、稳健。由图 2-5 明显看出，1993 年后分税制改革，地方财政收入占全国财政收入的比重出现断崖式下降，1993 年的 78.0% 至 1994 年 44.3%，接近于拦腰斩断，之后便保持在（45%，55%）较为稳定的区间。可以看出，分税制改革直接反映在中央财政收入比重的提高。随着中央财政占比攀升至 55% 以上，中央实施一系列的财政政策,从 2004 年起采取控制赤字、调整结构、推进改革、增收节支等措施,释放出由积极到稳健财政政策的转变,注入了地方增收的动力。图 2-5 显示,伴随着国家财政收支制度的变革,我国地方财政收入不断壮大:1959 年迈上 100 亿元,从上年的 74.4 亿元直接冲到 368.3 亿元;1985 年迈上 1 000 亿元,达到 1 235.2 亿元;2002 年 10 388.6 亿元,迈上万亿元大关;2019 年 89 305.4 亿元,接近 9 万亿元。

第三节　中国财政支出现状分析

随着财政收入的不断攀升,中央及地方的财政支出也相应提高。全国财政收支走势如图 2-6 所示[①]。全国财政支出从新中国成立后 (1950 年)的 68.05 亿元增长到 2019 年的 238 874.02 亿元,增长超过 3 500 倍,年均增长 12.6%,略高于财政收入。改革开放以来,全国财政支出从 1979 年的 1 281.79 亿元至 2019 年的 238 874.02 亿元,增长了 185 倍,平均增速 14.0%,高于财政收入 0.4 个百分点。1994 年分税制改革以来,财政支出的增幅大多在 20% 以上。从图 2-6 财政收支比较可看出,大部分年度均有一定的收支缺口(财政支出－财政收入)。改革开放前由于量入为出的经济政策导向,超过半数的年度均保持收支缺口为负,即财政支出少于财政收入,也就是收入完全供给支出,还略有盈余;即使出现收支缺口,也处于比较低的水平,收支缺口占支出的比例(收支缺口/财政支出)基本控制在 10% 以下,且大部分年度处于 5% 以内,财政收支缺口为正的 12 个年度,平均缺口率仅为 4.92%。

改革开放后,财政收支缺口表现较为明显,1979 年以来仅有 1981、

---

① 国家统计局国家数据网站.https://data.stats.gov.cn/easyquery.htm? cn=C01. 2020,8,25.

単位：万亿元

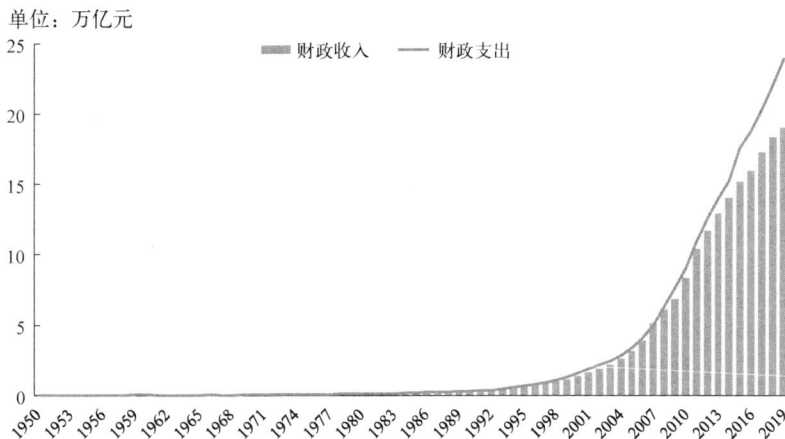

图 2-6　中国财政收支比较

1985 和 2007 三个年度收支缺口为负，且占支出比例分别为 -3.28%、-0.03% 和 -3.09%，其他年度均保持一定的财政收支缺口，且表现出加大的趋势。除去收支缺口为负的三个年度，1979 年以来的 38 个年度，平均缺口占支出比例为 8.44%，2015 年以来缺口逐年拉大，缺口占支出比例从 13.44% 逐年升至 20.30%，并且这种趋势还在保持。

　　从第一个五年计划开始以来地方财政收支及其占全国财政总收支的比例还可分析我国地方财政支出表现的特征①。从图 2-7 明显看出，1959 年以前地方财政收入的比重略低于地方财政支出的比重，地方依靠自身的财政收支基本实现平衡，1959—1993 年都处于地方财政收入比重高于地方财政支出比重的状况（其间仅 1990 年略有反转），1994 年后收支比重大幅反转，图中明显展现出剪刀口的形态，而交叉点在分税制改革开始实施的年度。结合地方财政收支的变动，可看出地方财政支出的增长大大高于地方财政收入的增长幅度，这主要得益

---

① 国家统计局国家数据网站. https://data.stats.gov.cn/easyquery.htm? cn=C01. 2020，8，25.

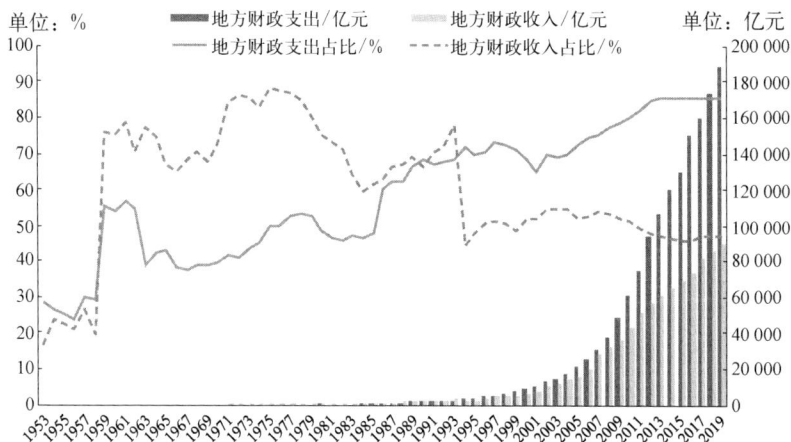

图 2-7　中国地方财政收支及比重走势比较

于财政转移支付政策的不断发展与完善,尤其是纵向转移支付政策,在推动地方区域均衡发展中发挥了很重要的作用。

第四节　中国财政收支弹性分析

弹性分析是经济学中重要的动态分析工具,反映变量间相对变化率关系,从财政收支弹性、财政收入对 GDP 的弹性、GDP 对财政支出的弹性,可得出财政支出增加 1％带动财政收入增加(或减少)百分之几、GDP 增加 1％带动财政收入增加(或减少)百分之几、财政支出增加 1％带动 GDP 增加(或减少)百分之几。我国 1953 年开始实施第一个五年计划以来财政收支弹性、财政收入对 GDP 的弹性、GDP 对财政支出的弹性走势如图 2-8 所示[①]。

①　国家统计局国家数据网站. https://data.stats.gov.cn/easyquery.htm? cn=C01. 2020,8,25.

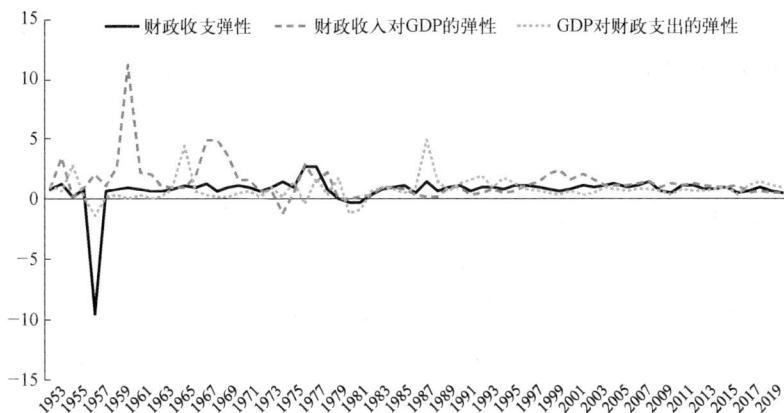

图 2-8　全国财政收支及 GDP 的弹性分析图

从图中看出,除 1957 年财政收支弹性－9.54、1960 年财政收入对 GDP 的弹性 11.20 较为突出外,其他年度的三类弹性均处于较为稳定的区间(－1.5,5),改革开放后和 1994 年分税制改革后,弹性区间逐步缩小,2003 年后收缩到(0.5,1.5)区间。还可看出,随着弹性区间的收缩,三类弹性交错趋同。从不同类型弹性,可分析财政收、支和 GDP 主要经济指标相互之间拉动情况,看出经济增长方式的变动情况和特征。

从财政收入对 GDP 的弹性看,改革开放之前波动较大,表明 GDP 的增长对财政收入的拉动效果不稳定,1960 年 GDP 增长 1%,带来财政收入增长 11.2 个百分点,1967 年、1968 年拉动 5.0 个百分点,而 1974 年却为负拉动 1.3 个百分点。改革开放后,这一弹性的区间明显收缩,且趋于稳定。1979—1993 年,改革开放至分税制改革前的 15 年间,财政收入对 GDP 的弹性介于(0.09,1.06),且只有 1983 和 1990 两个年度超过 1,分别为 1.06 和 1.04,其他年度均处于 1 以下,15 年的平均弹性仅 0.55,这段时间我国经济高速增长,但对财政收入的拉动效果并不理想,这也就为接下来的分税制改革埋下了伏笔。1994 年分税制改革后,财政收入对 GDP 的弹性明显提升,1994—2018 年分税制改革至各级国家税务和地方税务征管机构合并实行统一的征管体制的 25 年,弹性介于(0.50,2.52),平均弹性提升为 1.25,且仅有分税制改革的头两年(1994 年、1995 年)和税收征管机构合并的前三年(2016 年、2017 年、2018 年)在 1 以下,其他 20 年均在 1 以上。1998 年财政体制改革,当年财政收入对 GDP 的弹性升至 2.06、次年再攀升至 2.52,1%的 GDP 增幅拉动 2%以上的财政收入增幅,之后逐渐回落,但都在 1 以上,且大部分年度高于 1.2。这表明,分税制改革对经济增长拉动财政收入增长起到明显效果,财政体制改革取得的成效也明显。2019 年财政收入对 GDP 的弹性降至 0.49,较上年下降了 17%,较 2015 年下降了 59%,目前看来是多种因素作用的结果,从 2015—2019 年的变动趋势 1.20、0.58、0.71、0.59、0.49,也能部分看出税收征管制度的改革必要性。

从财政收支弹性看,新中国成立后"一五"计划开始实施以来的 67 年仅 1957、1980 和 1981 三个年度为负,分别为 −9.54、−0.29 和 −0.19;1976、1977 年达到最高点 2.68 和 2.72。除去这五个年度后,62 年均介于(0.09,1.43),平均弹性为 0.92;分时间段:1953—1978 年平均弹性为 1.07,1979—1993 年平均弹性为 0.86,1994—2018 年平均弹性为 0.97,2019 年弹性为 0.47。改革开放前,财政收支平均弹性略高于 1,这期间财政支出增加 1%带动财政收入增加 1%多一点;改革开放至分税制改革期间和分税制改革至国税地税合并税收征管体制改革,弹性平均值均小于 1,相较而言,分税制改革后弹性较高,接近于 1;2019 年仅为 0.47。改革开放前,国家以"量入为出"为财政收支主导政策,财政支出较为谨慎,收支缺口多为负,因而,财政支出拉动财政收入的作用较为明显;改革开放后,扩大政府投资,加大基础设施建设,为国民经济发展创造环境和氛围,财政支出拉动财政收入的成效不明显,尤其是 1993 年分税制改革前,财政收入压力加大,甚至在 1980 和 1981 两个年度出现收支弹性为负的情况,也正是在这种环境下,分税制改革应运而出,在很大程度上缓解了这种困境。2019 年是 1994 年分税制改革后政府机构改革首次实行国家税务和地方税务合并,实行统一税收征管体制后的第一年,又加之多种因素叠加,才出现财政收支弹性大幅下行,也是近年来减税降费实施效果的体现。

从 GDP 对财政支出的弹性看,1953—2019 年的 67 年间,1957、1976、1980 和 1981 四个年度为负,1955、1965 和 1987 三个年度异常高,分别为 2.87、4.42 和 4.94,其余 60 个年度弹性介于(0.06,1.96),60 年的平均弹性为 0.81。分时段看,1953—1978 年的平均弹性为 0.57,1979—1993 年的平均弹性为 1.18,1994—2018 年的平均弹性为 0.84,2019 年弹性为 0.94。改革开放前,财政支出增加 1‰拉动平均经济增长 0.57‰。改革开放后弹性明显提高,1979—2019 年平均达到 0.95 的水平,也就是此期间财政支出增加 1‰平均拉动经济增长 0.95‰;其中,分税制改革前弹性较高,平均财政支出增长 1‰拉动经济增长 1.18‰,分税制改革后则回落到平均财政支出 1‰增长拉动经济增长 0.84‰,2019 年提升到 0.94‰。通过 GDP 对财政支出的弹性观察、财政对经济增长的拉动效应,改革开放前拉动作用较低,平均经济增速刚过财政支出增速一半;改革后拉动作用大幅提高,两者增速接近;分税制改革前拉动力度更大,经济增速超过财政支出增速,分税制改革后又回落至平均经济增速为财政支出增速的 84‰。

运用统计软件 IBM SPSS Statistics 20 对三种弹性(E‐RE:财政收支弹性,E‐RG:财政收入对 GDP 的弹性,E‐GE:GDP 对财政支出的弹性)进行两两 T 检验和 Levene 方差检验,可从统计意义上分析 1953 年以来我国财政支出变化对 GDP 的拉动、财政支出变化对财政收入的拉动、GDP 的变动对财政收入的拉动,两两之间结构异同情况。检验结果如表 2‐1 所示。

表2-1 三种弹性 T 检验和 Levene 方差检验结果

全 国	均 值		t-值	df	p	有效 N		标准差		F-ratio 方差	p-值 方差
	组 1	组 2				组 1	组 2	组 1	组 2		
E-RE vs. E-RG	0.782 9	1.444 2	−2.583	132	0.011	67	67	1.358 83	1.595 55	3.806	0.053
E-RE vs. E-GE	0.782 9	0.852 2	−0.342	132	0.733	67	67	1.358 83	0.951 84	0.412	0.522
E-RG vs. E-GE	1.444 2	0.852 2	2.608	132	0.010	67	67	1.595 55	0.951 84	3.014	0.085

从 T 检验结果中可看出,按 5% 的显著性,财政收支弹性与财政收入对 GDP 的弹性均值差异显著、财政收入对 GDP 的弹性与 GDP 对财政支出的弹性均值差异显著、财政收支弹性与 GDP 对财政支出的弹性均值差异不显著。财政收入对 GDP 的弹性均值显著高于财政收支弹性和 GDP 对财政支出的弹性的均值,从三种弹性的均值还可看出,平均意义上 GDP 增长 1% 拉动财政收入的增长超过 1%(约 1.44%);平均意义上财政支出增长 1% 拉动 GDP 增长、拉动财政收入增长均低于 1%,分别为 0.85% 和 0.78%。表明第一个五年计划执行以来,总体上经济增长对政府财富的拉动效果显著,而财政支出增长对经济增长的拉动和对财政收入的拉动效果不够,因而,全国整体效果上财政支出的效率缺口还较为明显,有较大的提升空间。

从 Levene 方差检验结果可看出,按 5% 的显著性,1953 年以来的 67 年财政收支弹性、财政收入对 GDP 的弹性、GDP 对财政支出的弹性两两间波动性没有显著差异;若放宽一点,按 10% 的显著性,财政收入对 GDP 的弹性与财政收支弹性、GDP 对财政支出的弹性波动性存在差异。也就是,经济 1% 增长拉动的财政收入增幅的特性与财政支出增长 1% 对财政收入拉动的增幅、对经济拉动的增幅存在结构特性的差异。

中国省级地方财政收支现状

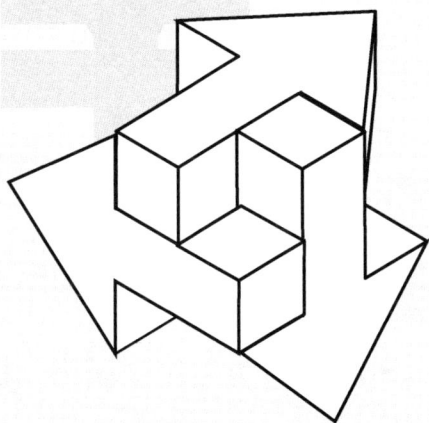

第 3 章

改革开放以前,我国财税收支政策实行统收统支制度;改革开放后实施分灶吃饭制度,这在真正意义上开启了中央和地方分级实施财税收支制度,逐渐划分中央和地方财权、事权和支出责任;1994年分税制改革以后,地方财政体系逐渐相对独立建立,各个省(自治区、直辖市)结合自身的基础和实际形成各地方的财政收支体系,真正意义上的地方财政在省级财政层面体现。

按国家统计局的划分,中国分为东部、中部和西部三大地区。其中,东部地区包括北京市、天津市、河北省、辽宁省、上海市、江苏省、浙江省、福建省、山东省、广东省、海南省等11个省(直辖市);中部地区包括山西省、吉林省、黑龙江省、安徽省、江西省、河南省、湖北省、湖南省等8个省;西部地区包括内蒙古自治区、广西壮族自治区、重庆市、四川省、贵州省、云南省、西藏自治区、陕西省、甘肃省、青海省、宁夏回族自治区、新疆维吾尔自治区等12个省(自治区、直辖市)。

省级财政收入主要由本级收入和转移支付收入构成,近年中央统筹安排地方发放一定数量的地方债,也为地方支出注入资金。总体上,各省(自治区、直辖市)本级财政均不能满足支出需求,但收入与支出的缺口各地不同,该缺口能从一个侧面反映一个时期一个地方的财政生产能力。又由于各省级区域的经济体量存在较大差异,单从财政收支缺口的绝对量差异比较还不够完整,因此,引入地区生产总值作为分母计算财政收支缺口率,可从相对意义上比较各地方财政生产能力。计算公式为:

$$Gap = EX - RE \qquad (3-1)$$

$$RGap = \frac{Gap}{GDP} \qquad (3-2)$$

式中,Gap 为财政收支缺口,EX 为财政支出,RE 为财政收入,GDP 为地区生产总值。

计算我国 1981 年以来东部、中部和西部各地财政收支缺口、财政收支缺口率以及财政收入对支出弹性、财政收入对 GDP 的弹性、GDP 对财政支出的弹性变化,可动态分析省级地方政府财政收支能力。

第一节　中国东部省级地方财政收支动态分析

东部地区是我国经济发展的领头羊,尤其是改革开放以来在科技进步、管理创新和经济社会发展等方面都取得了显著的成效。1981 年改革开放后开始实施"六五"计划以来,东部地区包含的八省、三直辖市之间的财政收支与经济发展并不是均衡一致的。东部地区财政收支状况可从十一省(直辖市)财政收支缺口和弹性的动态分析中窥其全貌。由式(3-1)和式(3-2)计算东部十一省(直辖市)财政收支缺口、缺口率,并由弹性计算公式计算其财政收入对支出、财政收入对 GDP 和 GDP 对财政支出三种弹性,如图 3-1～图 3-22 所示[①]。

一、北京市财政收支情况动态分析

1981—2019 年北京市财政收支缺口和财政收支缺口率如图 3-1 所示。

---

① 国家统计局国家数据网站.https://data.stats.gov.cn/easyquery.htm? cn=E0103. 2020,8,25.

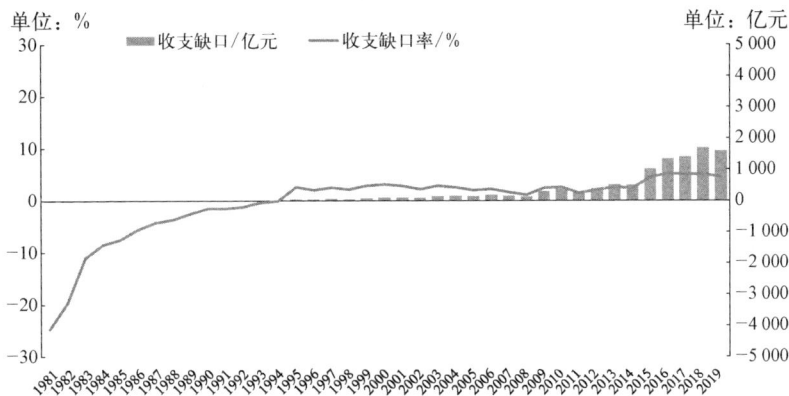

图 3－1　北京市财政收支缺口及收支缺口率动态走势（1981—2019 年）

从图中可看出，1995 年以前北京市财政收支缺口为负，表明分税制改革前北京市本级财政收入还有盈余，盈余量年均 14.9 亿元且呈逐年递减走势。从财政收支缺口率看，从 1981 年的－24.6％逐年回升至－0.12％，年均回升率为－6.6％，一方面是财政收支负缺口收缩；另一方面是经济总量快速增长。1994 年分税制改革后，1995—2019 年北京市财政收支缺口全为正，且呈逐年递升走势，表明分税制改革后北京市本级财政收入保持一定的赤字且不断扩大，2018 年政府机构改革实施税收征管体制国税地税合并后才出现略有回落，赤字从 1995 年的 39 亿元扩大至 2018 年的 1 686 亿元，2019 年回落至 1 591 亿元，年均 429 亿元；从财政收支缺口率看，1995—2014 年处于 2％左右的水平，2015 年开始提升，之后几年处于 5％左右的水平，1995—2019 年平均提升 2.8％。分税制改革后，北京市本级财政在中央财政转移支付的支持下，保持了较高的收支能力，较好地促进了经济社会发展。

分析北京市财政收入对支出弹性、财政收入对 GDP 的弹性和 GDP 对财政支出的弹性走势如图 3－2 所示。

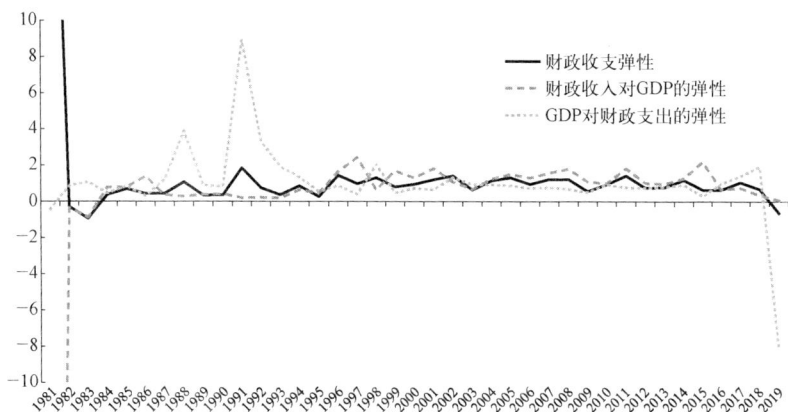

图 3-2　北京市三种弹性动态比较(1981—2019 年)

从图中可看出,1981 年北京市财政收支弹性冲到了 31.5 的异常高点,而财政收入对 GDP 的弹性却冲低到－73.5 的异常低点,GDP 对财政支出的弹性则处于－0.43 的状态,表明在改革开放刚开始的时候,1980—1981 年北京市财政支出增加 1％拉动财政收入增长 31.5 个百分点的同时,导致经济总量负增长 0.43 个百分点,而GDP 增长 1％导致财政收入降低 73.5 个百分点,这是经济社会重大转型期的调整反映,从 1982 年开始这种异常局面得到了极大的缓解。除 GDP 对财政支出弹性出现三个较为异常的点 1988 年(3.89)、1991 年(8.92)和 2019 年(－8.09)之外,仅有 1982 年、1983 年财政收支弹性和财政收入对 GDP 的弹性以及 2019 年 GDP对财政支出的弹性为负且比－1 大之外,其余年度三种弹性均为比2 小的正数。

运用统计软件 IBM SPSS Statistics 20 对北京市三种弹性(BJ－RE:北京市财政收支弹性;BJ－RG:北京市财政收入对 GDP 的弹性;BJ－GE:北京市 GDP 对财政支出的弹性)进行两两 T 检验和 Levene

方差检验,结果如表 3-1 所示。

表 3-1　北京市三种弹性 T 检验和 Levene 方差检验结果

北京市	均　值		t-值	df	p	有效 N		标准差		F-ratio 方差	p-值 方差
	组 1	组 2				组 1	组 2	组 1	组 2		
BJ-RE vs. BJ-RG	1.559 7	−0.987 3	1.230	76	0.222	39	39	4.944 24	11.944 81	1.224	0.272
BJ-RE vs. BJ-GE	1.559 7	0.994 0	0.658	76	0.513	39	39	4.944 24	2.099 26	0.648	0.423
BJ-RG vs. BJ-GE	−0.987 3	0.994 0	−1.020	76	0.311	39	39	11.944 81	2.099 26	2.357	0.129

从表 3-1 可以看出,1981—2019 年北京市财政收支弹性、财政收入对 GDP 的弹性、GDP 对财政支出的弹性。两两间均值无显著差异、方差也无显著差异。整个区间上,财政收支弹性平均值为 1.56(因 1981 年异常高点 31.5 而拉高,除去该异常值的平均值为 0.77)、财政收入对 GDP 的弹性平均值为 −0.99(因 1981 年异常低值 −73.5 而拉负,除去该异常值的平均值为 0.92)、GDP 对财政支出的弹性平均值为 0.99。整体上,北京市财政支出对财政收入的拉动幅度还有较大的提升空间;从三者均值的标准差看,GDP 对财政收入的拉动波动性最大,也表明在促进本级财政收入上北京市的经济结构还有较大的调整空间和需求,而财政支出对财政收入拉动的波动性最小,也表明其平稳性最好。

二、天津市财政收支情况动态分析

1981—2019 年天津市财政收支缺口和财政收支缺口率如图 3-3 所示。

从图中可看出,1994 年以前天津市财政收支缺口为负,表明分税

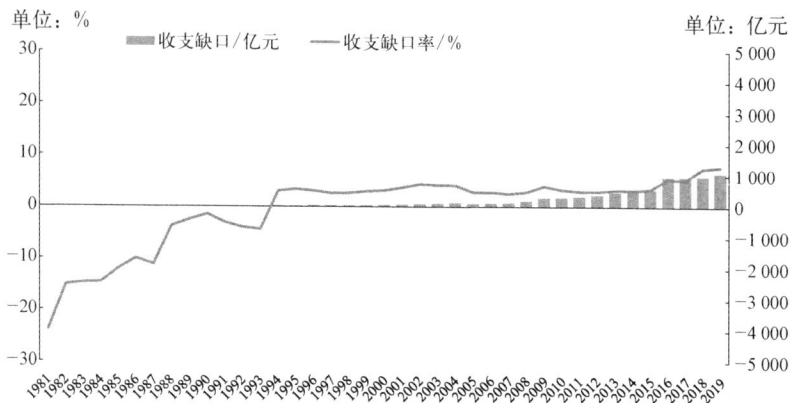

图 3-3 天津市财政收支缺口及收支缺口率动态走势(1981—2019 年)

制改革前天津市本级财政收入还有盈余,盈余量年均 14.2 亿元且呈现
交替增减的走势,盈余量从 1981 年的 25.7 亿元震荡收窄至 1990 年的
4.7 亿元,之后又逐渐放大至 23.7 亿元;从财政收支缺口率看,从 1981
年的 −23.8% 逐年回升至 1990 年的 −1.5%,之后逐渐拉开至 4.4%,年
均为 −8.4%,天津市 1981—1993 年财政收支负缺口在震荡中收缩,经
济总量的增长在极大程度上稀释了分税制改革前财政盈余的缺口率。
1994—2019 年天津市财政收支缺口全为正,且呈逐年递升走势,表明
分税制改革后天津市本级财政收入保持一定的赤字且不断扩大,赤字
从 1994 年的 22.2 亿元扩大至 2019 年的 1 098.5 亿元,年均 312.5 亿
元;从财政收支缺口率看,2018 年以前处于 5% 左右的水平,2018 年和
2019 年提升至 7.5% 左右,1995—2019 年平均 3.7%。分税制改革后,
天津市本级财政结合中央财政转移支付补充,不断调整收支,促进经济
社会发展。

　　天津市财政收入对支出弹性、财政收入对 GDP 的弹性和 GDP 对
财政支出的弹性走势,如图 3-4 所示。

　　从图 3-4 中可看出,天津市财政收入对支出弹性、财政收入对

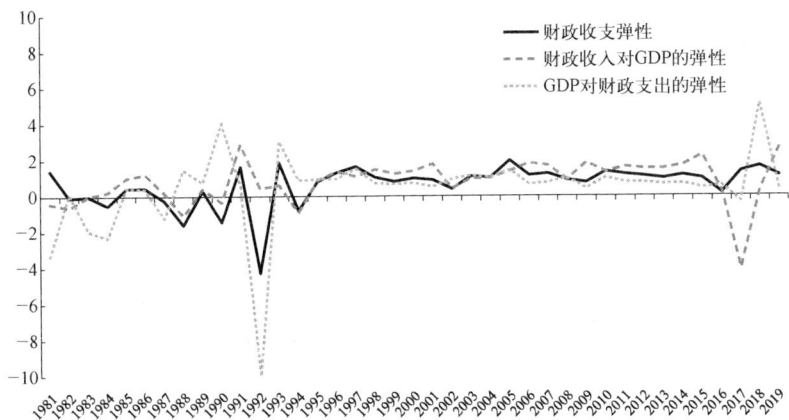

图 3 - 4　天津市三种弹性动态比较(1981—2019 年)

GDP 的弹性和 GDP 对财政支出的弹性较为平稳。1992 年分税制改革前夕,GDP 对财政支出的弹性冲低到－10 表现得较为异常,其余年度三种弹性均处于±5 的水平范围。相对而言,除 GDP 对财政支出的弹性 1981 年(－3.3)、1990 年(4.0)、2018 年(5.1),财政收支弹性 1992 年(－4.3),财政收入对 GDP 的弹性 2017 年(－4.1)之外,其余各年度、各弹性均在±3 区间范围,且 1994 年后 2017 年前三种弹性较集中地分布在 0 以上 1.5 左右。可以看出,改革开放、分税制改革和税收征管体制合并在三次重大的改革时间点附近,天津市的财政收、支及经济发展之间的拉动效应表现较为激烈,且改革施行后能较快地调整到位,其中,分税制改革阶段的拉动效应在三次改革中表现最为平稳。

运用统计软件 IBM SPSS Statistics 20 对天津市三种弹性(TJ－RE:天津市财政收支弹性;TJ－RG:天津市财政收入对 GDP 的弹性;TJ－GE:天津市 GDP 对财政支出的弹性)序列进行两两 T 检验和 Levene 方差检验,结果如表 3－2 所示。

表 3-2　天津市三种弹性 T 检验和 Levene 方差检验结果

天津市	均　值		t-值	df	p	有效 N		标准差		F-ratio 方差	p-值 方差
	组 1	组 2				组 1	组 2	组 1	组 2		
TJ-RE vs. TJ-RG	0.608 9	0.807 8	−0.745	76	0.458	39	39	1.143 54	1.211 19	0.190	0.664
TJ-RE vs. TJ-GE	0.608 9	0.412 4	0.492	76	0.624	39	39	1.143 54	2.219 18	1.083	0.301
TJ-RG vs. TJ-GE	0.807 8	0.412 4	0.977	76	0.332	39	39	1.211 19	2.219 18	0.625	0.432

从表 3-2 可以看出,1981—2019 年天津市财政收支弹性、财政收入对 GDP 的弹性、GDP 对财政支出的弹性两两间均值无显著差异,方差也无显著差异。整个区间上,财政收支弹性平均值为 0.61,财政收入对 GDP 的弹性平均值为 0.81,GDP 对财政支出的弹性平均值为 0.41。从三者均值的标准差来看,天津市财政支出对 GDP 的拉动波动性最大,也表明在促进本级财政收入上天津市的经济结构还有较大的调整空间和需求,而财政支出和 GDP 对财政收入拉动的波动性较小也比较接近,表现有较好的平稳性。财政支出分别对财政收入、对 GDP 拉动以及 GDP 对财政收入的拉动两两之间的波动性差异不显著,表明天津市的经济发展与财政收支相互间影响的动态结构相似度较高。

三、 河北省财政收支情况动态分析

1981—2019 年河北省财政收支缺口和财政收支缺口率如图 3-5 所示。从图中可看出,1981—1985 年以前河北省财政收支缺口为负,表明实行划分收支、分级包干财政收支制度期间河北省本级财政收入存在一定盈余,盈余量年均 6.3 亿元且呈现交替增减的走势,盈余量从 1981 年的 10.7 亿元震荡收窄至 1985 年的 3.5 亿元,接下来收支缺口正负交替两年,之后处于五年间微小的赤字阶段,1993 年分税制改革的时间节点出现 1.95 亿元的财政盈余;从财政收支缺口率看,1984 年开始至 1993 年十年间处于 0 附近±1%的区间水平,平均−0.09%,表明分税制改革前河北省本级财政与当地经济发展相适应基本处于动态平衡。

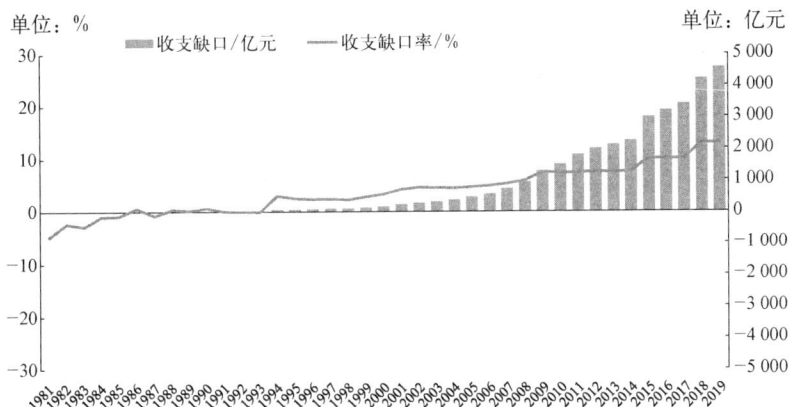

图 3-5　河北省财政收支缺口及收支缺口率动态走势(1981—2019 年)

1994—2019 年河北省财政收支缺口全为正,且呈现逐年以较大幅度递升的走势,表明分税制改革后河北省本级财政收入保持一定的赤字且大幅扩大,赤字从 1994 年的 65.6 亿元逐年增至 2019 年的 4 571.0 亿元,年平均 1 301.9 亿元;从财政收支缺口率看,1994—1999 年处于(2%,3%)水平段,2000 年处于(3%,4%)水平段,2001—2006 年处于(4%,5%)水平段,2007—2008 年处于(5%,6%)水平段,2009—2014 年处于(7%,8%)水平段,2015 年以后处于(10%,13%)水平段,分税制改革后河北省财政收支缺口率年平均 6.1%。分税制改革后,河北省对中央转移支付的依赖不断增强,2015 年后河北省经济发展与财政收支的适应存在一定的偏离。

分析河北省财政收入对支出弹性、财政收入对 GDP 的弹性和 GDP 对财政支出的弹性走势，如图 3 - 6 所示。从图中可看出，1987 年河北省财政收支弹性和 GDP 对财政支出的弹性冲底，分别达到-13.8 和-21.4 的异常低点，意味着实行财政包干的财政收支制度前夕，河北省财政支出增长 1% 负拉动财政收入 13.8 个百分点和 GDP 21.4 个百分点；1991 年河北省财政支出对财政收入和 GDP 的正向拉动幅度最大，分别为 2.6% 和 4.4%。河北省 GDP 增长对财政收入的正负拉动最大值出现在 2015 年(6.3)和 2018 年(-1.9)。除 1994 年分税制改革第一年财政收支弹性-2.6 的极低点外，其余年份三种弹性均处于±2.5 间。分税制改革 1994 年后，财政收入对 GDP 的弹性在 1998 年(2.3)、2012 年(2.4)、2015 年(6.3)、2017 年(2.2)和 2018 年(-1.9)的波动幅度较大，GDP 对财政支出的弹性在 2018 年为负(-0.3)，其余年度、其他弹性均处于(0,2)区间。

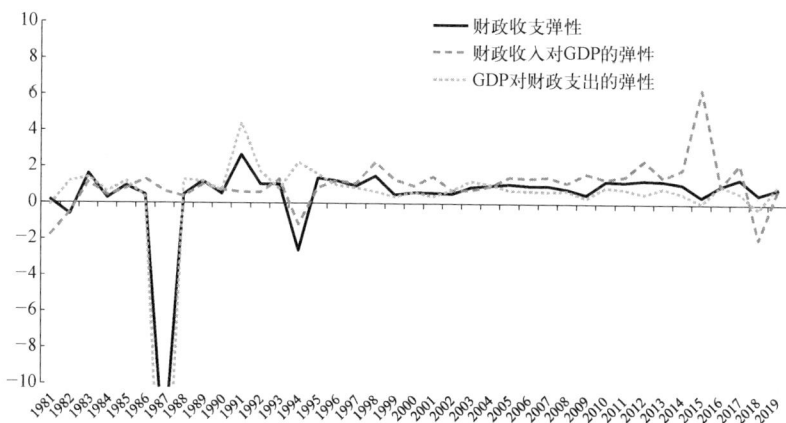

图 3 - 6　河北省三种弹性动态比较(1981—2019 年)

运用统计软件 IBM SPSS Statistics 20 对河北省三种弹性(HB - RE：河北省财政收支弹性；HB - RG：河北省财政收入对 GDP 的弹性；

HB-GE：河北省 GDP 对财政支出的弹性）进行两两 T 检验和 Levene 方差检验，结果如表 3-3 所示。

表 3-3　河北省三种弹性 T 检验和 Levene 方差检验结果

河北省	均　值		t-值	df	p	有效 N		标准差		F-ratio 方差	p-值 方差
	组 1	组 2				组 1	组 2	组 1	组 2		
HB-RE vs. HB-RG	0.441 0	1.060 6	−1.394	76	0.167	39	39	2.468 46	1.266 44	0.353	0.554
HB-RE vs. HB-GE	0.441 0	0.347 2	0.133	76	0.895	39	39	2.468 46	3.659 61	0.111	0.740
HB-RG vs. HB-GE	1.060 6	0.347 2	1.150	76	0.254	39	39	1.266 44	3.659 61	0.626	0.431

从表 3-3 可以看出，1981—2019 年河北省财政收支弹性、财政收入对 GDP 的弹性、GDP 对财政支出的弹性两两间均值无显著差异、方差也无显著差异。河北省在整个区间上，财政收支弹性平均值为 0.44，财政收入对 GDP 的弹性平均值为 1.06，GDP 对财政支出的弹性平均值为 0.34。从三者均值的标准差来看，河北省财政支出对 GDP 的拉动波动性最大，表明在促进本级财政收入上河北省的经济结构还有较大的调整空间，而财政支出和 GDP 对财政收入拉动的波动性较小，有较好的平稳性。财政支出分别对财政收入、对 GDP 拉动以及 GDP 对财政收入的拉动两两之间的波动性差异不显著，表明河北省的经济发展与财政收支相互间影响的动态结构相似度较高。

四、辽宁省财政收支情况动态分析

1981—2019 年辽宁省财政收支缺口和财政收支缺口率如图 3-7 所示。

从图中可看出，1994 年分税制改革前辽宁省处于财政收支负缺口

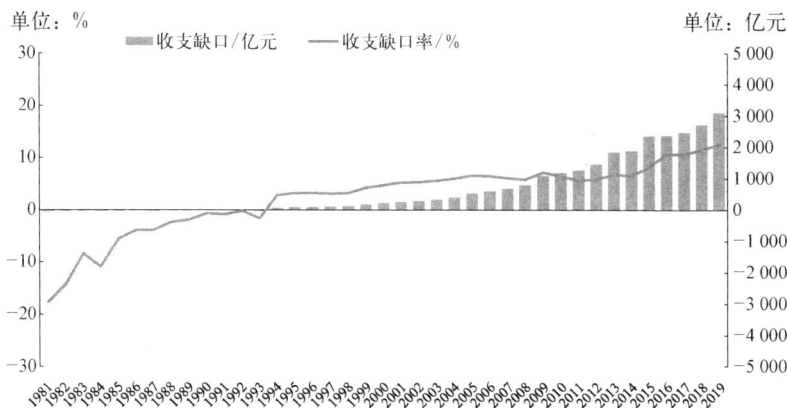

图 3-7　辽宁省财政收支缺口及收支缺口率动态走势(1981—2019 年)

阶段,除 1984 年(-47.8 亿元)、1987 年(-27.6 亿元)和 1993 年
(-32.6亿元)负缺口拉大之外,其余年度均呈现负缺口收缩的趋势,
1981—1993 年平均缺口为-26.6 亿元;从财政收支缺口率看,分税制
改革前逐年以较大幅度收缩,从 1981 年-17.7%到 1992 年-0.21%,
1993 年又回至-1.62%,年平均-5.5%。在分税制改革前夕(1993 年)
出现的一次较明显扩大,是对前期多种因素叠加效果的集中释放,1994
年,分税制改革政策效果释放,财政收支缺口跃至 66.9 亿元、财政收支
缺口率升至 2.84%。

　　1994—2019 年辽宁省财政收支缺口全为正,且呈现逐年以较大
幅度递升的走势,表明分税制改革后辽宁省本级财政收入保持一定
的赤字且大幅扩大,赤字从 1994 年的 66.9 亿元逐年增至 2019 年的
3 109.5亿元,年平均 1 023.0 亿元;从财政收支缺口率看,1994—
2000 年处于(2%,5%)水平段,2001—2014 年处于(5%,7%)水平
段,2015 年以后处于(8%,13%)水平段,分税制改革后辽宁省财政
收支缺口率年平均 6.3%。分税制改革后,辽宁省对中央转移支付

的依赖不断增强,2015年后辽宁省经济发展与财政收支的适应存在一定的偏离。

辽宁省财政收入对支出弹性、财政收入对GDP的弹性和GDP对财政支出的弹性走势,如图3-8所示。

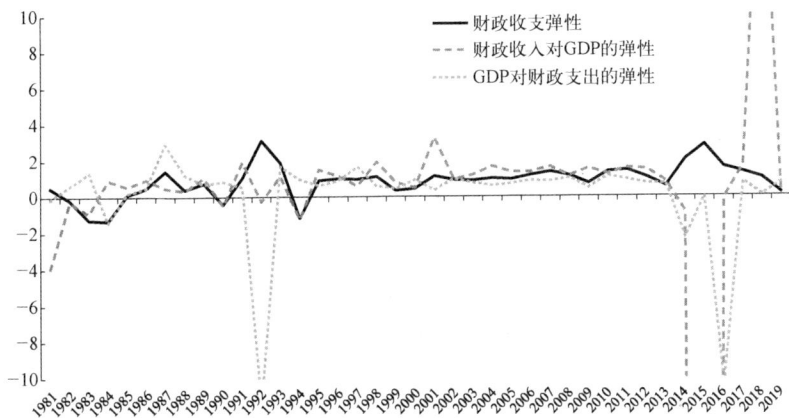

图3-8 辽宁省三种弹性动态比较(1981—2019年)

从图中可看出,改革开放以来辽宁省财政收入、财政支出与经济发展之间相互拉动作用的波动性幅度较大且异常点较多,并具有较明显的集聚特性。辽宁省GDP对财政收入的拉动波动幅度异常性较明显,2015年达到了超级异常−22.5的弹性值,2018年弹性值拉升至较高的21.6;财政支出对GDP负拉动幅度最大的1992年(−11.5)、2016年(−10.5);财政支出对财政收入拉动幅度相对较小,1992年(3.1)和2015年(2.8)属于比较大的弹性值,其余年度均保持在较小的幅度。从图中还可看出,1987年、1994年附近以及2015年以来,辽宁省财政收入、财政支出与经济发展相互促进表现出集聚调整的明显特征,1994—2014年则表现出明显的平稳集聚特征;其中,财政支出对财政收入的拉动整体上为正拉动,且拉动幅度较为平稳。

运用统计软件 IBM SPSS Statistics 20 对辽宁省三种弹性（LN-RE：辽宁省财政收支弹性；LN-RG：辽宁省财政收入对 GDP 的弹性；LN-GE：辽宁省 GDP 对财政支出的弹性）进行两两 T 检验和 Levene 方差检验,结果如表 3-4 所示。

表 3-4　辽宁省三种弹性 T 检验和 Levene 方差检验结果

辽宁省	均　值		t-值	df	p	有效 N		标准差		F-ratio 方差	p-值 方差
	组 1	组 2				组 1	组 2	组 1	组 2		
LN-RE vs. LN-RG	0.832 4	−4.537 7	0.921	76	0.360	39	39	0.915 54	36.416 16	3.716	0.058
LN-RE vs. LN-GE	0.832 4	0.057 2	1.688	76	0.096	39	39	0.915 54	2.718 37	3.244	0.076
LN-RG vs. LN-GE	−4.537 7	0.057 2	−0.786	76	0.434	39	39	36.416 16	2.718 37	3.228	0.076

从表 3-4 可以看出,按 10% 的显著性检验,1981—2019 年间辽宁省财政支出对财政收入的拉动和对 GDP 的拉动存在显著差异;财政支出拉动财政收入和拉动 GDP、GDP 拉动财政收入两两间波动性差异显著。表明改革开放以来,辽宁省财政收支与经济发展相互间促进存在结构上的差异,财政支出对财政收入的拉动幅度明显大于对经济总量的拉动;GDP 对财政收入的拉动波动性异常大,其中一个重要因素是 2015 年超异常的−22.5 所致,2015 年是辽宁省财政、经济重要转折点,财政一般预算收入由上年的 3 192.8 亿元降至 2 127.4 亿元、财政一般预算支出由 5 080.5 亿元降至 4 481.6 亿元,降幅分别为 33.4% 和 11.8%,GDP 则基本持平(名义增0.15%),这很大程度上得益于国家振兴东北战略的转移支付支持。

五、 上海市财政收支情况动态分析

1981—2019 年上海市财政收支缺口和财政收支缺口率如图 3-9

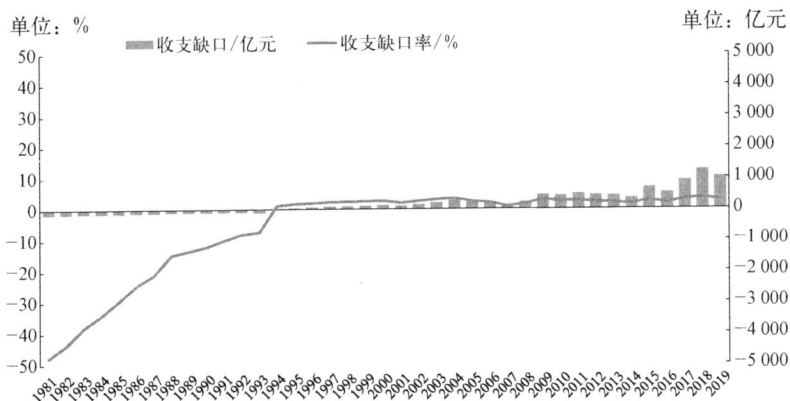

图 3-9　上海市财政收支缺口及收支缺口率动态走势(1981—2019 年)

所示。

从图中可看出,上海市在 1994 年分税制改革前,一直处于较大的财政盈余,财政收支缺口从 1981 年的－155.3 亿元逐年收缩至 1987 年的－120.4 亿元,之后在－90 亿元左右交替,到 1992 年进一步收缩至－90.6 亿元,1993 年分税制改革的前夕负缺口突然加大至－113.1 亿元。显然,上海市在改革开放到分税制改革政策施行期间处于较大的负缺口阶段,1981—1993 年财政收支盈余年均达 117.0 亿元。从财政收支缺口率看,上海市从 1981 年的－47.8％逐年收缩至 1993 年的－7.4％,年均－23.5％,说明分税制改革前上海市在经济以较快速度发展的同时,本级财政在承担支出需求之外,还形成较大的积累。

分税制改革后,上海市本级财政由之前盈余转为赤字,但可以看出,正的财政收支缺口处于缓慢增长的较低水平,1994—2019 年平均 343.3 亿元,2017 年之前均处于 700 亿元以内,2017 年跃至 905.4 亿元,2018 年达最高 1 243.4 亿元,接下来有所回落至 1 014.2 亿元。从财政收支缺口率更清晰地看出,分税制改革后上海市本级财政支出的缺口相对于经济总量几乎处于水平的较低位置,最低位置在 2007 年为

0.86%，最高位置 2003 年、2004 年和 2018 年，分别为 3.02%、3.42% 和 3.45%，其余各年均处于(1%,2%)区间，1994—2019 年平均 2.3%。从财政收支缺口的分析可得出，上海市对财政收支政策的适应能力较强，且财政收支与经济发展的协调性较好。

上海市财政收支弹性、财政收入对 GDP 的弹性和 GDP 对财政支出的弹性走势，如图 3-10 所示。

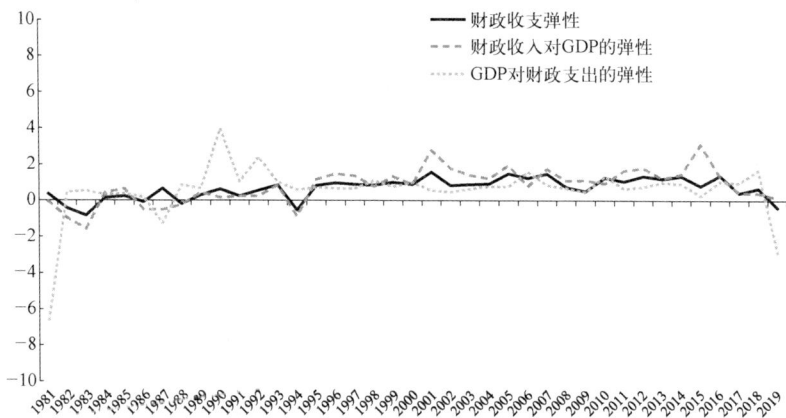

图 3-10　上海市三种弹性动态比较(1981—2019 年)

从图中可看出，上海市 GDP 对财政支出的弹性 1981 年(−6.6)、1990 年(4.0)、1992 年(2.4)、2019 年(−2.9)，财政收入对 GDP 的弹性 2002 年(2.8)、2015 年(3.1)相对异常之外，其他弹性均处于(−2,2)极窄的区间内，且分税制改革后三种弹性在 1995—2018 年都是正值，仅 1994 年和 2019 年有所调整。表明上海市财政支出对财政收入、对 GDP 的拉动，GDP 对财政收入的拉动处在动态均衡平稳，也说明上海市发展质量优异。

运用统计软件 IBM SPSS Statistics 20 对上海市三种弹性(SH-RE：上海市财政收支弹性；SH-RG：上海市财政收入对 GDP 的弹性；

SH－GE：上海市 GDP 对财政支出的弹性)进行两两 T 检验和 Levene 方差检验,结果如表 3－5 所示。

表 3－5　上海市三种弹性 T 检验和 Levene 方差检验结果

上海市	均　值		t-值	df	p	有效 N		标准差		F-ratio 方差	p-值 方差
	组 1	组 2				组 1	组 2	组 1	组 2		
SH－RE vs. SH－RG	0.661 6	0.803 8	－0.782	76	0.437	39	39	0.593 89	0.968 24	6.311	0.014
SH－RE vs. SH－GE	0.661 6	0.557 0	0.403	76	0.688	39	39	0.593 89	1.509 30	1.232	0.271
SH－RG vs. SH－GE	0.803 8	0.557 0	0.860	76	0.393	39	39	0.968 24	1.509 30	0.027	0.870

　　检验结果显示,1981—2019 年上海市财政支出对财政收入的拉动、财政支出对 GDP 的拉动、GDP 对财政收入的拉动均值两两间不存在显著差异,三种弹性总体上处于比 1 小的水平,表明上海市财政收支与经济发展的相互拉动还有提升空间。从两两弹性的方差检验结果看,上海市财政支出与 GDP 分别对财政收入的拉动波动性在 5％的检验水平下存在显著差异,表明在对财政收入的拉动上,财政支出与 GDP 在结构上差异明显,推动经济与财政支出两者拉动财政收入增长的协调,是上海市提升经济与财政收支质量与效益的重要方向。

六、 江苏省财政收支情况动态分析

　　1981—2019 年江苏省财政收支缺口和财政收支缺口率如图 3－11 所示。从图中可看出,江苏省在 1994 年分税制改革前,一直处于一定的财政盈余,财政收支缺口除 1991 年(－15.1 亿元)、1992 年(－26.5 亿元)、1993 年(57.4 亿元)外,1981—1990 年均集中处于－37±5 亿元的负缺口区间,1981—1993 年江苏省财政收支缺口年平均－36.5 亿元。随着GDP持续增长,分税制改革前,江苏省财政收支缺口率从1981年的－11.2%逐年回升至1991年的－0.94%,之后连续两年降至－1.2%和－1.9%,1981—1993年财政收支缺口率年平均为－5.0%。

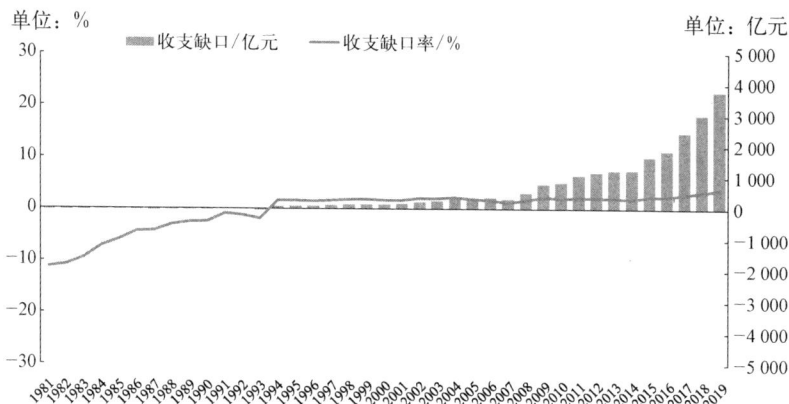

图3-11　江苏省财政收支缺口及收支缺口率动态走势(1981—2019年)

分税制改革后,江苏省财政收支缺口顺应财政收支政策转负为正,逐年递增,1994年63.6亿元到2019年3 771.3亿元,年平均859.4亿元,从中可看出中央转移支付在江苏省经济发展中发挥了重要的补充作用。从财政收支缺口率看,江苏省1994—2017年均处于(1.4%,2.9%)之间,2018和2019年也仅高至3.2%和3.8%,1994—2019年平均2.0%,表明江苏省在充分利用分税制改革带来的红利,积极推动区域经济快速发展取得了较好的成绩。

分析江苏省财政收支弹性、财政收入对GDP的弹性和GDP对财政支出的弹性走势,如图3-12所示。

从图中可看出,1981—2019年江苏省GDP对财政支出的弹性异常值出现在1987年(8.5)和1992年(－18.4),其余各年度三种弹性均处于(－3.5,3.5)区间。分税制改革前GDP对财政收入拉动的波动性

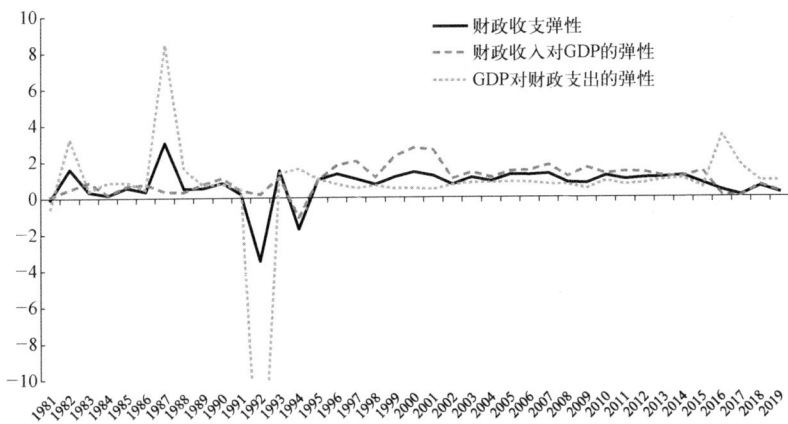

图 3-12 江苏省三种弹性动态比较(1981—2019 年)

较小且都为正,GDP 增长 1%拉动财政收入增长除 1990 年(1.1%)、1993 年(1.1%)外其余年度均处于 1%以下,1981—1993 年平均为 0.56%,表明拉动效果较弱;财政支出对 GDP 拉动和对财政收入拉动的波动性较大,且有部分年度还出现负拉动的情况,1992 年财政支出增长 1%拉动 GDP 负增长 18.4%、拉动财政收入负增长 3.5%。分税制改革第一年 1994 年财政支出增长 1%对财政收入的拉动为-1.7%、GDP 增长 1%对财政收入的拉动为-1.1%,之后各年度财政支出增长 1%对财政收入的拉动(年平均增长 0.93%)、对 DGP 的拉动(年平均增长 0.88%)以及 GDP 增长 1%对财政收入的拉动(年平均增长 1.3%)均为正。分税制改革后财政收支及经济增长相互拉动作用较为平稳,且经济增长对财政收入的拉动幅度较大,财政支出对经济增长的拉动幅度较小,财政支出对财政收入的拉动接近持平。

运用统计软件 IBM SPSS Statistics 20 对江苏省三种弹性(JS-RE:江苏省财政收支弹性;JS-RG:江苏省财政收入对 GDP 的弹性;JS-GE:江苏省 GDP 对财政支出的弹性)进行两两 T 检验和 Levene

方差检验,结果如表 3-6 所示。

表 3-6　江苏省三种弹性 T 检验和 Levene 方差检验结果

江苏省	均　值		t-值	df	p	有效 N		标准差		F-ratio 方差	p-值 方差
	组 1	组 2				组 1	组 2	组 1	组 2		
JS-RE vs. JS-RG	0.712 0	1.016 9	−1.548	76	0.126	39	39	0.971 44	0.755 26	0.001	0.978
JS-RE vs. JS-GE	0.712 0	0.611 3	0.177	76	0.860	39	39	0.971 44	3.425 65	0.949	0.333
JS-RG vs. JS-GE	1.016 9	0.611 3	0.722	76	0.472	39	39	0.755 26	3.425 65	0.997	0.321

检验结果显示,1981—2019 年间江苏省财政支出对财政收入的拉动、财政支出对 GDP 的拉动、GDP 对财政收入的拉动均值两两间不存在显著差异,财政收入对 GDP 的弹性总体上处于比 1 大的水平,而另外两种弹性总体上均处于比 1 小的水平,从时间段的分析可看出,江苏省在分税制改革后,财政支出对财政收入的拉动获得了较明显的提高。从两两弹性的方差检验结果看,江苏省财政支出与 GDP 分别对财政收入拉动的波动性,财政支出对财政收入的拉动、对 GDP 的拉动以及 GDP 对财政收入的拉动两两间波动性无显著差异,表明财政收支与经济增长之间的结构差异不明显。

七、 浙江省财政收支情况动态分析

1981—2019 年浙江省财政收支缺口和财政收支缺口率如图 3-13 所示。

从图中可看出,浙江省在 1994 年分税制改革前,一直处于较低的财政盈余,1981—1993 年财政收支缺口平均−22.2 亿元,且除 1993 年−41.6 亿元外,各年较均衡处于−22.2±5 亿元间;随着经济发展,财

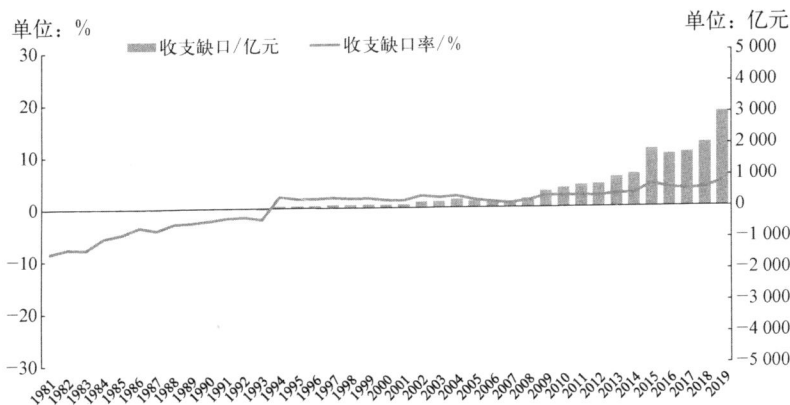

图 3 - 13　浙江省财政收支缺口及收支缺口率动态走势(1981—2019 年)

政收支缺口率从 1981 年的－8.4％逐年递增至 1992 年的－1.7％,1993
年稍有回落至－2.2％,1981—1993 年财政收支缺口率年平均为
－4.3％。分税制改革后,浙江省财政收支缺口顺应财政收支政策转负
为正,逐年递增,1994 年58.4 亿元到 2019 年 3 005.0 亿元,年平均648.4
亿元,中央转移支付在浙江省经济发展中发挥了重要的补充作用。从
财政收支缺口率看,江苏省 1994—2014 年除 2007 年(0.84％)外,均处
于(1.1％,2.6％)之间,2015—2019 年处于(3％,5％)区间,2019 年冲到
4.8％的最高点,1994—2019 年平均 2.2％,浙江省在适应分税制改革政
策,推动区域经济发展上取得较好成绩。

　　浙江省财政收支弹性、财政收入对 GDP 的弹性和 GDP 对财政支
出的弹性走势,如图 3 - 14 所示。从图中可看出,1981—2019 年间浙江
省 1981 年财政收支弹性(－8.1)、GDP 对财政支出的弹性(－10.9)达到
最低点异常值,再除去 1994 年财政收入对 GDP 的弹性(－1.1)、财政收
支弹性(－1.9),各年三种弹性均为正;1987 年财政收支弹性(20.6)、GDP
对财政支出的弹性(37.9)达到最高点异常值。财政收入对 GDP 的弹性
1998—2001 年处于(3,4)区间的较高水平,2005 年(2.1)、2015 年(2.5)超

过 2,其余年度均在 2 以内,仅有 1994 年为负,1994 年前较平稳且处于较低水平,1981—1993 年平均 0.73。财政收支弹性在分税制改革实施的 1994 年后即处于较平稳的阶段,1995—2019 年间最高点在 2016 年 (2.1)、最低点在 2019 年(0.41),其余年度均在(0.5,1.7)间,年平均 1.1。GDP 对财政支出的弹性 1992 年以后就处于平稳阶段,1993—2019 年间除 2016 年(2.1)外,都在 2 以下,年平均 0.87。

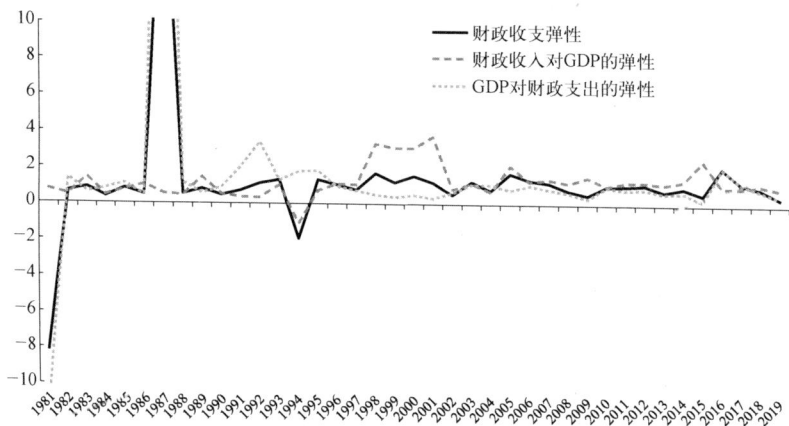

图 3-14　浙江省三种弹性动态比较(1981—2019 年)

通过弹性分析,浙江省 GDP 对财政收入的拉动在分税制改革前作用不明显,分税制改革后拉动作用提高但不够稳定,1998 年财税体制改革带来较为明显的拉动效应,持续四年保持较大的拉动幅度;财政支出对财政收入的拉动和对 GDP 的拉动均在分税制改革后实现稳定的效果,相比较而言,财政支出对财政收入的拉动效果更明显。

运用统计软件 IBM SPSS Statistics 20 对浙江省三种弹性(ZJ-RE:浙江省财政收支弹性;ZJ-RG:浙江省财政收入对 GDP 的弹性;ZJ-GE:浙江省 GDP 对财政支出的弹性)进行两两 T 检验和 Levene 方差检验,结果如表 3-7 所示。

表 3-7 浙江省三种弹性 T 检验和 Levene 方差检验结果

浙江省	均值		t -值	df	p	有效 N		标准差		F-ratio 方差	p -值 方差
	组 1	组 2				组 1	组 2	组 1	组 2		
ZJ-RE vs. ZJ-RG	1.168 7	1.214 7	−0.078	76	0.938	39	39	3.550 17	0.908 40	0.991	0.323
ZJ-RE vs. ZJ-GE	1.168 7	1.612 6	−0.384	76	0.702	39	39	3.550 17	6.281 63	0.624	0.432
ZJ-RG vs. ZJ-GE	1.214 7	1.612 6	−0.392	76	0.697	39	39	0.908 40	6.281 63	2.163	0.146

检验结果显示,1981—2019 年间浙江省财政支出对财政收入的拉动、财政支出对 GDP 的拉动、GDP 对财政收入的拉动均值两两间不存在显著差异,三种弹性总体上处于比 1 大的水平,整体上财政支出对财政收入的拉动幅度较大。从两两弹性的方差检验结果看,浙江省财政支出与 GDP 分别对财政收入的拉动波动性,财政支出对财政收入的拉动、对 GDP 的拉动以及 GDP 对财政收入的拉动两两间波动性无显著差异,表明财政收支与经济增长之间的结构差异不明显。

八、福建省财政收支情况动态分析

1981—2019 年福建省财政收支缺口和财政收支缺口率如图 3-15 所示。

从图中可以看出,福建省 1981—2019 年间大部分年度财政收支缺口为正,仅 1981 年和 1994—1997 年共计五个年度为负缺口;表明福建省自改革开放以来大部分年度均处于财政赤字。从负缺口的五个年度看,刚开启改革开放时福建省作为改革开放最早期的试验区,1981 年财政收支缺口为−0.25 亿元,本级财政收支勉强平衡;之后作为改革试验区,支出接受转移支付的持续支持,1990 年财政收支正缺口升至 11.4 亿元后回落,至分税制改革实施的 1994 年财政收支缺口转负,且负缺

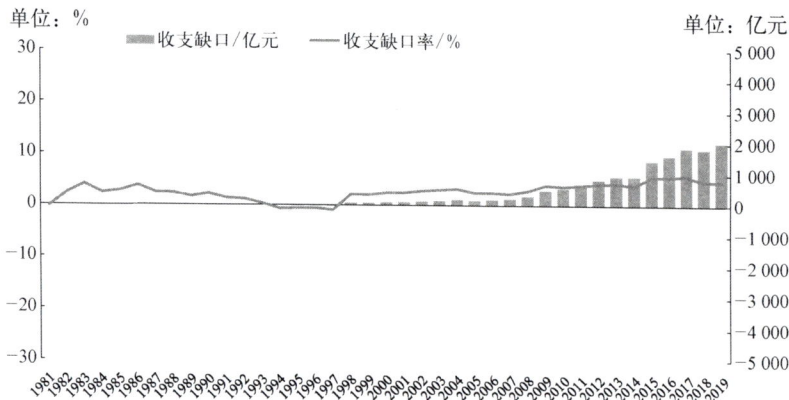

单位：%　　　　　　　　　　　　　　　　　　　　　　　单位：亿元

图 3-15　福建省财政收支缺口及收支缺口率动态走势(1981—2019 年)

口从-11.9 亿元持续拉大至 1997 年的-26.9 亿元,1998 年开始转负为正且一直保持正缺口。1982—1993 年财政收支保持正缺口的 12 年平均缺口为 6.8 亿元,而负缺口的 1994—1997 年平均缺口为-16.7 亿元。1998 年我国首次提出建立与市场经济相适应的公共财政框架,被认为拉开全面改革支出管理体制的序幕,从这年起福建省财政收支正缺口持续拉大,从 67.0 亿元增至 2019 年的 2 044.5 亿元,年均 677.9 亿元。

从财政收支缺口率看,福建省财政收支缺口率 1982 年开始从 2.3% 在调整中逐年回落至 1993 年的 0.30%,年均 2.2%;可以看出,福建省实施改革开放早期试验,经济和财政收支明显调整。1994—1997 年分税制改革实施的头四年,中央和地方财政税收支体制改革,财政收支缺口率在(-0.5%,-1%)区间调整,平均-0.72%。1998 年全面改革支出管理体制拉开序幕以后,至 2008 年福建省财政收支缺口率维持在(2%,3%)之间,年平均 2.5%。2009 年以来财政收支缺口率提升,最高至 2017 年 5.8%,年平均提升 4.6%,较前一阶段几乎翻倍。福建省的经济和财政收支运行,不但对应各阶段财政收支政策调整,同时也注入改革开放初期试验成果的诸多因素,在地方财政收支状况的表现中展现其独特的风采。

福建省财政收支弹性、财政收入对 GDP 的弹性和 GDP 对财政支出的弹性走势,如图 3‐16 所示。

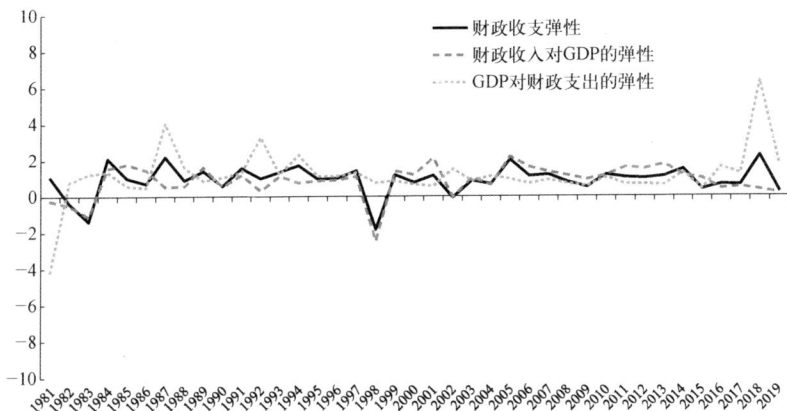

图 3‐16 福建省三种弹性动态比较(1981—2019 年)

从图中看出,1981—2019 年间福建省财政支出对 GDP 的拉动波动较大,财政支出增长 1%拉动 GDP 增幅最低出现在 1981 年的−4.1%,最高为 2018 年的 6.4%,另外,1987 年(4.0%)、1992 年(3.3%)、1994 年(2.3%)拉动的幅度较大;分税制改革后至 2017 年福建省 GDP 对财政支出的弹性较平缓,1995—2017 年间除 2015 年(0.38)外,均处于(0.5,1.5)区间,年平均 0.91;2018 年大幅拉高后,2019 年又回落至 1.8。财政收支弹性和财政收入对 GDP 的弹性出现异常的负值,1983 年分别为−1.4 和−1.1、1998 年分别为−1.9 和−2.5,2002 年分别为−0.08 和−0.05,其余年度均较为平稳。1999—2017 年财政收支弹性除 2002 年(−0.077)、2005 年(2.0)之外,均处于(0.5,1.5)区间,年平均 0.95;2018 年升至 2.2,之后回落至 0.28。1999—2019 年财政收入对 GDP 的弹性除 2002 年外,处于(0,2.5)区间,年平均1.1。可以看出,福建省在1998年全国全面改革支出管理体制拉开序幕前,财税收支与经济发展的相互关系在改革开放试验中不断调整,之后经济增长与财政收支的拉动走向平稳,2018年政府机构改革,国税、地税合并对其带来明显冲击之后回落。

运用统计软件 IBM SPSS Statistics 20 对福建省三种弹性(FJ‐RE:福建省财政收支弹性;FJ‐RG:福建省财政收入对 GDP 的弹性;FJ‐GE:福建省 GDP 对财政支出的弹性)进行两两 T 检验和 Levene 方差检验,结果如表3‐8所示。

表3‐8 福建省三种弹性 T 检验和 Levene 方差检验结果

福建省	均 值		t‐值	df	p	有效 N		标准差		F‐ratio 方差	p‐值 方差
	组1	组2				组1	组2	组1	组2		
FJ‐RE vs. FJ‐RG	0.900 4	0.839 4	0.316	76	0.753	39	39	0.815 61	0.886 64	0.451	0.504
FJ‐RE vs. FJ‐GE	0.900 4	1.150 9	−0.965	76	0.337	39	39	0.815 61	1.399 57	0.711	0.402
FJ‐RG vs. FJ‐GE	0.839 4	1.150 9	−1.174	76	0.244	39	39	0.886 64	1.399 57	0.168	0.683

检验结果显示,1981—2019年间福建省财政支出对财政收入的拉动、财政支出对 GDP 的拉动、GDP 对财政收入的拉动均值两两间不存在显著差异,GDP 对财政支出的弹性总体上略大于1,财政收支弹性和财政收入对 GDP 的弹性总体上都略小于1,财政收支以及 GDP 之间的拉动关系较为均衡。从两两弹性的方差检验结果看,福建省财政支出与 GDP 分别对财政收入的拉动波动性,财政支出对财政收入的拉动、对 GDP 的拉动以及 GDP 对财政收入的拉动两两间波动性无显著差异,表明财政收支与经济增长之间的结构差异不明显。

九、山东省财政收支情况动态分析

1981—2019 年山东省财政收支缺口和财政收支缺口率如图 3-17 所示。从图中可以看出,山东省 1981—1985 年财政收支缺口为负,表现出财政盈余(年均盈余 18.9 亿元),且盈余逐年消减,此后除 1993 年财政缺口 -6.0 亿元外,其余年度都为正缺口。分税制改革后,山东省财政收支缺口逐年攀升,从 1994 年的 84.1 亿元持续扩大至 2019 年的 4 210.2 亿元,缺口年均增长 16.9%,维持赤字平均每年 1 187.6 亿元。从财政收支缺口率看,山东省 1981—1985 年由 -7.4% 逐年收缩至 -2.4%,这五年表现出逐年减少的财政盈余被山东省强大的经济总量以加快的速度吸收。明显可以看出从 1994 年开始,虽然山东省正的财政收支缺口在快速扩大,但相对应的财政收支缺口率却保持在几乎水平的位置,1994—2008 年控制在(1.8%,2.5%)狭窄区间,2009—2014 年控制在(3.1%,3.7%)狭窄区间,2015—2019 年控制在(4%,6%)相对较宽的区间内。改革开放以来,从"六五"计划开始的 1981—2019 年,山东省财政收支缺口率控制在 ±7% 较窄的区间,财政收支缺口率全时段年平均为 1.5%。表明山东省财政收支缺口在量上快速扩大,与

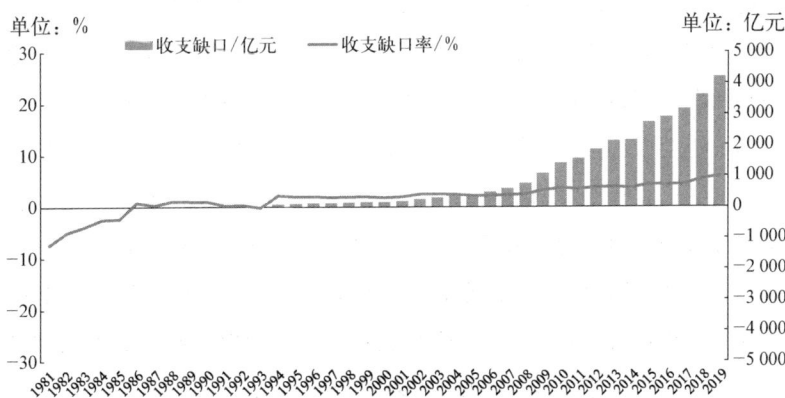

图 3-17　山东省财政收支缺口及收支缺口率动态走势(1981—2019 年)

GDP 总量的快速增长相比,财政赤字被较充分地稀释。

山东省财政收支弹性、财政收入对 GDP 的弹性和 GDP 对财政支出的弹性走势,如图 3-18 所示。

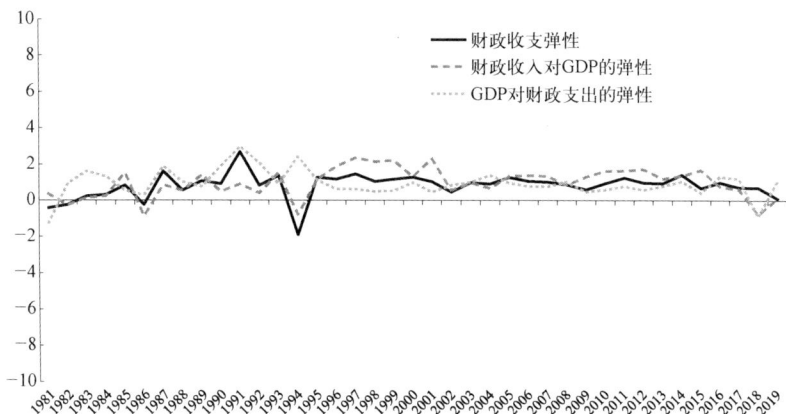

图 3-18　山东省三种弹性动态比较(1981—2019 年)

从图中看出,山东省自实施"六五"计划以来,财政收支弹性、财政收入对 GDP 的弹性、GDP 对财政支出的弹性全时段保持在(-2,3)比较窄的范围内,财政收入对 GDP 的弹性有四个年度为负:1982 年(-0.26)、1986 年(-0.88)、1994 年(-0.79)和 2018 年(-0.77);GDP 对财政支出的弹性有两个年度为负:1981 年(-1.2)和 2018 年(-0.91);财政收支弹性有四个年度为负:1981 年(-0.42)、1982 年(-0.24)、1986 年(-0.25)和 1994 年(-1.9)。可以看出,1981 年、1986 年、1994 年和 2018 年财政收支与经济增长的拉动关系表现异常,表明改革开放、分税制改革和国税、地税合并征收体制改革对山东省财政收支和经济增长的冲击力较强,政策执行当年就反应明显,而 1985 年实行分灶吃饭财政收支制度的划分税种、核定收支、分级包干,冲击力度有所缓冲,第二年得以显现。

财政收支缺口在 1995—2018 年间表现极为平稳保持在(0.4,1.5),

年平均为 1.0,其间有一半的年度在 1 以上,总体上,财政支出增长 1‰
拉动财政收入增长 1‰,两者增幅基本持平;2019 年出现大幅滑落至
0.10,表现出财政支出对财政收入拉动的乏力。1995—2017 年,GDP
对财政收入的拉动幅度较大,年均 1.4,高点在 1997 年(2.3)、1998 年
(2.1)、1999 年(2.2)和 2001 年(2.3),2018 年较大回落降至负值,之后
又勉强回升破 0 为正;财政支出对 GDP 的拉动幅度相对小,介于(0.4,
1.3)间,年平均 0.81,2018 年降至负值,之后拉升到 1 以上。

运用统计软件 IBM SPSS Statistics 20 对山东省三种弹性(SD-
RE:山东省财政收支弹性;SD-RG:山东省财政收入对 GDP 的弹性;
SD-GE:山东省 GDP 对财政支出的弹性)进行两两 T 检验和 Levene
方差检验,结果如表 3-9 所示。

表 3-9　山东省三种弹性 T 检验和 Levene 方差检验结果

山东省	均　值		t-值	df	p	有效 N		标准差		F-ratio 方差	p-值 方差
	组 1	组 2				组 1	组 2	组 1	组 2		
SD-RE vs. SD-RG	0.810 6	0.968 9	−0.913	76	0.364	39	39	0.709 34	0.818 80	2.777	0.100
SD-RE vs. SD-GE	0.810 6	0.924 1	−0.691	76	0.492	39	39	0.709 34	0.741 84	0.043	0.837
SD-RG vs. SD-GE	0.968 9	0.924 1	0.253	76	0.801	39	39	0.818 80	0.741 84	2.001	0.161

检验结果显示,1981—2019 年间山东省财政支出对财政收入的拉
动、财政支出对 GDP 的拉动、GDP 对财政收入的拉动均值两两间不存
在显著差异,三种弹性总体上比 1 小。按 10% 的显著性,财政支出对
财政收入的拉动波动性与 GDP 对财政收入的拉动波动性存在显著性
差异,后者的波动性显著大于前者,财政支出拉动财政收入的波动性与
财政支出拉动 GDP 的波动性较相似。从而可以看出,改革开放"六五"

计划实施以来,山东省拉动财政收入增长的财政支出与 GDP 两者在作用结构上存在显著差异,而财政支出在拉动 GDP 和财政收入增长的作用上结构较为相似。

十、 广东省财政收支情况动态分析

1981—2019 年广东省财政收支缺口和财政收支缺口率如图 3 - 19 所示。

单位：%

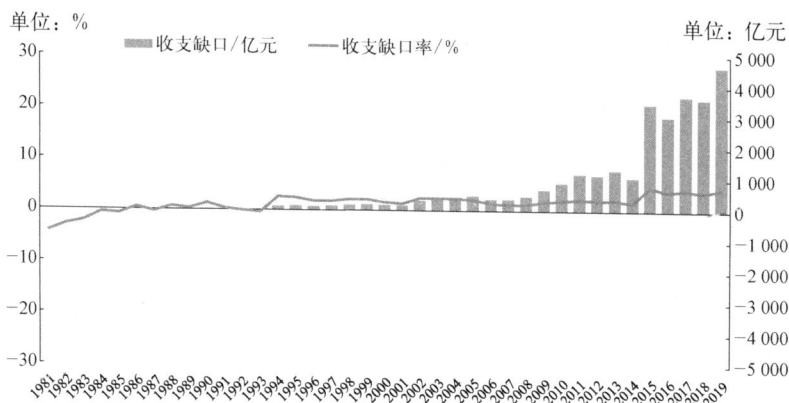

图 3 - 19　广东省财政收支缺口及收支缺口率动态走势(1981—2019 年)

从图中可以看出,1994 年分税制改革以前,广东省财政收支缺口经历由负至正又转负的过程。1981—1985 年间财政盈余由 12.3 亿元沿着缩小的趋势调整至 4.6 亿元,年平均盈余 7.4 亿元;1986—1991 年除 1987 年财政盈余 3.1 亿元外,各年均保持一定的财政赤字,1990 年财政赤字为 19.7 亿元,年平均赤字 8.0 亿元。从财政收支缺口率看,1981—1985 年平均为−2.1％,1986—1991 年平均为 0.43％,1992 年和 1993 年分别降至−0.12％和−0.44％。可以分析得出,广东省财政收支缺口在分税制改革前,经历约每五年一次的调整阶段,这种表现是改革开放试验区与 1989 年开始跃居全国第一大经济体量的广东省在适应财政收支政策"划分收支、分级包干""划分税种、核定收支、分级包干""财政包干"各时期制度转换的结果。

分税制改革后广东省财政收支缺口从 1994 年 118.1 亿元的高位持续以较大幅度增至 2019 年的 4 462.7 亿元,财政收支缺口平均年增 15.8%,年平均财政收支缺口为 1 113.5 亿元,其中,在 1996 年、2000 年、2001 年、2006 年、2007 年、2012 年、2014 年和 2016 年八个年度发生微小的回落;2014—2015 年出现较大跨度的提升,之后五年处于 3 000 亿元至 5 000 亿元的高位缺口。财政收支缺口率在 1994—2014 年间保持在几乎水平(1.6%,2.6%)的较狭窄区间,年平均 1.9%;2015—2019 年跃升到(3.6%,4.8%)区间,年平均 4.1%。从广东省大幅增长的财政收支正缺口,而相应的财政收支缺口率保持在较低的水平,展现出中国第一大省级经济体,在接受转移支付助力财政支出能力的同时,也较好地促进了自身经济的增长。

广东省财政收支弹性、财政收入对 GDP 的弹性和 GDP 对财政支出的弹性走势,如图 3-20 所示。

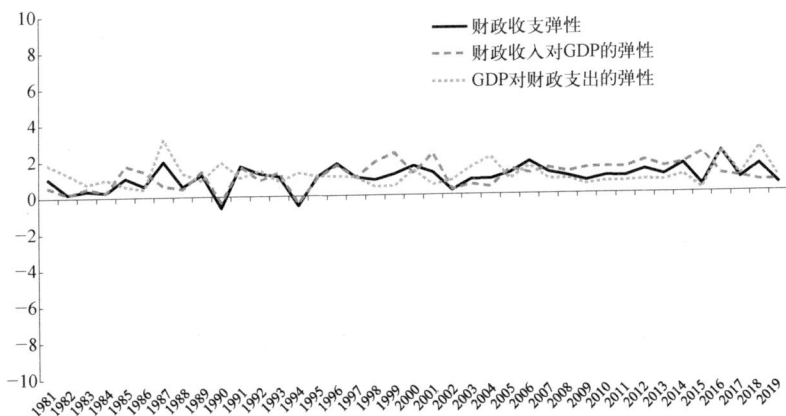

图 3-20　广东省三种弹性动态比较(1981—2019 年)

从图中看出,广东省财政收支弹性、财政收入对 GDP 的弹性、GDP 对财政支出的弹性保持在较平稳的区间,除 GDP 对财政支出的弹性在 1987 年海南从广东省分出之前达到的 3.2 高点,1990 年和 1994 年财政收入对 GDP 的弹性(−0.33 和 −0.42)、财政收支弹性(−0.63 和 −0.53)触破 0 点外,其余各年度三种弹性均在 0—2.5 以内。可以看出,广东省财政收支与经济增长的相互拉动在微幅调整中,结构在总体上基本均衡。

1994 年分税制改革对全国中央和地方财政收支及其与地方经济发展的相互影响都产生较显著的结构性冲击,广东省 1994 年经济增长对财政收入的拉动和财政支出对财政收入的拉动出现负向作用,而同时财政支出增长 1‰对经济的拉动力超过了 1‰,可以看出在适应分税制改革开始实施的冲击时,因收入分配制度变动的影响,广东省在拉动本级财政收入上一时未转型到位,而紧接着下一年财政支出对 GDP 的拉动、对财政收入的拉动以及 GDP 对财政收入的拉动幅度(三者)汇集到 1 附近,实现了较好的转型。1988 年海南从广东省分出设立海南省,对广东省来说也是重大的事件,之前的 1987 年财政支出对经济增长的拉动幅度超过 3 倍、对财政收入的拉动也接近 2 倍,海南单独设省后一年,1989 年广东省经济总量便跃居全国第一,并一直保持。

运用统计软件 IBM SPSS Statistics 20 对广东省三种弹性(GD-RE:广东省财政收支弹性;GD-RG:广东省财政收入对 GDP 的弹性;GD-GE:广东省 GDP 对财政支出的弹性)进行两两 T 检验和 Levene 方差检验,结果如表 3-10 所示。

检验结果显示,1981—2019 年间广东省财政支出对财政收入的拉动、财政支出对 GDP 的拉动、GDP 对财政收入的拉动均值两两间无显著差异,三种弹性总体上处于 1 的水平。整个时间段上,财政支出增长

表 3 - 10　广东省三种弹性 T 检验和 Levene 方差检验结果

广东省	均　值		t -值	df	p	有效 N		标准差		F-ratio 方差	p -值方差
	组 1	组 2				组 1	组 2	组 1	组 2		
GD- RE vs. GD- RG	0.963 5	1.080 6	−0.818	76	0.416	39	39	0.602 55	0.659 93	1.328	0.253
GD- RE vs. GD- GE	0.963 5	1.101 1	−0.989	76	0.326	39	39	0.602 55	0.626 17	0.101	0.752
GD- RG vs. GD- GE	1.080 6	1.101 1	−0.141	76	0.889	39	39	0.659 93	0.626 17	0.667	0.417

1％平均拉动 GDP 增长 1.1％、拉动财政收入增长 0.96％,GDP 增长 1％平均拉动财政收入增长 1.08％。从两两弹性的方差检验结果看,广东省财政收支弹性、财政收入对 GDP 的弹性、GDP 对财政支出的弹性两两间无波动性显著差异;从三种弹性的标准差看,三者平均波动幅度几乎处于一致的较低水平。可以看出,广东省在经济与财政收支协调增长上表现出较明显的稳定特征。

十一、海南省财政收支情况动态分析

海南的发展,从早期是广东省的下辖区域,到 1988 年从广东省辖区域分出单独设立海南省,再到 2018 年 10 月 16 日《中国(海南)自由贸易试验区总体方案》正式发布,作为我国东部地区体量最小的省级区域经历了其独特的发展路径,尤其还经历了财政收支管理方式的重要转变。1988—2019 年海南省财政收支缺口和财政收支缺口率如图 3 - 21 所示。

从图 3 - 21 中可以看出,自设省以来海南省财政收支缺口均保持正值,且从 1988 年的 3.8 亿元逐年增至 2019 年的 1 045.0 亿元,一直保持适度的本级财政赤字,年平均 232.0 亿元。1994 年分税制改革,海南省财政收支缺口从上年的 15.5 亿元降至 12.5 亿元,再过一年又提升至

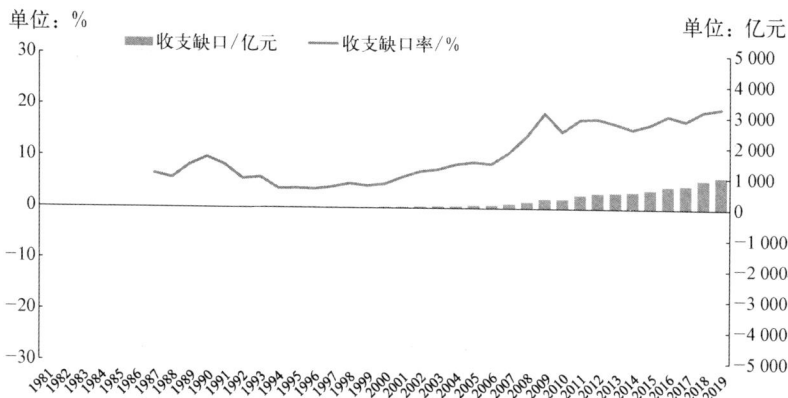

单位：%　　　　　　　　　　　　　　　　　　　　　　　　单位：亿元

图 3-21　海南省财政收支缺口及收支缺口率动态走势(1988—2019 年)

13.9 亿元，持续增至 1998 年的 21.2 亿元，小幅回落至 1999 年的 20.6 亿元，之后一直保持只增不降，逐年扩大本级财政赤字。财政转移支付在海南省的经济发展、财政收支增长及平衡中一直发挥着重要作用。

从财政收支缺口率看，1988—1994 年海南省处于分税制改革之前、单独设省的早期，财政收支缺口率变动轨迹展现开口向下的抛物线形，1990 年增至极大值点 9.8%，1994 年降至 3.8%，之后缓步调整至 2000 年的 4.7%，1994—2000 年在(3.7%，4.7%)的狭长区间，之后加速提升至 2009 年 18.6%的极高点，出现一个小回落之后，2011 年开始较平稳地在(16.6%，17.6%)区间微幅调整至 2017 年，从 2018 年开始连续两年站上 19%以上的高点。可以看出，1994 年分税制改革、2009 年世界金融危机、2018 年海南自贸区建设和政府机构改革合并国税、地税，对海南省财政收支动态均产生了冲击影响。

海南省财政收支弹性、财政收入对 GDP 的弹性和 GDP 对财政支出的弹性走势，如图 3-22 所示。从图中看出，海南省 1988—2019 年财政收支弹性、财政收入对 GDP 的弹性和 GDP 对财政支出的弹性全部为正，其中，1994 年达到财政收支弹性(5.1)和 GDP 对财政支出的弹

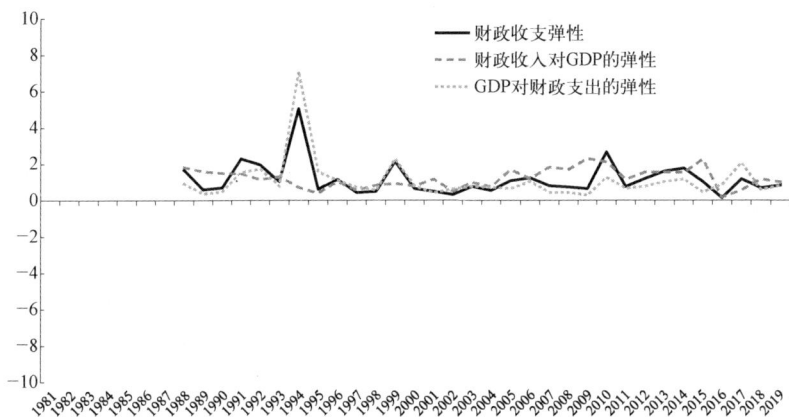

图 3-22　海南省三种弹性动态比较(1988—2019 年)

性(7.1)的最高点,分税制改革冲击带来海南省财政支出拉动财政收入
5 倍以上的增幅、拉动经济 7 倍以上的增幅,其他年度财政支出拉动财
政收入、GDP 以及 GDP 拉动财政收入的增幅均在 0.1 倍以上、3 倍以
下。1998 年全面改革支出管理体制的序幕拉开,次年海南省财政支出
对财政收入和对 GDP 的拉动幅度均超过 2 倍,GDP 对财政收入的拉动
在 2009 年(2.3)、2010 年(2.1)、2015 年(2.3)以及财政支出对 GDP 的
拉动在 2017 年(2.1)均超过了 2 倍,财政支出对财政收入的拉动 2010
年高达 2.65 倍。可以看出,1988 年设立的海南省,在 1994 年分税制改
革当年、1999 年全面改革支出管理体制开始的次年、世界金融危机开
始的 2009 年和次年经济和财政收支增长结构受正向冲击的反应明显。
2016 年 GDP 和财政支出对财政收入的拉动处于 0.2 倍不到的极低水
平,2018 年、2019 年三种拉动都在 1 倍附近的幅度,为海南自贸区建设
营造相对平稳的财政收支和经济发展环境。

运用统计软件 IBM SPSS Statistics 20 对海南省三种弹性(HN-
RE:海南省财政收支弹性;HN-RG:海南省财政收入对 GDP 的弹

性;HN-GE：海南省 GDP 对财政支出的弹性)进行两两 T 检验和 Levene 方差检验,结果如表 3-11 所示。

表 3-11　海南省三种弹性 T 检验和 Levene 方差检验结果

海南省	均值		t-值	df	p	有效 N		标准差		F-ratio 方差	p-值 方差
	组 1	组 2				组 1	组 2	组 1	组 2		
HN-RE vs. HN-RG	1.164 7	1.228 2	−0.333	62	0.740	32	32	0.934 13	0.537 61	1.947	0.168
HN-RE vs. HN-GE	1.164 7	1.097 8	0.249	62	0.804	32	32	0.934 13	1.200 04	0.000	0.991
HN-RG vs. HN-GE	1.228 2	1.097 8	0.561	62	0.577	32	32	0.537 61	1.200 04	0.999	0.322

检验结果显示,1988—2019 年间海南省财政支出对财政收入的拉动、财政支出对 GDP 的拉动、GDP 对财政收入的拉动均值两两间无显著差异,三种弹性总体上处于 1 略上的水平。整个时间段上,财政支出增长 1% 平均拉动 GDP 增长 1.16%、拉动财政收入增长 1.10%,GDP 增长 1% 平均拉动财政收入增长 1.23%。从两两弹性的方差检验结果看,海南省财政收支弹性、财政收入对 GDP 的弹性、GDP 对财政支出的弹性两两间无波动性显著差异;从三种弹性的标准差看,财政收入对 GDP 的弹性波动的平均幅度处于较低水平,财政收支弹性波动的平均幅度略小接近于 1,GDP 对财政支出的弹性波动的平均幅度略高于 1。1988 年新设立的海南省在分税制改革、全面改革支出体制拉开序幕和海南自贸区建设等重大财政、经济制度改革与政策支持下,不断调整;但由于海南省体量太小,在政策冲击中反应敏感。

十二、 东部地区财政收支情况小结

我国的财政收支管理体制决定了,改革开放后中央对地方的转移支付在省级财政支出中发挥非常重要的作用,甚至可以看作是地方的重要收入来源,用以补充地方财政支出的缺口,但按财政本级收入的划分,它又是属于中央财政收入的再分配。从省级财政一般预算收入和一般预算支出之差出发,测算该区域财政收支缺口,用于衡量当前财政收支制度下该地方财政生产能力,该缺口为负则反映该地区该年度本级财政盈余、缺口为正则反映该地区该年度本级财政赤字,但由于中央财政转移支付发挥的调剂作用,此盈余与赤字并非真正意义上的盈余与赤字,所以由此缺口所反映的财政生产能力同时也会成为地方吸引与获得中央财政转移支付支持的重要参考。财政收支缺口率,测度一地方单位 GDP 产出所形成的财政收支缺口,是比较不同体量经济体财政生产能力的指标。

东部十一省(直辖市)是我国改革开放的前沿,据国家统计局数据整理计算[①]:1981 年其经济总量占全国的 48.2%、2019 年占全国的 54.1%,1981 年其财政收入占全国地方财政收入的 66.8%、2019 年占全国的 67.9%,1981 年其财政支出占全国地方财政支出的 40.2%、2019 年占全国的 44.6%。仅从地方财政收入占全国地方财政收入的占比与地方财政支出占全国地方财政支出的占比差看,1981 年东部地区收入比重较支出比重高 26.6 个百分点,2019 年这一比重差为 23.3 个百分点,略有缩小。地方本级财政收入占比大幅高于财政支出占比,表明东部地区在接受中央财政转移支付上明显低于其他地区,1981—2019 年这一比重差发生过一些调整,但幅度均不大,经过"六五"计划到"十三五"规划八个五年计划(2006 年"十一五"开始转为五年规划)的发展,降低了 3.3 个百分点,也说明中、西部地区财政自给能力有所提高,东部地区接受中央转移支付支持的力度也有所提高。

---

① 国家统计局国家数据网站.https://data.stats.gov.cn/easyquery.htm? cn=C01. 2020,8,25.

综合分析从图 3-1、图 3-3、图 3-5、图 3-7、图 3-9、图 3-11、图 3-13、图 3-15、图 3-17、图 3-19、图 3-21 可以看出,在 1994 年分税制改革前,经济发展较好的东部省级区域总体表现为本级财政盈余,从财政收支缺口率看,广东、江苏、山东、浙江四省 1981—1993 年分别平均为 -0.66%、-5.0%、-1.3%、-4.3%。全国省级经济总量前四的区域其表现形式还有所不同,江苏和浙江两省的本级地方财政盈余明显高于广东和山东两省,江、浙两省在 1981—1993 年均有盈余且逐年递增,而广东、山东两省则是盈余与赤字交替且是盈余与赤字的年数几乎均分。从中还可看出,在分税制改革前,江、浙两省的财政生产能力更强、走势更稳。上海、北京、天津三个直辖市经济总量较江、浙、粤、鲁低,但从 1981—1993 年财政收支缺口看,均处于本级财政盈余,财政支出缺口率分别为 -23.5%、-7.1%、-8.4%,很明显,上海市财政生产能力强、稳定,甚至是东部最佳、全国最佳。其余的福建、河北、辽宁和海南四省,1981—1993 年仅有辽宁省财政收支缺口全负,其间财政收支缺口率平均为 -5.5%;河北省财政收支缺口正负相间,其间财政收支缺口率平均为 -0.84%;福建省 1982—1993 年和海南省 1988—1993 年财政收支缺口全为正,期间财政收支缺口率分别平均为 2.2% 和 7.2%。辽宁省为传统工业强省,在分税制改革前发挥着重要的经济支撑作用,福建省和海南省在发展中一直在中央财政转移支付中获得较大支持,河北省则是从 1987 年后开始获得中央财政转移支付的支持倾斜。分税制改革后,东部地区财政收支缺口除北京市在 1994 年、福建省在 1994—1997 年为负外,其他地区和年度均为正,充分显示分税制改革在调整地方与中央财政收入分配、合理安排中央财政转移支付和支持地方发展债券等机制上发挥了重要的积极作用。

1994—2019 年,广东、江苏、山东、浙江四省财政支出缺口均处于较高位置,其中,广东和山东两省平均缺口超过 1 000 亿元、江苏和浙江两省平均缺口分别超过 800 亿元和 600 亿元,但它们的财政收支缺口率均处于(2%,3%)区间,属于比较低的赤字率水平。1994—2019年,上海、北京、天津三市财政收支缺口平均值处于 500 亿元以下,上海市和北京市收支缺口率平均值处于(2%,3%)区间,天津市接近 4%,可见东部三直辖市中上海财政生产能力最强、天津财政生产能力相对较弱。1994—2019 年,河北和辽宁两省财政收支缺口平均超 1 300 亿元和 1 000 亿元、两省财政收支缺口率平均都超 6%,两省在财政赤字下,以较高赤字率运转,虽然在中央财政转移支付等外部资金的支持下实现经济增长,但经济和财政收支的增长结构存在缺陷;海南省财政收支缺口平均值接近 300 亿元,但因为其经济体量小,财政收支缺口率平均超 11%,平均每亿元 GDP 吸收财政收支缺口达 1 127 万元;1994—1997 年,福建省则保持一定的本级财政盈余,之后,1998—2019 年平均财政收支缺口近 700 亿元、财政收支缺口率平均值接近 5%,1998 年开启全面改革支出管理体制,福建省接受了较大量的中央财政转移支付等支持,财政支出能力得到增强。

省级地方财政收入对财政支出的弹性,反映的是省级财政支出1%增幅拉动财政收入增幅的百分点,是从一个侧面反映出财政支出对于收入的产生效率;GDP 对财政支出的弹性,反映的是省级财政支出1%增幅拉动当地经济总量增幅的百分点,是从一个侧面反映出财政支出对于经济增长的产生效率;而财政收入对 GDP 的弹性,反映的则是省级经济总量增长 1%拉动当地财政支出增幅的百分点,是从一个侧面反映出经济增长对于财政收入的产生效率。通过分析三种弹性变动,可以了解我国省级地方财政自改革开放以来,逐渐建立地方财政收支体系过程中,财政支出对于收入、GDP 的产生效率及经济增长对于财政收入的生产效率。

从图 3-2、图 3-4、图 3-6、图 3-8、图 3-10、图 3-12、图 3-14、图 3-16、图 3-18、图 3-20,图 3-22 和表 3-1～表 3-11 可以看出,1994 年分税制改革后,东部十一省(直辖市)财政支出对财政收入的拉动和对经济增长的拉动、经济增长对财政收入的拉动平稳性较之前时段有较明显提高;1998 年全面改革支出管理体制与 2018 年国税和地税合并机构改革,对各地也产生一定影响,但不如分税制改革影响大。各地在特殊的年度会出现相对特殊的弹性异常点:北京市的 1981 年和 1991 年,天津市的 1992 年,河北省的 1987 年,辽宁省的 1992 年、2015 年、2016 年、2018 年,江苏省的 1992 年,浙江省的 1981 年和 1987 年,上海市、山东省、广东省、福建省和海南省在整个时间段上经济增长与财政收支的拉动异常点不很明显。除去特殊异常点外,分税制改革以来,广东省和海南省三种拉动幅度总体上均在 1 倍略上;福建省财政支出对经济增长的拉动幅度总体上在 1 倍以上,而财政支出对财政收入的拉动幅度、经济增长对财政收入的拉动幅度总体上处于 1 倍以下;其余八省(直辖市)经济增长对财政收入的拉动幅度总体上超过 1 倍,财政支出对财政收入的拉动和对经济增长的拉动总体上小于 1 倍。实施“六五”计划的 1981 年以来,在整个时间段上,除辽宁省外,财政支出对财政收入的拉动、财政支出对经济增长的拉动和经济增长对财政收入的拉动,两两间无显著差异;除山东、辽宁两省与上海市之外,两两波动性无显著差异,山东和上海二省(市)财政支出对财政收入的拉动与对经济增长的拉动波动性存在显著差异,而辽宁省则两两波动性存在显著差异。可以得出,辽宁省是东部地区中经济增长、财政收支动态结构均衡性较欠缺的省份;上海市和广东省在财政支出对财政收入拉动与对经济增长拉动的动态结构均衡性还有提升空间。

第二节 中国中部省级地方财政收支动态分析

中部八省既是我国地处中原的区域,也是经济发展整体上处于全国中间水平的省区。在改革开放、分税制改革、全国改革财政支出管理体制、行政机构改革合并国税地税等涉及全国性的有关财政收支政策的实施节点或窗口期,以及不同省区各自面临的机遇与挑战,对其财政支出动态发展均会有一定影响。通过各省财政收支缺口、收支缺口率以及财政收支与经济发展的弹性分析,研究中部地区财政收支现状。由式(3-1)和式(3-2)计算中部八省财政收支缺口、缺口率,并由弹性计算公式计算其财政收入对支出、财政收入对 GDP 和 GDP 对财政支出三种弹性,如图 3-23～图 3-38 所示[①]。

一、山西省财政收支情况动态分析

1981—2019 年山西省财政收支缺口和财政收支缺口率,如图 3-23 所示。

从图中可以看出,山西省仅有 1981 年和 1983 年财政收支缺口为负,且财政盈余量极小,仅为 2.23 亿元和 0.14 亿元,其余年度均为赤字。1994 年分税制改革前,山西省财政收支缺口除 1985 年 10.6 亿元和 1986 年 12.5 亿元之外,其余年度均在 10 亿元以下,1981—1993 年平均 4.41 亿元;财政收支缺口率方面,除 1985 年(4.8%)、1986 年(5.3%)和 1987 年(3.2%)外,均在 1.45% 以下,1981—1993 年平均

---

① 国家统计局国家数据网站.https://data.stats.gov.cn/easyquery.htm? cn=E0103. 2020,8,25.

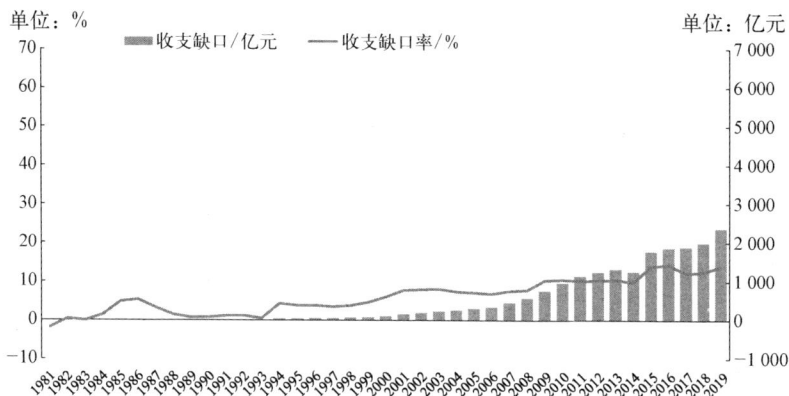

图 3-23 山西省财政收支缺口及收支缺口率动态走势(1981—2019 年)

1.45%。1988 年实行财政包干制度前,山西省处于较大的财政赤字状态,实行财政包干制后有较大改善。总体上,在分税制改革前的财政收支制度下,山西省本级财政生产能力基本接近收支平衡。

分税制改革后,山西省财政收支缺口从 1994 年的 35.4 亿元逐年增至 2019 年的 2 365.6 亿元。期间,除 2014 年出现微小回落之外,始终保持增长,年均增幅 18.3%。1994—2019 年平均财政收支缺口750.4亿元。山西省财政收支缺口率,1994—1999 年处于(3.4%,4.3%)区间,2000—2008 年处于(6.0%,8.0%)区间,2009—2014 年处于(9.9%,10.5%)极狭窄区间,2015—2019 年处于(12.3%,14.3%)区间,各区间段平均为 3.93%、7.35%、10.27%和 13.37%。可以看出,分税制改革后山西省财政收支缺口率呈阶梯式递增,而且每个阶梯均有较大的跨越。全国财政支出管理体制改革前,山西省本级财政处于极低的赤字率,之后山西财政缺口迈上很大的台阶,直至全球金融危机爆发前再度扩大;2015 年山西省"塌方式腐败"开始暴露,可以说是对山西省致命的打击,财政收支缺口拉大的同时,2012 年开始经济总量连续较低增长,2016 年财政收支缺口率达到最高的 14.3%,2017 和 2018 年回落至

12.5%以下,财政征管体制改革后又提升至接近14%。

山西省财政收支弹性、财政收入对 GDP 的弹性和 GDP 对财政支出的弹性走势,如图 3-24 所示。

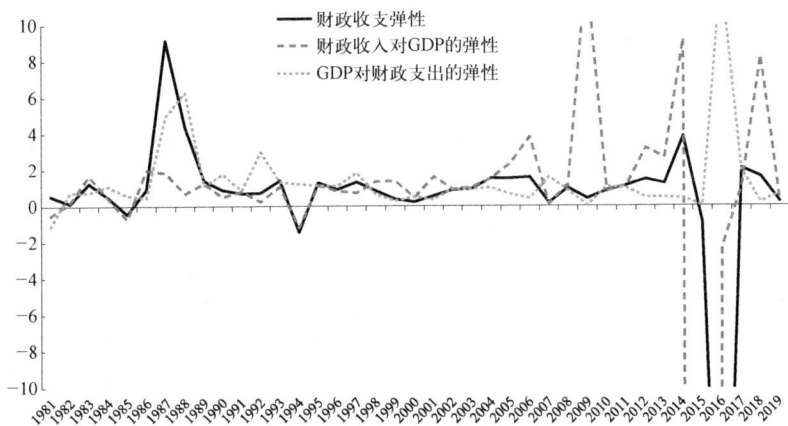

图 3-24　山西省三种弹性动态比较(1981—2019 年)

从图中看出,2008 年以前,除财政收支弹性 1987 年(9.16)、1988 年(4.40)、1994 年(-1.44),财政收入对 GDP 的弹性 1988 年(6.30)、1992 年(2.98),以及财政收入对 GDP 的弹性 1994 年(-1.19)、2006 年(3.81),其余年度均处于较为平稳的阶段,整体上处于 1 附近。从中可看出,2008 年以前山西省财政收支和经济增长对国家政策调整的适应基本正常。

2008 年后,世界金融危机爆发,能源大省山西受到明显波及,加之2015 年山西省"塌方式腐败"带来的沉痛打击,山西省弹性异常点屡屡出现:2015 年,山西省财政收入对 GDP 的弹性跌至-250 的极端异常值,2009 年(13.2)、2014 年(9.2)、2018 年(8.24)及 2016 年(-2.34)也是异常点;GDP 对财政收入的弹性,2016 年的 12.9 是在 2015 年 0.003 6 的低点反弹的,2017 年又降至 1.99;财政收支弹性由 2014 年的 3.84 连续两年触破零点,2015 年(−0.89)、2016 年(−30.2),2017 年反弹至 2.1。从中看出,2008 年后山西省 GDP 对财政收入的拉动处于极不稳定的状态,2009 年 GDP 增长 1% 对财政收入拉动的幅度为 13.2%、2014 年还是 9.2%,2015 年骤降至−250%。

运用统计软件 IBM SPSS Statistics 20 对山西省三种弹性(SX−RE:山西省财政收支弹性;SX−RG:山西省财政收入对 GDP 的弹性;SX−GE:山西省 GDP 对财政支出的弹性)进行两两 T 检验和 Levene 方差检验,结果如表 3−12 所示。

表 3−12　山西省三种弹性 T 检验和 Levene 方差检验结果

山西省	均 值		t−值	df	p	有效 N		标准差		F−ratio 方差	p−值 方差
	组 1	组 2				组 1	组 2	组 1	组 2		
SX−RE vs. SX−RG	0.389 3	−4.762 1	0.790	76	0.432	39	39	5.292 35	40.389 25	3.024	0.086
SX−RE vs. SX−GE	0.389 3	1.397 6	−1.093	76	0.278	39	39	5.292 35	2.276 77	0.532	0.468
SX−RG vs. SX−GE	−4.762 1	1.397 6	−0.951	76	0.345	39	39	40.389 25	2.276 77	3.432	0.068

检验结果显示,1981—2019 年间山西省财政支出对财政收入的拉动、财政支出对 GDP 的拉动、GDP 对财政收入的拉动均值两两间无显著差异,因 2015 年等几个异常点的非常规拉动影响,三种弹性的均值差别较大,但从统计意义上来说,三者差异性并不明显。从方差检验结果看,山西省在整个时间段上,按 10% 的显著性水平,财政收支弹性与财政收入对 GDP 的弹性、财政收入对 GDP 的弹性与 GDP 对财政支出的弹性方差都存在显著差异。也就是说,改革开放以来,山西省财政支出对财政收入的拉动波动性与经济增长对财政收入的

拉动波动性存在显著差异,经济增长对财政收入拉动的波动性与财政支出对经济增长拉动的波动性存在显著差异。表明山西省财政收支与经济增长的相互关系结构上存在较大的不稳定因素,均衡发展的要求较紧迫。

二、吉林省财政收支情况动态分析

1981—2019 年吉林省财政收支缺口和财政收支缺口率,如图 3-25所示。从图中可以看出,自改革开放后实施第六个五年计划以来,吉林省财政收支缺口全部为正,也就是吉林省本级财政始终保持一定的赤字,除 1987 年有所回落之外,始终处于持续扩大的走势;从 1981 的 5.15 亿元扩大至 2019 年 2 816.6 亿元,年均增幅 18.0%。1993—1994 年、1998—1999 年、2015—2016 年、2018—2019 年有较大的阶梯跨度。

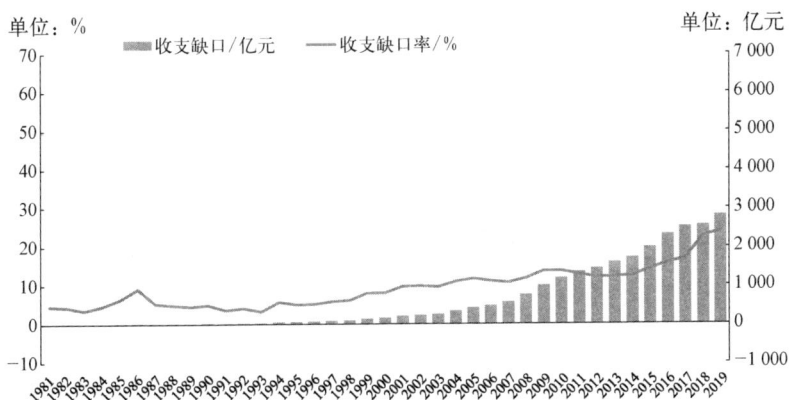

图 3-25 吉林省财政收支缺口及收支缺口率动态走势(1981—2019 年)

吉林省的财政收支缺口率阶段性特征较为明显,1981—1986 年处于逐渐上升阶段,由 4.6% 增至 9.1%,之后逐渐降至 1993 年分税制改革前的 3.2%。1994 年跨上 5.7%，1998 年保持在(5.0%,6.2%)区间；1999—2005 年从 8.0%逐渐增至 11.7%，2009 年由上年的 11.8%跃至 13.6%，保持至 2010 年的 13.7%后连续四年处于(12.0%,13.0%)区间；2015—2017 年由 14.1%逐年提升至 16.8%，2018 年和 2019 年大幅跃升至 22.6%和 24.0%。吉林省财政收支缺口率大致五年左右形成相对稳定的一个阶段，1994 年分税制改革、1998 年全面支出管理体制改革、2009 年世界金融危机爆发和 2018 年财政征收管理体制改革对吉林省财政收支产生较明显的冲击。

吉林省财政收支弹性、财政收入对 GDP 的弹性和 GDP 对财政支出的弹性走势，如图 3-26 所示。

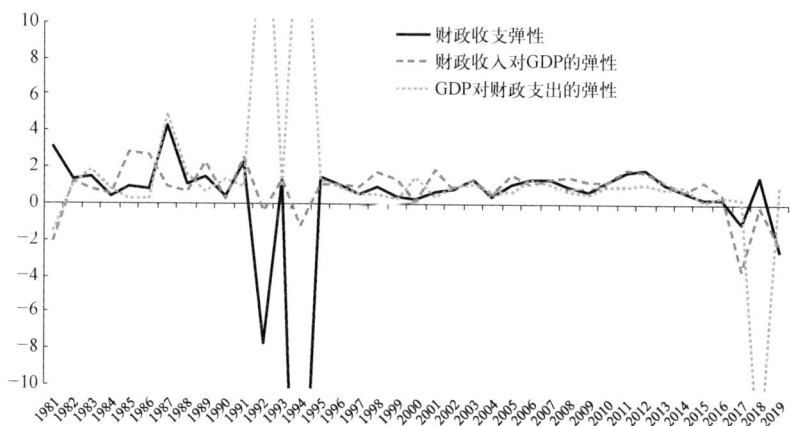

图 3-26　吉林省三种弹性动态比较(1981—2019 年)

从图中可以看出，1981—2019 年，吉林省财政收支弹性 1992 年(-7.70)和 1994 年(-24.9)出现极端异常值，此外，除 1981 年(3.0)、1991 年(2.2)和 2017 年(-1.1)、2019 年(-2.6)之外，全期间段均处于 2 以下的正值区间；GDP 对财政支出的弹性除 1992 年(17.9)、1994 年(21.2)、2018 年(-14.4)极端异常和 1981 年(-1.5)、1987 年(5.0)较为

异常外,其余年度均在 2 以内的正值区间;财政收入对 GDP 的弹性极端异常值不明显,2017 年(−3.7)和 2019 年(−2.4)较为异常外,其他年度处于(−2.0,3.0)区间,震荡幅度和频率均比较大。相比较而言,1995—2016 年三种弹性走势比较平稳,体现出分税制改革后、财政征收体制改革国税和地税合并政策实施前,吉林省财政收支和经济增长协同推进较为平稳,2013 年后吉林省经济增长乏力,甚至出现 2017—2018 年的较大幅度负增长,在财政支出对财政收入、对 GDP 的拉动和 GDP 对财政收入的拉动中得以体现。

运用统计软件 IBM SPSS Statistics 20 对吉林省三种弹性(JL−RE:吉林省财政收支弹性;JL−RG:吉林省财政收入对 GDP 的弹性;JL−GE:吉林省 GDP 对财政支出的弹性)进行两两 T 检验和 Levene 方差检验,结果如表 3−13 所示。

表 3−13 吉林省三种弹性 T 检验和 Levene 方差检验结果

吉林省	均　值		t-值	df	p	有效 N		标准差		F-ratio 方差	p-值 方差
	组 1	组 2				组 1	组 2	组 1	组 2		
JL−RE vs. JL−RG	0.094 1	0.822 7	−0.978	76	0.331	39	39	4.463 11	1.314 35	2.254	0.137
JL−RE vs. JL−GE	0.094 1	1.464 7	−1.275	76	0.206	39	39	4.463 11	5.011 91	0.038	0.846
JL−RG vs. JL−GE	0.822 7	1.464 7	−0.774	76	0.441	39	39	1.314 35	5.011 91	2.538	0.115

检验结果显示,1981—2019 年吉林省财政支出对财政收入的拉动、财政支出对 GDP 的拉动、GDP 对财政收入的拉动均值两两间无显著差异,因 2012 年和 2014 年财政收支弹性出现极端异常负值,严重拉低整个期间段上财政收支弹性均值,极端异常点导致三种弹性的均值差别较大,但从统计意义上三者均值差异并不明显。从方差

检验结果看,吉林省在整个时间段上,三种弹性波动性无显著差异,但从三者标准差的比较,财政收支弹性的波动幅度和 GDP 对财政支出的弹性的波动幅度比财政收入对 GDP 的弹性波动幅度大;改革开放以来,吉林省财政支出对财政收入的拉动波动幅度和财政支出对经济增长拉动的波动幅度大于经济增长对财政收入拉动的波动幅度,吉林省在财政支出拉动经济增长和拉动财政收入的动态平稳性还有待加强。

三、 黑龙江省财政收支情况动态分析

1981—2019 年黑龙江省财政收支缺口和财政收支缺口率,如图 3 - 27所示。

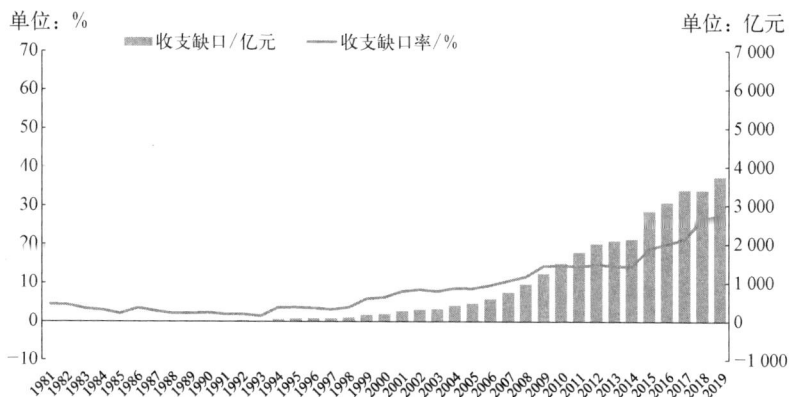

图 3 - 27　黑龙江省财政收支缺口及收支缺口率动态走势(1981—2019 年)

从图中可以看出,黑龙江省财政收支缺口全部为正,也就是黑龙江省本级财政始终保持一定的赤字。1981—1993 年财政收支缺口在 7 亿元以上、20 亿元以下,年平均 12.6 亿元;1994 年迈上 57.7 亿元的较高台阶,之后持续增加直到 2018 年出现微小回落,2019 年升至顶点

3 748.9亿元,1994—2019年平均增幅为18.2%,年平均财政收支缺口1 232.8亿元。从财政收支缺口率看,从1981年的4.4%开始,黑龙江省经"六五"计划的实施逐年回落至1985年的2.0%,之后升至3.5%,又经过七年的下降走势降至1993年的1.4%,1981—1993年年平均2.7%。

1994年分税制改革,带来了黑龙江省财政收支状况的较大改变,其财政收支缺口率,1994年从上年的1.4%大幅提升至3.6%,并在(3%,4%)之间保持五年直到1998年全面支出管理体制改革拉开序幕;紧接着1999年提升2.2个百分点达到5.9%,之后逐年提升至2008年11.6%,2009年再提升2.8个百分点到14.4%,2009—2014年六年处于极狭窄的(14.1%,14.7%)区间,2015年大幅提升4.7个百分点达18.9%,经过2016年、2017年提升至21.4%,2018年财政征收管理体制改革大幅跃升5个百分点达到26.4%,2019年再度提升至27.5%;1994—2019年黑龙江省财政收支缺口率年平均11.6%,比1981—1993年的平均值提高了3.35倍。

黑龙江省的财政收支缺口并通过财政收支缺口率动态走势反映,改革开放后依靠本级财政赤字逐年扩大的运行,对分税制改革实施、全面支出管理体制改革实施、世界金融危机影响、财政征收管理体制改革国税和地税合并等重要经济事件的反响是有目共睹的。

黑龙江省财政收支弹性、财政收入对GDP的弹性和GDP对财政支出的弹性走势,如图3-28所示。

从图中可以看出,1981—2019年,黑龙江省财政收支弹性除1981年(−19.5)极端异常和1994年(−1.55)、2018年(4.11)之外,全期间段均处于(−0.6,2.6)区间;1995—2017处于较为平稳的阶段,财政支出增长1%对财政收入的平均拉动为0.79个百分点;GDP对财政支出的弹性除2018年(−25.0)、1992年(−2.4)极端异常和1981年(7.7)、

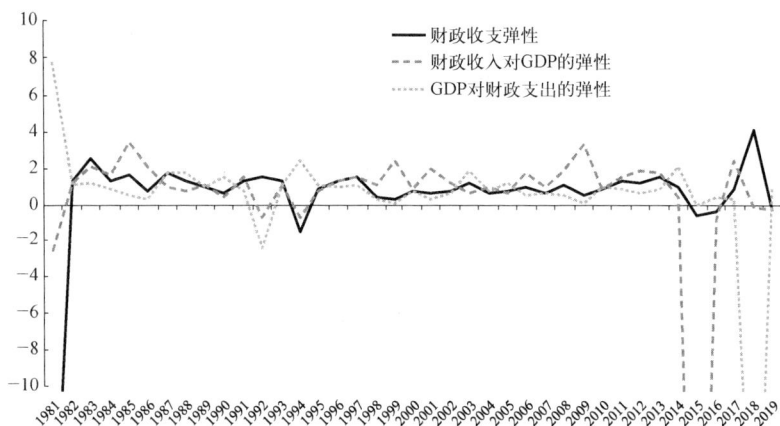

图 3-28　黑龙江省三种弹性动态比较(1981—2019 年)

1994 年(2.4)、2014 年(2.1)之外,其余年度均在 2 以内的正值区间;财政收入对 GDP 的弹性除 2015 年(−35.3)极端异常和 1981 年(−2.5)、1985 年(3.5)、2009 年(3.3)外,均处于(−1.0,2.5)区间。1981 年改革开放后"六五"计划实施的第一年,财政支出对财政收入的拉动和经济增长对财政收入的拉动出现异常负值、财政支出对经济增长的拉动出现异常正值,2015 年经济增长对财政收入的拉动出现异常负值,2018 年财政支出对经济增长的拉动出现异常负值;表明 1981、2015 和 2018 三个年度,黑龙江省财政收支与经济增长适应政策变化及外界因素影响的能力和效果较差。

黑龙江省经济增长对财政收入幅度在 1985、1999、2009、2017 四个年度产生 2.5 倍以上的拉动,在 1992 和 1994 年产生 0.64 倍幅度的负拉动;财政支出对财政收入的拉动在 2018 年产生 4 倍以上幅度的正向拉动,1994 年产生 1.5 倍以上幅度的负向拉动;财政支出对经济增长的拉动在 1992 年产生 2.4 倍幅度的正向拉动。经济增长与财政收支拉动幅度较大的年度,反映出 1994 年分税制改革、1998 年财政支出管理

体制改革、2009 年全球金融危机和 2018 年财政征收管理体制改革国
税、地税合并等政策和经济环境的冲击,对黑龙江省财政和经济产生了
结构上的影响。

运用统计软件 IBM SPSS Statistics 20 对黑龙江省三种弹性
(HLJ-RE:黑龙江省财政收支弹性;HLJ-RG:黑龙江省财政收入对
GDP 的弹性;HLJ-GE:黑龙江省 GDP 对财政支出的弹性)进行两两
T 检验和 Levene 方差检验,结果如表 3-14 所示。

表 3-14 黑龙江省三种弹性 T 检验和 Levene 方差检验结果

黑龙江省	均 值		t-值	df	p	有效 N		标准差		F-ratio 方差	p-值 方差
	组 1	组 2				组 1	组 2	组 1	组 2		
HLJ-RE vs. HLJ-RG	0.449 0	0.165 1	0.259	76	0.796	39	39	3.391 85	5.941 66	0.719	0.399
HLJ-RE vs. HLJ-GE	0.449 0	0.326 8	0.138	76	0.891	39	39	3.391 85	4.372 29	0.067	0.797
HLJ-RG vs. HLJ-GE	0.165 1	0.326 8	−0.137	76	0.892	39	39	5.941 66	4.372 29	0.347	0.558

检验结果显示,1981—2019 年黑龙江省财政支出对财政收入
的拉动、财政支出对 GDP 的拉动、GDP 对财政收入的拉动均值两两
间无显著差异,因 1981 年、2015 年和 2018 年出现极端异常负值,
严重拉低整个期间段上三种弹性均值,同时也导致三种弹性的标准
差差别较大,事实上,1982—2014 年经济增长对财政收入的拉动及
财政支出对经济增长、对财政收入的拉动总体上保持在基本合理的
区间。从方差检验结果看,黑龙江省在整个时间段上,三种弹性波
动性无显著差异,但从三者标准差的比较,财政收支弹性的波动幅
度相对较小。改革开放以来,黑龙江省财政收支和经济增长受政策
和市场影响的波动性基本合理,但 2015 年以后,应对经济环境以及

2018 年的财政征收体制改革,其经济和财政收支结构的调整要求凸显。

四、 安徽省财政收支情况动态分析

1981—2019 年安徽省财政收支缺口和财政收支缺口率,如图 3-29所示。

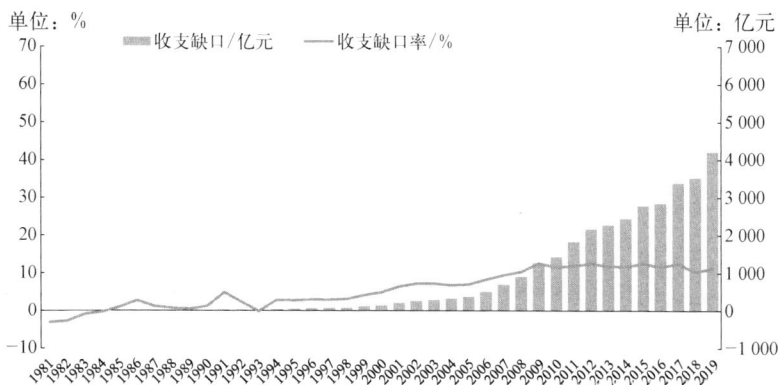

图 3-29　安徽省财政收支缺口及收支缺口率动态走势(1981—2019 年)

从图中可以看出,安徽省财政收支缺口在 1981—1984 年和 1993 年为负,其他年度均为正;安徽省在改革开放初期保持本级财政一定的财政盈余,在分税制改革前夕出现短暂微小的盈余,其余年度均在处于赤字状态。1981—1986 年安徽省本级财政的盈余由 5.3 亿元每年依次收缩至 1985 年转为赤字 3.7 亿元,并在次年升至 10.7 亿元赤字;之后,保持 10 亿元以下的赤字四年,1991 年跃至 33.2 亿元,又连降两年至 19.0 亿元和-1.2 亿元。可以看出,1994 年分税制改革前,安徽省本级财政收支动态明显。从财政收支缺口率看,在 1986 年(2.8%)和 1991 年(5.0%)出现极大值点,1989 年(0.46%)和 1993 年(-0.12%)出现极小值点,1981—1993 年整体上呈上升态势,但增长幅度较小,财政支出缺口率年平均为 0.61%,处于比较低的赤字率水平。

分税制改革后,安徽省财政收支缺口加速扩大,从 1994 年 38.6 亿元增至 2019 年 4 208.5 亿元,年均增速达 20.6%,1994—2019 年平均缺口为 1 244.8 亿元;安徽省财政收支缺口 1999 年迈上百亿元,2009 年迈上千亿元,2012 年迈上两千亿元,2017 年迈上三千亿元,2019 年迈上四千亿。从财政收支缺口率看,1994—1998 年处于(2.8%,3.3%),分税制改革实施初,安徽省财政收支的缺口基本在经济增长中稀释,保持了较好的均衡协调性;1999—2008 年从 4.2% 逐渐调整增至 10.4%,年平均 7.3%;2009 年跨上 12.7% 的高点后,直至 2017 年保持在(11.6%,12.7%),2009—2017 年平均 12.2%;2018 和 2019 年回落至10.4% 和 11.3%。

安徽省是我国改革开放的先行区,在改革开放初期改革红利释放,财政收支缺口表现为地方财政盈余,缺口率的动态走势体现安徽省在改革不断深入和财政收支管理体制的转变过程中的适应状况。经过"六五"计划的实施,全国改革风起云涌,安徽省的改革优势逐渐减退,支出缺口逐渐显现。经过 1994 年分税制改革和 1998 年全面支出管理制度改革,安徽省对中央财政转移支付依赖程度大幅加深,促进安徽省改革发展的外部支持不断加大,2009 年后财政转移支付支持逐渐加大,为促进安徽经济发展发挥重要作用,到 2018 年财政征收管理体制改革实施,安徽省经济总量迈上新的台阶,较好地稀释了增长的财政支出缺口。

安徽省财政收支弹性、财政收入对 GDP 的弹性和 GDP 对财政支出的弹性走势,如图 3-30 所示。

从图中可看出,1981—2019 年,财政收入对 GDP 的弹性的极端异常值出现在 1991 年的 -10.5;财政收支弹性和 GDP 对财政支出的弹

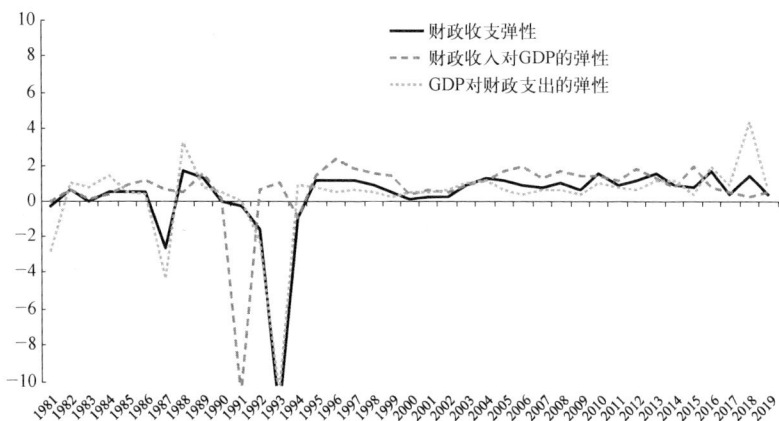

图 3－30 安徽省三种弹性动态比较(1981—2019 年)

性在 1993 年出现极端异常值－11.6 和－10.4,在 1987 年出现较异常负值－2.7 和－4.4;此外,再除去 GDP 对财政支出的弹性 1981 年(－2.8)和 2018 年(4.4)的值之外,安徽省三种弹性走势处于较平稳的状态。相较而言,1994 年分税制改革后财政收支与经济增长之间的拉动表坝尤为平稳,且 1994—2017 年,经济增长 1%对财政收入的拉动平均为 1.2 个百分点、财政支出增长 1%对财政收入的拉动和对经济增长的拉动平均为 0.87 个百分点和 0.78 个百分点;2018 年 1%财政支出的增加拉动经济增长出现大幅提升为 4.4 个百分点。总体上,分税制改革后,安徽省经济增长对财政收入的拉动幅度较大,财政支出对经济增长和财政收入的拉动幅度相对较小,也就是财政支出结构还有待改进、支出的效率还有提升空间。

运用统计软件 IBM SPSS Statistics 20 对安徽省三种弹性(AH－RE:安徽省财政收支弹性;AH－RG:安徽省财政收入对 GDP 的弹性;AH－GE:安徽省 GDP 对财政支出的弹性)进行两两 T 检验和 Levene 方差检验,结果如表 3－15 所示。

表 3-15　安徽省三种弹性 T 检验和 Levene 方差检验结果

安徽省	均值		t-值	df	p	有效 N		标准差		F-ratio 方差	p-值 方差
	组1	组2				组1	组2	组1	组2		
AH-RE vs. AH-RG	0.300 4	0.705 4	-0.875	76	0.385	39	39	2.134 19	1.951 02	0.130	0.720
AH-RE vs. AH-GE	0.300 4	0.331 3	-0.063	76	0.950	39	39	2.134 19	2.228 73	0.052	0.820
AH-RG vs. AH-GE	0.705 4	0.331 3	0.789	76	0.433	39	39	1.951 02	2.228 73	0.349	0.556

检验结果显示,1981—2019 年安徽省财政支出对财政收入的拉动、财政支出对 GDP 的拉动、GDP 对财政收入的拉动均值两两间无显著差异,因 1991 年和 1993 年出现极端异常负值,拉低了整个期间段上三种弹性均值,相较而言,财政支出对财政收入的拉动、财政支出对 GDP 的拉动总体上幅度较小。从方差检验结果看,安徽省在整个时间段上,三种弹性波动性无显著差异,从三者标准差的比较看,三种弹性的波动幅度比较接近。改革开放早期,安徽省财政收支与经济增长受政策影响的波动较激烈,表现明显的调整态势,1994 年后波动较为平缓,2018 年财政征收管理体制全面改革带来一定的波动性冲击。

五、江西省财政收支情况动态分析

1981—2019 年江西省财政收支缺口和财政收支缺口率,如图 3-31 所示。

从图中可以看出,自改革开放后实施"六五"计划以来,江西省财政收支缺口全部为正,也就是江西省本级财政始终保持一定的赤字。1981—1986 年江西省财政收支缺口从 0.85 亿元逐年大幅扩大至 12.6 亿元,年均增幅 71.4%,之后小幅缩小至 1990 年的 10.1 亿元,再扩大到 1992 年 19.0 亿元,1993 年微缩至 16.2 亿元。1981—1993 年江西省

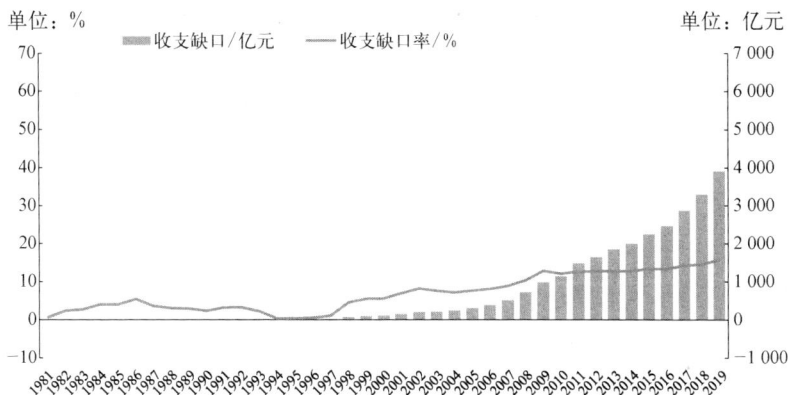

图 3-31　江西省财政收支缺口及收支缺口率动态走势(1981—2019 年)

财政收支缺口率形成较明显的两个阶段：1981—1986 年从0.70％大幅增至 5.4％,年均增幅 50.7％,年平均缺口率 3.25％;之后,逐年降低至 1993 年的 2.24％,1987—1993 年平均缺口率为 2.98％。

分税制改革后,1994 年江西省财政收支缺口由 16.2 亿元断崖式下落至 3.4 亿元,之后逐年扩大至 2019 年的 3 916.1 亿元:1999 年跨上百亿元,2010 年跨上千亿元,2014 年跨上两千亿元,2018 年跨上三千亿元,2019 年接近四千亿元。1994—2019 年江西省财政收支缺口年均增幅 32.6％,平均年缺口为 1 037.4 亿元。从财政收支缺口率看,1994—1997 年处于 1.1％以下较低的正缺口率,1998—2008 年由 4.5％增至 10.3％,之后连续六年在(12.1％,12.8％)的狭窄区间,2015—2018 年在 13.3％至 14.5％间,2019 年出现小幅翘尾;分税制改革后,江西省财政收支缺口率大致分成五个阶段:分税制改革至 1998 年财政支出体制全面改革,1998 年至 2008 年全球金融危机爆发前,2009 年至 2014 年,2015 年至 2018 年财政征收管理体制改革,2018 年改革后。

江西省财政收支弹性、财政收入对 GDP 的弹性和 GDP 对财政支出的弹性走势,如图 3-32 所示。

从图中可看出,改革开放以来江西省财政收支弹性1987年(5.4)、1994年(2.5)和1998年(-1.9)有一定的异常表现外,其余各年均处于较平稳的状态;GDP对财政支出的弹性1987年(4.4)、1990年(3.3)、1994年(2.5)和2016年(2.3)表现相对异常;财政收入对GDP的弹性1998年(-3.9)、2001年(2.1)、2012年(2.8)和2015年(2.3)表现相对异常。1987年、1994年、1998年和2015年当年或附近年度,江西省财政支出对经济增长和对财政收入的拉动,以及经济增长对财政收入的拉动,因政策或市场环境改变的冲击而出现相对异常值。

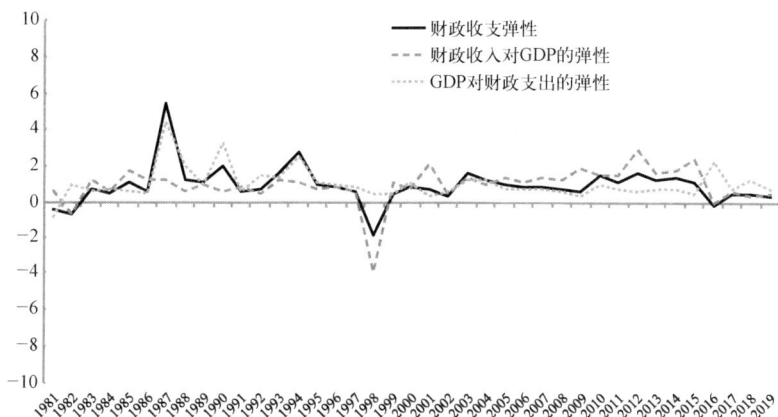

图3-32 江西省三种弹性动态比较(1981—2019年)

1981—1986年,江西省财政支出的1%增长平均拉动经济增长和财政收入增长1.3个百分点,经济增长1%平均拉动财政收入增长0.93个百分点;1988—1993年财政支出的1%增长平均拉动经济增长和财政收入增长1.6和1.2个百分点,经济增长1%平均拉动财政收入增长0.82个百分点;1994—1997年财政支出的1%增长平均拉动经济增长和财政收入增长1.4和1.3个百分点,经济增长1%平均拉动财政收入增长0.86个百分点;1998—2015年财政支出的1%增长平均拉动经济增长和财政收入增长0.71

和 0.84 个百分点,经济增长 1% 平均拉动财政收入增长 1.2 个百分点;2015 年后财政支出的 1% 增长平均拉动经济增长和财政收入增长 1.2 和 0.29 个百分点,经济增长 1% 平均拉动财政收入增长 0.36 个百分点。

1998 年江西省财政支出管理体制改革全面启动前经济和财政收支之间拉动幅度较大,在 1 倍附近偏上;1998 年之后各阶段的拉动,整体上在 1 倍偏下的水平,财政支出效率存在较大的提升空间。

运用统计软件 IBM SPSS Statistics 20 对江西省三种弹性(JX - RE:江西省财政收支弹性;JX - RG:江西省财政收入对 GDP 的弹性;JX - GE:江西省 GDP 对财政支出的弹性)进行两两 T 检验和 Levene 方差检验,结果如表 3 - 16 所示。

表 3 - 16　江西省三种弹性 T 检验和 Levene 方差检验结果

江西省	均　值		t - 值	df	p	有效 N		标准差		F - ratio 方差	p - 值 方差
	组 1	组 2				组 1	组 2	组 1	组 2		
JX - RE vs. JX - RG	0.927 5	0.955 1	−0.117	76	0.908	39	39	1.064 08	1.028 64	0.004	0.952
JX - RE vs. JX - GE	0.927 5	1.030 1	−0.466	76	0.642	39	39	1.064 08	0.871 24	0.142	0.707
JX - RG vs. JX - GE	0.955 1	1.030 1	−0.348	76	0.729	39	39	1.028 64	0.871 24	0.102	0.750

检验结果显示,1981—2019 年,江西省财政支出对财政收入的拉动、财政支出对 GDP 的拉动、GDP 对财政收入的拉动均值两两间无显著差异,整个时间段上三种弹性均值在 1 附近。从方差检验结果看,江西省在整个时间段,三种弹性波动性无显著差异;从三者标准差的比较看,财政支出对财政收入的拉动、财政支出对 GDP 的拉动、GDP 对财政收入的拉动波动幅度比较接近,相比较而言,财政支出对经济增长拉动的波动幅度较小。1998 年财政支出管理体制全面改革前,江西省财政收支与

经济增长受政策影响的波动相对激烈,表现一定的调整态势,1998年后波动相对平缓,2018年财政征收管理体制全面改革缩小了一定的波动幅度。

六、 河南省财政收支情况动态分析

1981—2019年河南省财政收支缺口和财政收支缺口率,如图3-33所示。

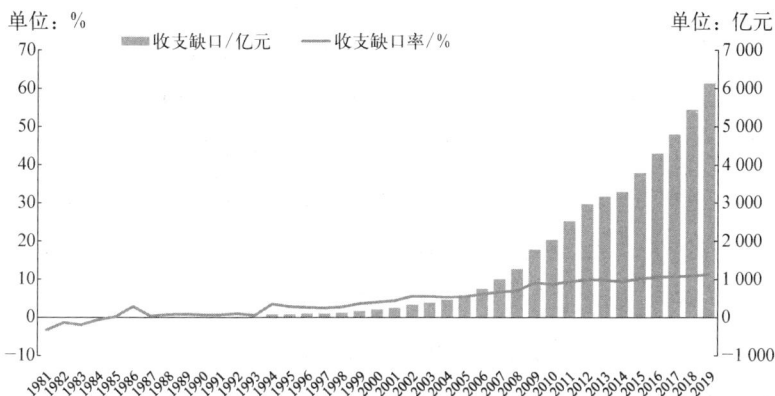

图3-33 河南省财政收支缺口及收支缺口率动态走势(1981—2019年)

从图中可以看出,河南省财政收支缺口在1981—1984年为负,其他年度均为正;河南省在改革开放初期保持本级财政有一定的财政盈余,年平均盈余量为5.24亿元,改革开放初期,农业发挥重要作用,作为农业大省,河南省财政获得了一定的积累,但呈现缩小的趋势;与此同时,河南省的经济总量也得到了极大的发展,相应的财政收支缺口率由负转正的走势明显。"六五"计划完成时,河南省财政收支缺口勉强转正为0.58亿元,1986年即大幅跃升至14.3亿元,之后逐渐回落至1993年的8.53亿元,1986—1993年间平均7.72亿元;财政收支缺口率由1986年的2.84%降至1987年的0.36%后连续七年保持在1%以内,

年平均 0.65％。可以得出,河南省的财政收支平衡状态在 1981—1993
年处于动态调整,由早期的略有盈余转至赤字。

1994 年分税制改革,河南省财政收支缺口由上年的 8.53 亿元大幅
跃升至 76.3 亿元,之后,连年以较大幅度递增,1998 年迈上百亿元,
2007 年迈上千亿元,2010 年迈上两千亿元,2013 年迈上三千亿元,
2015 年迈上四千亿元,2018 年迈上五千亿元,紧接着 2019 年就迈上六
千亿元;年平均增幅为 19.2％,迈上千亿元后,间隔三四年就增长千亿
元,2018 年仅经过一年就跨上了一千亿元。相应的财政收支缺口率,
1994—2000 年在(2.3％,4.0％)区间,2001—2008 年在(4.3％,7.1％)区
间,2009—2019 年在(8.8％,11.3％)。总体上,河南省财政收支缺口呈
扩大趋势,由于我国财政收支管理体制基本以中央和地方分级负责财
政事权为基础,通过中央财政转移支付支持地方的基调在很长时间内
起主导作用,河南省依靠本级财政大赤字促进发展的态势不会变。

河南省财政收支弹性、财政收入对 GDP 的弹性和 GDP 对财政支
出的弹性走势,如图 3-34 所示。

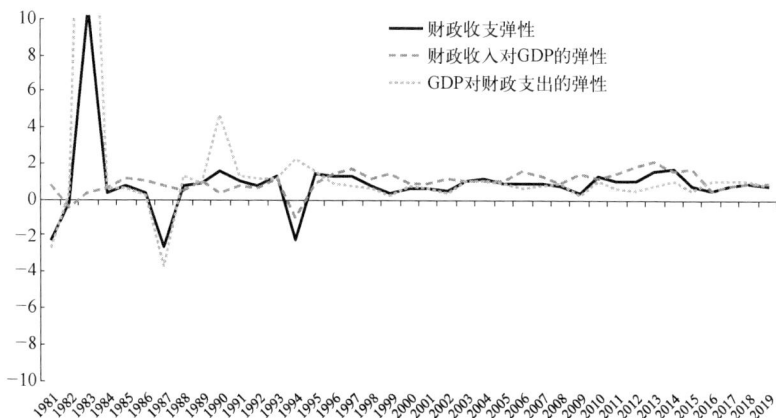

图 3-34 河南省三种弹性动态比较(1981—2019 年)

从图中可看出,1995 年是河南省财政收支同经济增长相互拉动关系结构的分界线,1995 年以前表现较大幅度的波动特征,1995 年后展现一定的平稳性。河南省 GDP 对财政支出的弹性和财政收支弹性在 1983 年分别为 29.3 和 10.7,表现极端异常;GDP 对财政支出的弹性 1987 年(−3.73)和 1990 年(4.65)、财政收支弹性 1987(−2.63)和 1994(−2.22)、财政收入对 GDP 的弹性 1994 年(−0.98)表现出较明显的调整特点。分税制改革开始实施的 1994 年,财政支出对财政收入的拉动和 GDP 对财政收入的拉动为负方向,财政支出对 GDP 正向拉动 2.26 倍的幅度,分税制改革对河南省财政收支和经济增长的结构发挥了明显的冲击作用。1995 年后,财政支出对财政收入的拉动幅度在(0.4, 1.6)区间、财政支出对 GDP 的拉动幅度在(0.5,2.1)区间、GDP 对财政支出的拉动在(0.3,1.6)区间,且大部分年度的拉动都处于 1 附近。分税制改革后,河南省财政收支与经济增长的相互关系基本稳定,只是因为经济和财政基础总体上不够厚实,后续发展的空间还很大。

运用统计软件 IBM SPSS Statistics 20 对河南省三种弹性(HeN‑RE:河南省财政收支弹性;HeN‑RG:河南省财政收入对 GDP 的弹性;HeN‑GE:河南省 GDP 对财政支出的弹性)进行两两 T 检验和 Levene 方差检验,结果如表 3‑17 所示。

表 3‑17　河南省三种弹性 T 检验和 Levene 方差检验结果

河南省	均　值		t‑值	df	p	有效 N		标准差		F‑ratio 方差	p‑值 方差
	组 1	组 2				组 1	组 2	组 1	组 2		
HeN‑RE vs. HeN‑RG	0.881 3	0.992 8	−0.356	76	0.723	39	39	1.871 95	0.572 85	1.828	0.180
HeN‑RE vs. HeN‑GE	0.881 3	1.468 1	−0.722	76	0.473	39	39	1.871 95	4.719 39	1.268	0.264
HeN‑RG vs. HeN‑GE	0.992 8	1.468 1	−0.624	76	0.534	39	39	0.572 85	4.719 39	3.000	0.087

检验结果显示,1981—2019 年河南省财政支出对财政收入的拉动、财政支出对 GDP 的拉动、GDP 对财政收入的拉动均值两两间无显著差异,整个时间段上三种弹性均值在 1 附近;相比较而言,财政支出对经济的拉动幅度稍大些,总体上在 1 以上。从方差检验结果看,按10%的显著性水平,财政支出对经济的拉动波动与经济增长对财政收入的拉动波动性存在显著差异,后者波动显著大于前者。从动态发展的角度看,河南省经济增长对财政收入拉动的结构还不够稳定,财政支出对经济增长的拉动和对财政收入的拉动,虽然相对稳定,但还处于比较低的位置,其发展空间令人期待。

七、 湖北省财政收支情况动态分析

1981—2019 年湖北省财政收支缺口和财政收支缺口率,如图3-35所示。

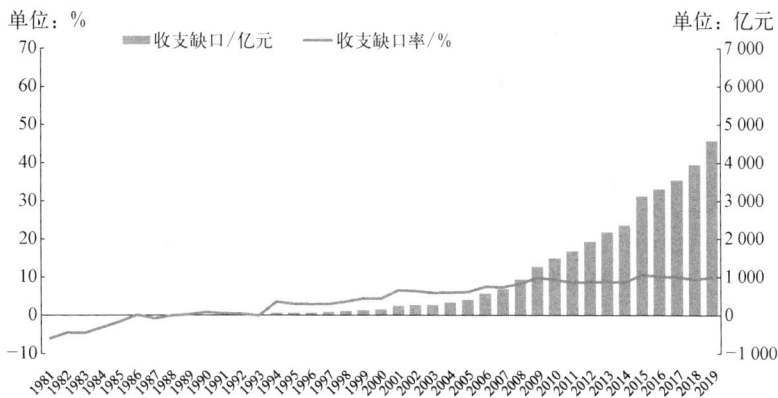

图 3-35　湖北省财政收支缺口及收支缺口率动态走势(1981—2019 年)

从图中可以看出,湖北省财政收支缺口在 1981—1985 年期间为负,本级财政盈余由 14.3 亿元逐年缩减至 6.66 亿元,1987 年、1988 年

和 1993 年还有一定的财政盈余,1994 年分税制改革前年平均盈余 3.1 亿元。1994 年分税制改革前,湖北省财政收支处于盈余。从财政收支缺口率看,前五年湖北省财政收支缺口率从－6.0％收缩至－1.7％,年平均－4.0％;1986—1993 年在(－1.0％,1.0％)区间,年平均 0.15％,处于较低的赤字水平。

1994 年,湖北省财政收支缺口由上年的－0.49 亿元转正升至 59.7 亿元,之后连年扩大,1998 年跨上百亿元、2009 年跨上千亿元、2013 年跨上两千亿元、2015 年跨上三千亿元、2019 年跨上四千亿元,年均增幅 19.0％,平均每年 1 303.6 亿元。1994—2019 年湖北省财政收支缺口率在(2.9％,10.2％)区间,1994—2000 年在(2.9％,4.4％)区间,2001 年大幅跨上 6.5％后连续五年在(5.9％,6.5％)区间,2006—2014 年在(7.3％,8.8％)区间,2015 年跨上 10.6％连续三年有所回落,至 2018 年降至 9.4％,2019 年略有回升,整体上呈缓慢上升走势。

在改革开放以来数次财政收支政策的调整中,湖北省财政收支动态伴随着经济增长,处于中部地区较合理的范围内,分税制改革后,地方本级财政赤字运行拉动经济社会各项事业发展。

湖北省财政收支弹性、财政收入对 GDP 的弹性和 GDP 对财政支出的弹性走势,如图 3-36 所示。

从图中可看出,1981—2019 年湖北省 GDP 对财政支出的弹性在 1992 年(－34.7)出现极端异常情况,此外,1981 年(－0.93)、1984 年(2.08)、1987 年(3.38)、2003 年(2.28)、2016 年(2.23)、2018 年(2.74),波动幅度相对较大;财政收入对 GDP 的弹性:1991 年(2.05)、1994 年(－1.16)、1999 年(4.08)、2011 年(2.22)、2015 年(2.16),以及财政收支弹性:1981 年(－0.76)、1987 年(2.66)、1994 年(－1.66),波动幅度相对较大外,其他年度各弹性均处于较平稳的状态。1987、1994、1998 三个年度弹性波动幅度较为明显,且可看出,1994 年分税制改革,带来了

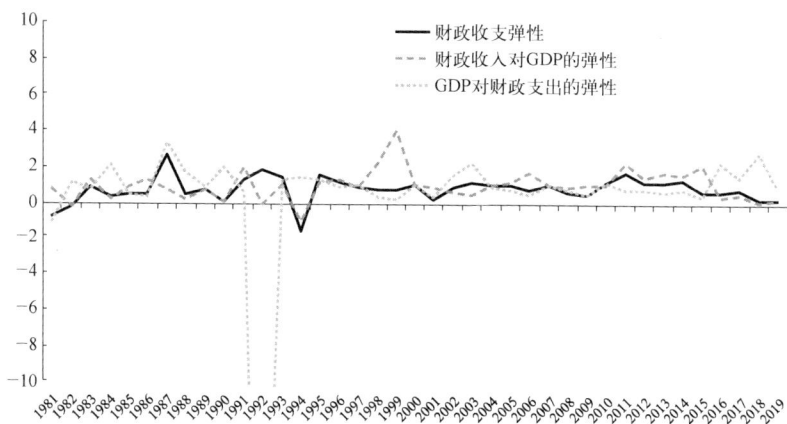

图 3-36　湖北省三种弹性动态比较(1981—2019 年)

经济增长和财政支出对财政收入的明显负拉动;1998 年财政支出管理制度改革全面拉开序幕,带来了经济增长对财政收入较大幅度的正拉动;2018 年财政征收管理机构合并也带来了财政支出对经济增长较大幅度的正拉动。

运用统计软件 IBM SPSS Statistics 20 对湖北省三种弹性(HuB-RE:湖北省财政收支弹性;HuB-RG:湖北省财政收入对 GDP 的弹性;HuB-GE:湖北省 GDP 对财政支出的弹性)进行两两 T 检验和Levene 方差检验,结果如表 3-18 所示。

表 3-18　湖北省三种弹性 T 检验和 Levene 方差检验结果

湖北省	均　值		t-值	df	p	有效 N		标准差		F-ratio 方差	p-值 方差
	组 1	组 2				组 1	组 2	组 1	组 2		
HuB-RE vs. HuB-RG	0.805 2	1.012 0	−1.146	76	0.255	39	39	0.713 93	0.872 18	0.760	0.386
HuB-RE vs. HuB-GE	0.805 2	0.162 1	0.690	76	0.492	39	39	0.713 93	5.776 58	2.377	0.127
HuB-RG vs. HuB-GE	1.012 0	0.162 1	0.909	76	0.366	39	39	0.872 18	5.776 58	1.988	0.163

检验结果显示,1981—2019 年湖北省财政支出对财政收入的拉动、财政支出对 GDP 的拉动、GDP 对财政收入的拉动均值两两间无显著差异,因 1992 年财政支出对经济增长拉动的负值异常,大幅拉低了整个时间段上 GDP 对财政支出的弹性平均值。从方差检验结果看,湖北省在整个时间段上,三种弹性波动性无显著差异,因 1992 年 GDP 对财政支出的弹性值异常,拉大了整个时间段上财政支出对经济增长的波动幅度,财政支出对财政收入的拉动和 GDP 对财政收入的拉动两者的波动幅度比较接近且较小。

八、湖南省财政收支情况动态分析

1981—2019 年湖南省财政收支缺口和财政收支缺口率,如图 3-37 所示。

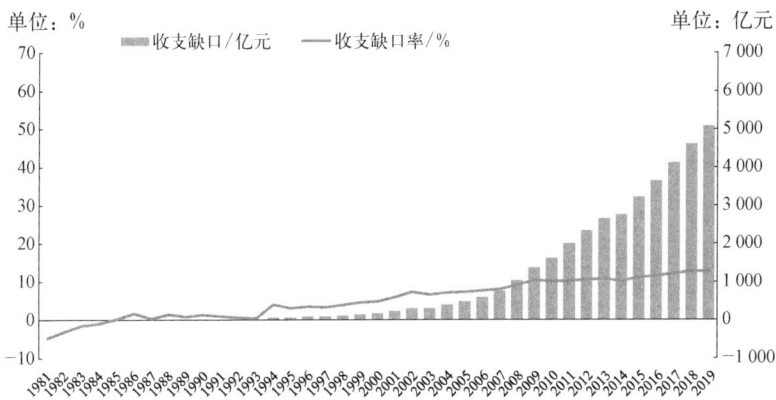

图 3-37　湖南省财政收支缺口及收支缺口率动态走势(1981—2019 年)

从图中可以看出,湖南省财政支收支缺口在 1981—1984 年为负,本级财政盈余由 10.0 亿元逐年缩减至 2.81 亿元,平均财政盈余5.96 亿元;1985 年财政收支缺口由上年的－2.81 亿元转正为 0.9 亿元,之后直至 1993 年在 10 亿元以内调整,1985—1993 年的正缺口年平均为 5.74 亿元。从财政收支缺口率看,1994 年分税制改革前,湖南省财政收支缺口率,盈余阶段由−4.77％收缩至−2.81％,年平均−2.58％;赤字阶段,在 1.7％以下,年平均 0.87％,赤字水平较低。

1994 年湖南省财政收支缺口由上年的 4.47 亿元,跨升至 65.8 亿元,之后连年扩大,1998 年跨上百亿元、2008 年跨上千亿元、2011 年跨上两千亿元、2015 年跨上三千亿元、2017 年跨上四千亿元,2019 年跨上五千亿元,年均增幅 19.0％,平均每年 1 471.0 亿元。1994—2019 年湖南省财政收支缺口率在(3.0％,13.0％)区间,整体呈缓慢上升走势:1994—1998 年在(3.0％,4.0％)区间,1999—2007 年跨入(4.5％,8.0％)区间,1999 年由 7.95％增至 9.02％再增至 10.4％,连续六年保持在(10.1％,10.8％)区间,2015 年迈上 11％,2017 年迈上 12％,连续递增至 2019 年。

在改革开放以来数次财政收支政策的调整中,湖南省财政收支动态伴随着经济增长,处于中部地区较合理的范围内,分税制改革后,地方本级财政赤字运行拉动经济社会各项事业发展。

湖南省财政收支弹性、财政收入对 GDP 的弹性和 GDP 对财政支出的弹性走势,如图 3-38 所示。

从图中可看出,1981—2019 年,湖南省财政收支与经济增长的拉动在 1987 年和 1994 年表现相对异常,财政支出对经济增长的拉动 1987 年(5.97)和 1994 年(2.21),经济增长对财政收入的拉动 1994 年(−1.00),财政支出对财政收入的拉动 1987 年(4.68)和 1994 年(−2.22),其他年度三种拉动关系都比较平稳,1994 年后三种弹性都为 2.5 以内的正值。1994 年分税制改革带来经济增长和财政支出对财政收入的拉动均为负向幅度、财政支出对经济增长的拉动为正向幅度;促使 1994 年湖南省财政收支和经济增长在结构上产生明显的

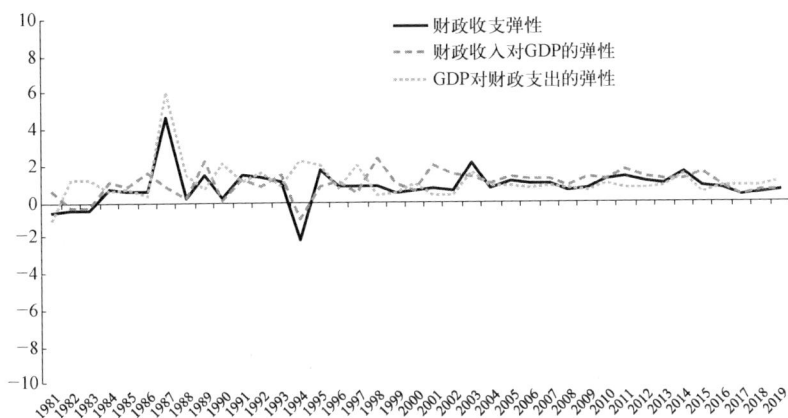

图 3-38　湖南省三种弹性动态比较(1981—2019 年)

变化。

运用统计软件 IBM SPSS Statistics 20 对湖南省三种弹性(HuN -
RE：湖南省财政收支弹性；HuN - RG：湖南省财政收入对 GDP 的弹
性；HuN - GE：湖南省 GDP 对财政支出的弹性)进行两两 T 检验和
Levene 方差检验,结果如表 3 - 19 所示。

表 3-19　湖南省三种弹性 T 检验和 Levene 方差检验结果

湖南省	均　值		t -值	df	p	有效 N		标准差		F -ratio 方差	p -值 方差
	组 1	组 2				组 1	组 2	组 1	组 2		
HuN - RE vs. HuN - RG	0.806 2	0.971 1	−0.870	76	0.387	39	39	0.967 27	0.681 57	0.173	0.678
HuN - RE vs. HuN - GE	0.806 2	1.056 5	−1.126	76	0.264	39	39	0.967 27	0.996 26	0.003	0.954
HuN - RG vs. HuN - GE	0.971 1	1.056 5	−0.442	76	0.660	39	39	0.681 57	0.996 26	0.226	0.636

检验结果显示,1981—2019 年间湖南省财政支出对财政收入的拉动、财政支出对 GDP 的拉动、GDP 对财政收入的拉动均值两两间无显著差异,各种拉动幅度均处于 1 倍附近。从方差检验结果看,湖南省在整个时间段上,三种弹性波动性无显著差异,三者的标准差比较接近且较小,财政支出对财政收入的拉动和 GDP 对财政收入的拉动两者的波动幅度比较接近,且两者与经济增长对财政收入的拉动幅度相比较大。

九、 中部地区财政收支情况小结

由图 3 - 23、图 3 - 25、图 3 - 27、图 3 - 29、图 3 - 31、图 3 - 33、图 3 - 35、图 3 - 37 可见,在中部几省中,吉林、黑龙江、江西三省在 1981—2019 年期间始终保持本级财政赤字,也就是吉林、黑龙江两省和江西省在推动本区域经济社会发展中,本级财政收入均不能支撑支出要求,而要依靠转移支付支持,表现出一定的财政生产能力不足。相比较而言,吉林和黑龙江两省结构较为相似,只是在量上黑龙江省大于吉林省;而江西省在结构上较东北二省波动性小,且在总量上也高于二省。中部另外五省,在改革开放后开始执行的第六个五年计划中基本能保持一定的本级财政盈余,其中的湖北和安徽两省在分税制改革前的 1993 年出现一次由盈余转赤字的反转,之后一直保持逐渐递增的赤字;相比较而言,湖北省在 1989 年之前大部分年度均为一定的财政盈余;也反映出湖北省在中部八省中,财政生产能力最为突出。河南省作为传统农业大省,在改革开放的早期,表现出一定的财政盈余能力,随着改革的深入,接受转移支付支持的需求表现旺盛,不断扩大的本级财政赤字在 2018 年跃至 5 000 亿元以上,2019 年再跃至 6 000 亿元之上;安徽省也有类似的特征,只是在量上较之河南省小得多。

由图 3 - 24、图 3 - 26、图 3 - 28、图 3 - 30、图 3 - 32、图 3 - 34、图 3 - 36、图 3 - 38 和表 3 - 12～表 3 - 19 可见,山西省在中部八省中财政收

支和经济增长的波动最激烈,在应对重大财政收支政策调整和外部环境改变时表现较为脆弱,特别是 2015 年山西省的"塌方式腐败"对其财政收支和经济增长产生严重的负向冲击。安徽省在 1994 年分税制改革前,财政收支和经济增长之间相互拉动的调整幅度较大,之后较为平稳,吉林和黑龙江两省在 1994 年分税制和财政征收管理体制改革以前,财政收支和经济增长之间相互拉动的波动幅度较大,相比较而言,分税制改革前吉林省的拉动影响明显,而 2015 年后黑龙江省的拉动影响更明显。河南省在分税制改革之前,财政收支与经济增长拉动的平稳性较差,而分税制改革后在中部八省中表现最平稳;江西、湖北、湖南三省在整个时间段上表现较为平稳。

1981 年以来,中部八个省的财政支出对财政收入的拉动、财政支出对经济增长的拉动和经济增长对财政收入的拉动,两两间均无显著差异;除山西与河南两省的经济增长对财政收入的拉动与财政支出对经济增长的拉动有显著差异之外,中部其余六个省两两波动性均无显著差异。可以得出,山西省是中部地区经济增长、财政收、支动态结构均衡性较欠缺的省份,吉林省和黑龙江省次之。总体上看,黑龙江、安徽、湖南、湖北四省财政收支弹性的稳定性表现明显;中部地区分税制改革后,财政收支体系建立的过程比较稳健,收支增幅较平稳,且财政管理比较好地遵循量入为出。中部地区在财政体制改革中具有保守的一面,而中部地区均是体量较大的传统省份,在财政改革中稳健一些是合理的、需要的。

第三节　中国西部省级地方财政收支动态分析

由式(3-1)和式(3-2)计算西部十二省(自治区、直辖市)财政收支缺口、缺口率,并由弹性计算公式计算其财政收入对支出、财政收入对 GDP 和 GDP 对财政支出的三种弹性,如图 3 - 39～图 3 - 62 所示①。

一、 内蒙古自治区财政收支情况动态分析

1981—2019 年内蒙古自治区财政收支缺口和财政收支缺口率,如图 3 - 39 所示。

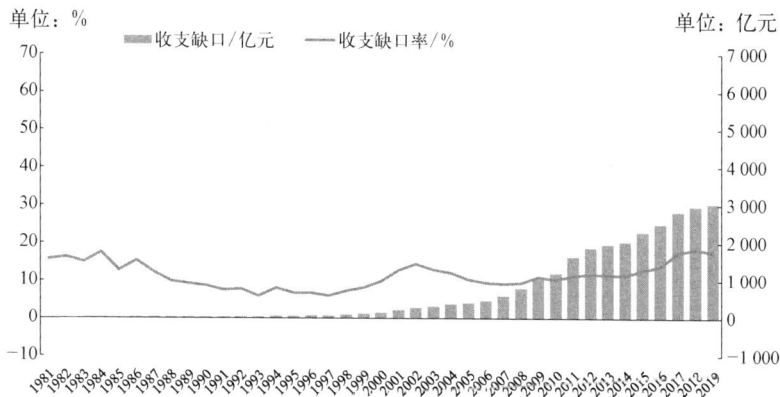

图 3 - 39　内蒙古自治区财政收支缺口及收支缺口率动态走势(1981—2019 年)

从图中可以看出,内蒙古自治区财政收支缺口均为正,一开始便保持较大量的本级财政赤字,1981 年 12.2 亿元的缺口、15.6％的缺口率,增至 1984 年缺口 22.4 亿元、缺口率 17.5％的极大值;1984—1993 年,十年间财政收支缺口保持在 21 亿～33 亿元的较狭窄区间内,财政收支缺口率则以较快的速度降至 6.0％。财政收支缺口 1993—1994 年、1997—1998 年有较大的跃升,之后便以较快的增长幅度不断拉大,1999 年迈上百亿元,2009 年迈上千亿元,2014 年迈上两千亿元,2019

①　国家统计局国家数据网站.https://data.stats.gov.cn/easyquery.htm? cn=E0103. 2020,8,25.

年迈上三千亿元。1981—2019 年内蒙古自治区财政收支缺口年均增速为 15.6％,年平均缺口 712.3 亿元。相对应的财政收支缺口率上升至 2002 年的 14.5％,2017 年的 17.6％,2018 年的 18.4％,2019 年回落至 17.7％。从财政支出缺口率的动态走势很明显看出,内蒙古自治区在 1981—2019 年的 39 年间,大致经历了两个 U 形阶段:第一个 U 形阶段是 1981—2002 年,底部在 1993 年分税制改革的分界点;第二个 U 形阶段是 2002—2018 年,底部在 2007 年;从未来的趋势上看,很有可能 2018 年开启第三个 U 形阶段;相比较而言,第二个 U 形阶段明显比第一个 U 形阶段平坦。

内蒙古自治区省财政收支弹性、财政收入对 GDP 的弹性和 GDP 对财政支出的弹性走势,如图 3‐40 所示。

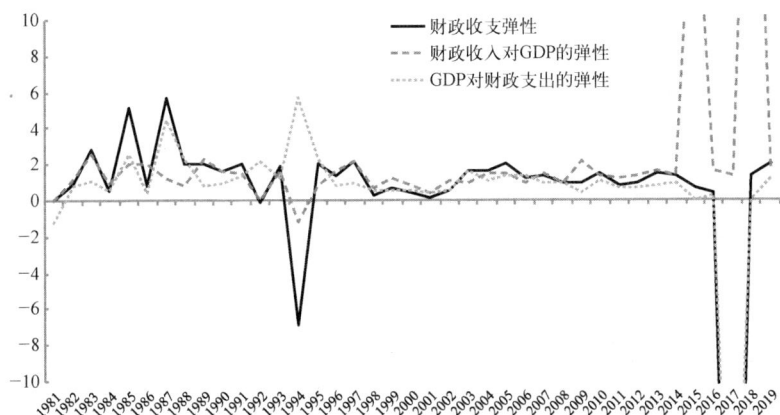

图 3‐40　内蒙古自治区三种弹性动态比较(1981—2019 年)

从图中可看出,1981—2019 年,内蒙古自治区财政收支与经济增长的拉动在 1994 年以前表现较为异常,特别是 1994 年分税制改革开始实施,财政支出对经济增长的正拉动幅度为 5.69 倍,经济增长对财政收入的拉动和财政支出对财政收入的拉动均为负向,拉动幅度分别为负 1.21 倍和负 6.87 倍。1995—2014 年的二十年间三种拉动关系都比较平稳,之后波动明显且幅度极为异常,直至 2019 年才基本正常。财政收入对 GDP 的弹性 2015 年为 19.0,2018 年为 32.8,财政收支弹性 2017 年为−40.7,GDP 对财政支出的弹性 2017 年为−29.4。1995—2014 年是内蒙古自治区经济增长和财政收支关系较为稳定的时期,1995 年和 1997 年财政支出对财政收入的拉动幅度为 2.1 倍,1997 年经济增长对财政收入的拉动幅度为 2.2 倍,2010 年为 2.1 倍,1995 年财政支出对经济增长的拉动为 2.3 倍,除此之外,其余年度的相互拉动幅度均在(0.15,2)倍之间;三者年平均拉动幅度分别为 1.17 倍、1.26 倍和 0.94 倍。由此可看出,分税制改革后的二十年中,内蒙古自治区财政收支与经济增长相互关系结构较为稳定,经济增长和财政支出对财政收入的拉动效果较好,财政支出对经济增长的拉动效果还有提升空间。

运用统计软件 IBM SPSS Statistics 20 对内蒙古自治区三种弹性(NMG - RE:内蒙古自治区财政收支弹性;NMG - RG:内蒙古自治区财政收入对 GDP 的弹性;NMG - GE:内蒙古自治区 GDP 对财政支出的弹性)进行两两 T 检验和 Levene 方差检验,结果如表 3 - 20所示。

表 3 - 20　内蒙古自治区三种弹性 T 检验和 Levene 方差检验结果

内蒙古自治区	均值		t -值	df	p	有效 N		标准差		F - ratio 方差	p -值 方差
	组 1	组 2				组 1	组 2	组 1	组 2		
NMG - RE vs. NMG - RG	0.146 4	2.521 6	−1.644	76	0.104	39	39	6.940 39	5.763 82	0.004	0.952
NMG - RE vs. NMG - GE	0.146 4	0.361 9	−0.157	76	0.876	39	39	6.940 39	5.022 89	0.420	0.519
NMG - RG vs. NMG - GE	2.521 6	0.361 9	1.764	76	0.082	39	39	5.763 82	5.022 89	0.443	0.508

检验结果显示,按 10％的检验水平,GDP 对财政收入的拉动与财政支出对 GDP 的拉动存在显著差异,另外两对拉动关系无显著差异。1981—2019 年内蒙古自治区 2017 年 GDP 对财政支出的弹性、1994 年和 2017 年财政收支弹性出现极端异常负值,极大地拉低了财政支出对财政收入和经济增长动态拉动的平均效果;而 2018 年财政收入对GDP 的弹性出现极端异常正值,极大地拉高了经济增长对财政收入动态拉动的平均效果。从方差检验结果看,内蒙古自治区在整个时间段上,三种弹性波动性无显著差异,且三者的标准差比较接近,财政支出和经济增长对财政收入的拉动的波动性结构比较接近。

二、 广西壮族自治区财政收支情况动态分析

1981—2019 年广西壮族自治区财政收支缺口和财政收支缺口率,如图 3-41 所示。

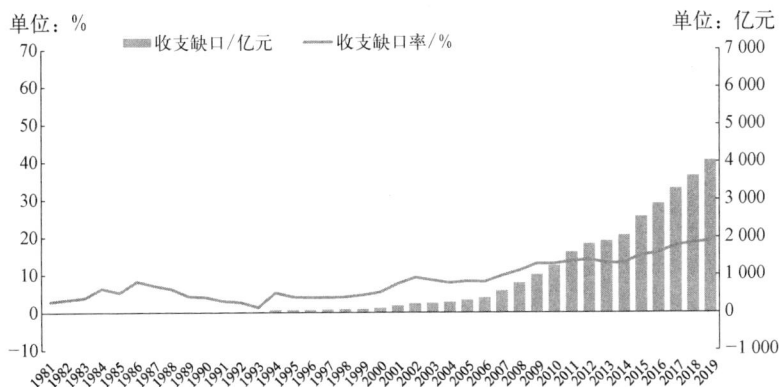

图 3-41　广西壮族自治区财政收支缺口及收支缺口率动态走势(1981—2019 年)

从图中可以看出,广西壮族自治区财政收支缺口均为正,并一直保持一定量的本级财政赤字。分税制改革前,财政收支缺口处于 20 亿元

以下,1993 年从 11.6 亿元大幅跃升到 1994 年的 62.7 亿元,增幅达 442%,之后逐年提升,2000 年跨上百亿元,2009 年跨上千亿元,2014 年跨上两千亿元,2017 年跨上三千亿元,2019 年跨上四千亿元,年均增速 20.6%,年平均缺口 761.1 亿元。从财政收支缺口率看,1981—1993 年大致经历一个倒 U 形,1981 年 2.92% 缓缓升至 1986 年的极大值 8.27%,1993 年跌至最小值 1.33%。分税制改革后呈阶梯式递增,1994—2000 年处于扁平 U 形,底部位于 1996 年(3.92%),两端为 1994 年(5.23%)和 2000 年(5.36%);经过 2001 年和 2002 年跃至 9.23%,接着的扁平 U 形的底部在 2004 年(7.85%),之后回升至 2007 年 (9.74%);2008 年和 2009 年提升至 12.9%,2014 年在(12%,14%)区间,2015 年跨过 15%,2017 年接近 18%,逐渐增至 2019 年 19.0%。改革开放以来,广西壮族自治区本级财政在 20% 以下的本级财政赤字状态下推进经济运行,促进经济增长。

广西壮族自治区财政收支弹性、财政收入对 GDP 的弹性和 GDP 对财政支出的弹性走势,如图 3-42 所示。

从图中可看出,1981—2019 年,广西壮族自治区财政收支与经济增长的拉动波动较明显,1994 年财政收支弹性(−2.16)、财政收入对 GDP 的弹性(−0.94)和 GDP 对财政支出的弹性(2.31)受政策冲击的影响最为明显,财政收入对 GDP 的弹性 1998 年(4.0)、1999 年(3.69)、2017 年(3.37),表现突出;总体上,广西壮族自治区经济增长与财政收支相互拉动动态波动 2002 年前较突出,相比较而言,2002 年后相对平稳,经济增长对财政收入的拉动波动特征更明显。值得一提的是,1994 年分税制改革、1998 年财政支出管理体制全面改革以及 2018 年财政征收管理机构改革合并国税和地税的政策效应,在广西壮族自治区的经济增长和财政收支相互拉动效果的表现中得以较明显地体现。

运用统计软件 IBM SPSS Statistics 20 对广西壮族自治区三种弹

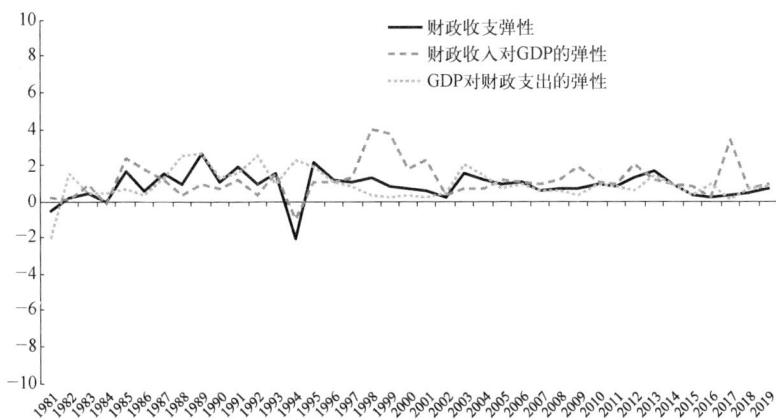

图 3－42　广西壮族自治区三种弹性动态比较(1981—2019 年)

性(GX－RE：广西壮族自治区财政收支弹性；GX－RG：广西壮族自治区财政收入对 GDP 的弹性；GX－GE：广西壮族自治区 GDP 对财政支出的弹性)进行两两 T 检验和 Levene 方差检验,结果如表 3－21所示。

表 3－21　广西壮族自治区三种弹性 T 检验和 Levene 方差检验结果

广西壮族自治区	均 值		t－值	df	p	有效 N		标准差		F－ratio 方差	p－值 方差
	组 1	组 2				组 1	组 2	组 1	组 2		
GX－RE vs. GX－RG	0.883 0	1.211 4	−1.640	76	0.105	39	39	0.788 09	0.971 25	0.951	0.333
GX－RE vs. GX－GE	0.883 0	0.964 0	−0.436	76	0.664	39	39	0.788 09	0.849 91	0.268	0.606
GX－RG vs. GX－GE	1.211 4	0.964 0	1.197	76	0.235	39	39	0.971 25	0.849 91	0.243	0.624

检验结果显示,1981—2019 年,广西壮族自治区财政支出对财政收入的拉动、财政支出对 GDP 的拉动、GDP 对财政收入的拉动均值两两间无显著差异,相比较而言,财政支出对财政收入与对经济增长

拉动的整体平均效果比较相近,总体上拉动幅度处于比1倍略低的水平,而经济增长对财政收入的拉动幅度处于比1略高的水平。从方差检验结果看,三种弹性波动性无显著差异,且三者的标准差比较接近都较小,财政收支与经济增长相互拉动的波动性结构比较接近。

三、 重庆市财政收支情况动态分析

重庆市1997年从四川省分出成为中央直辖市。1997—2019年重庆市财政收支缺口和财政收支缺口率,如图3-43所示。

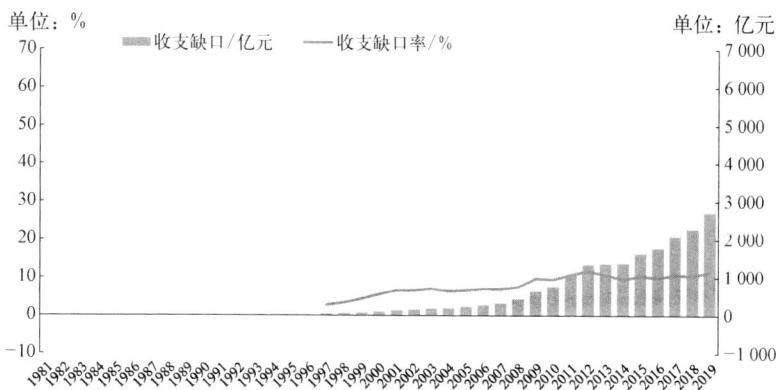

图3-43 重庆市财政收支缺口及收支缺口率动态走势(1997—2019年)

从图中可以看出,自成立中央直辖市以来,重庆市财政收支缺口均为正,一直保持一定量的本级财政赤字,且一直保持递增态势,2000年迈上百亿元,2011年迈上千亿元,2017年迈上两千亿元,从1997年41.7亿元逐年增至2019年2712.9亿元,年均增速20.9%,年平均缺口836.9亿元。分税制改革后,作为中央直辖市的重庆,其财政收支缺口保持较平稳的递增态势。从财政收支缺口率看,由1997年的2.76%逐

年递增至 2001 年的 6.65％,之后八年保持在(6.4％,7.6％)之间,平均缺口率为 6.88％,2009 年跃升至 9.75％,之后各年度保持在(9.5％,11.5％)之间,平均缺口率为 10.5％;1997—2019 年,重庆市平均财政收支缺口率为 8.12％,保持在较低水平。重庆自成立直辖市以来,一直保持较快的经济增长和较高的财政收支水平,重庆市本级财政赤字率平均值虽然比处于东部的另三个直辖市高 2 倍多,但比中西部绝大部分省区低。

重庆市财政收支弹性、财政收入对 GDP 的弹性和 GDP 对财政支出的弹性走势,如图 3‐44 所示。

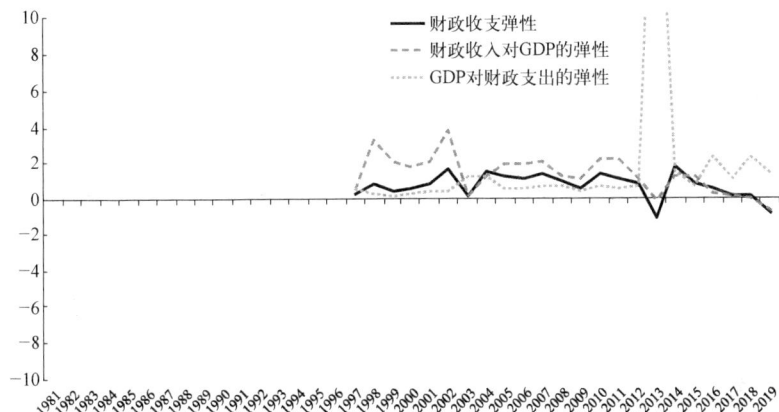

图 3‐44　重庆市三种弹性动态比较(1997—2019 年)

从图中可看出,1997—2019 年,重庆市财政收支与经济增长的拉动幅度在 2013 年表现较为异常,财政支出对经济增长的拉动幅度产生 23.0 倍的极端异常,财政支出对财政收入的拉动(−1.15)和经济增长对财政收入的拉动(−0.05)为负向,2018—2019 年经济增长对财政收入的拉动和财政支出对经济增长的拉动由正转负,其余年度总体上较为稳定。相比较而言,1997—2019 年重庆市经济增长对财政收入的拉动效果较为明显,而财政支出对经济增长的拉动效果除 2013 年表现异常之外,总体上较为稳定。

运用统计软件 IBM SPSS Statistics 20 对重庆市三种弹性(CQ-RE:重庆市财政收支弹性;CQ-RG:重庆市财政收入对 GDP 的弹性;CQ-GE:重庆市 GDP 对财政支出的弹性)进行两两 T 检验和 Levene 方差检验,结果如表 3-22 所示。

表 3-22　重庆市三种弹性 T 检验和 Levene 方差检验结果

重庆市	均　值		t-值	df	p	有效 N		标准差		F-ratio 方差	p-值 方差
	组 1	组 2				组 1	组 2	组 1	组 2		
CQ-RE vs. CQ-RG	0.698 4	1.327 2	−2.329	44	0.024	23	23	0.718 52	1.076 81	3.642	0.063
CQ-RE vs. CQ-GE	0.698 4	1.824 8	−1.145	44	0.258	23	23	0.718 52	4.661 07	2.492	0.122
CQ-RG vs. CQ-GE	1.327 2	1.824 8	−0.499	44	0.620	23	23	1.076 81	4.661 07	1.485	0.229

检验结果显示,按 10% 的检验水平,1997—2019 年间重庆市财政支出对财政收入的拉动与经济增长对财政收入的拉动均值间存在显著差异,后者明显大于前者且整体上处于 1 以上水平;由于财政支出对经济增长的拉动在 2013 年出现极端异常正值,拉高了均值,而其与财政支出和经济增长对财政收入的拉动均值均无显著差异。从方差检验结果看,重庆市在整个时间段上,财政收支弹性与财政收入对 GDP 的弹性波动性存在显著差异,且后者波动性显著大于前者;财政支出对财政收入的拉动与经济增长对财政收入拉动的波动性结构存在显著差异,财政支出对经济增长的拉动在 2013 年出现极端异常正值,拉高了序列的标准差,在结构上与财政支出和经济增长对财政收入的拉动波动性差异表现都不显著。

四、四川省财政收支情况动态分析

1981—2019 年四川省财政收支缺口和财政收支缺口率,如图 3－45所示。

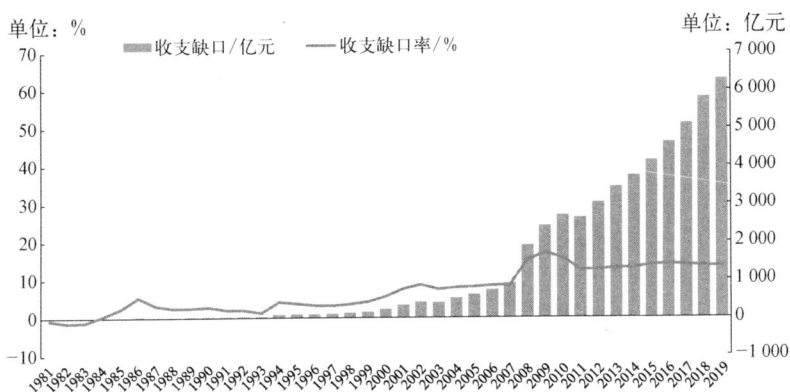

图3－45　四川省财政收支缺口及收支缺口率动态走势(1981—2019 年)

从图中可以看出,四川省财政收支缺口前三年表现为本级财政有较小盈余,1984 年缺口由负转正为 1.54 亿元,之后各年全为正缺口。1994 年以前,四川省财政收支缺口控制在 25 亿元以内,1994 年由上年的 18.2 亿元大幅跃升至 82.1 亿元,跃升幅度为 340%;之后逐年提升,1997 年跃上百亿元,2008 年跃上千亿元,2009 年跃上两千亿元,2012 年跃上三千亿元,2015 年跃上四千亿元,2017 年跃上五千亿元,2019 年跃上 6 278.9 亿元;1981—2019 年四川省年平均财政收支缺口 1 300.6 亿元,特别是 1994 年分税制改革后年平均缺口达 1 994.5 亿元,年均增速 19.0%。

从财政收支缺口率看,正缺口从 1984 年的 0.43% 跃升至 1986 年的 5.32%,之后逐年下降,1993 年为 1.25%;1994 年跃上 4.09%,接着连续六年动态形成扁平 U 形,底部位于 1997 年的 3.15%,1999 年回升至 4.17%,年平均 3.65%;经 2000 年和 2001 年两次跃升到 7.52%,

2002—2007年的七年间处于(7.4%,8.7%)之间年平均8.12%;2008年升至15.1%,2011年12.5%,形成倒U形,顶部在2009年(17.1%);2011年之后几乎处于水平的(12.5%,14%)之间,2017年之后呈逐年微幅下降走势。

可以看出,四川省总体上在本级财政处于赤字的状态下运行,本级财政收支缺口处于全国省级财政中最大,由于四川省经济总量的快速增长,本级财政赤字率处于适中的水平。

四川省财政收支弹性、财政收入对GDP的弹性和GDP对财政支出的弹性走势,如图3-46所示。

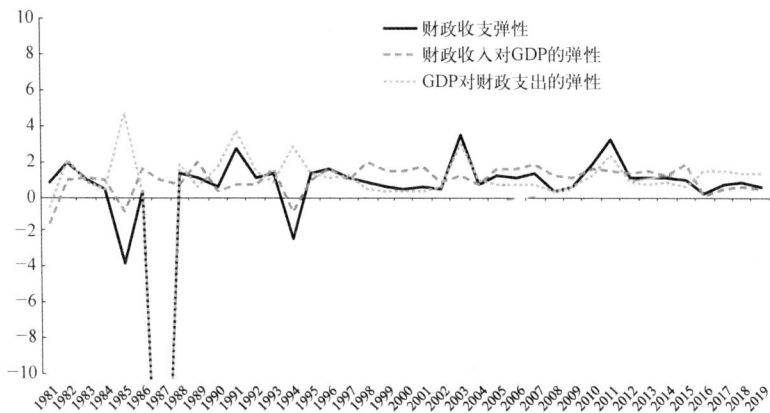

图3-46　四川省三种弹性动态比较(1981—2019年)

从图中可看出,1981—2019年,四川省财政收支与经济增长的拉动波动比较激烈,1994年前,波动的幅度较大,财政支出对经济增长的拉动在1987年(-26.8)极端异常,1985年(4.66)、1991年(3.72)和1994年(2.79)拉动幅度较大,财政支出对财政收入1985年(-3.83)、1991年(2.64)和1994年(-2.44)的拉动幅度较大;1994年分税制改革后,四川省财政收支与经济增长的拉动波动幅度明显收缩,除财政支出对财政收入的拉动 2003 年(3.50)和 2011 年(3.16)、财政支出对经济增长的拉动 2003 年(2.94)和 2011 年(2.28)拉动幅度较大外,均处于 2 以内较平稳状态。相比较而言,经济增长对财政收入的拉动比较平稳,除 1981 年(−1.58)、1985 年(−0.82)和 1994 年(−0.87)外,都处在(0,2)之间,年平均拉动幅度为 0.98,处于基本持平的拉动效果。也就是总体上,四川省经济增长 1% 对财政收入拉动平均增长约 1%。

运用统计软件 IBM SPSS Statistics 20 对四川省三种弹性(SC - RE:四川省财政收支弹性;SC - RG:四川省财政收入对 GDP 的弹性;SC - GE:四川省 GDP 对财政支出的弹性)进行两两 T 检验和 Levene 方差检验,结果如表 3 - 23 所示。

表 3 - 23　四川省三种弹性 T 检验和 Levene 方差检验结果

四川省	均　值		t -值	df	p	有效 N		标准差		F - ratio 方差	p -值 方差
	组 1	组 2				组 1	组 2	组 1	组 2		
SC - RE vs. SC - RG	0.161 4	0.984 5	−1.108	76	0.271	39	39	4.573 82	0.765 17	2.963	0.089
SC - RE vs. SC - GE	0.161 4	0.464 0	−0.291	76	0.772	39	39	4.573 82	4.596 71	0.052	0.820
SC - RG vs. SC - GE	0.984 5	0.464 0	0.698	76	0.488	39	39	0.765 17	4.596 71	1.854	0.177

检验结果显示,1981—2019 年,四川省财政支出对财政收入的拉动、财政支出对 GDP 的拉动、GDP 对财政收入的拉动均值两两间无显著差异。财政支出对经济增长的拉动由于 1987 年出现极端异常负值,财政支出对财政收入的拉动由于 1985 年和 1994 年出现幅度较大的负拉动,极大地拉低了二序列的均值。总体上,三个拉动序列均值处于比 1 低的水平,表明四川省财政收支与经济增长之间的相互促进效果还有提升空间。从方差检验结果看,按 10% 的检验水平,四川省在整个

时间段上,财政收支弹性与财政收入对 GDP 的弹性波动性存在显著差异,且前者波动性显著大于后者;财政支出对财政收入的拉动与经济增长对财政收入的拉动的波动性结构存在显著差异,财政支出对经济增长和财政收入的拉动波动性结构相似度较高。

五、 贵州省财政收支情况动态分析

1981—2019 年贵州省财政收支缺口和财政收支缺口率,如图 3-47所示。

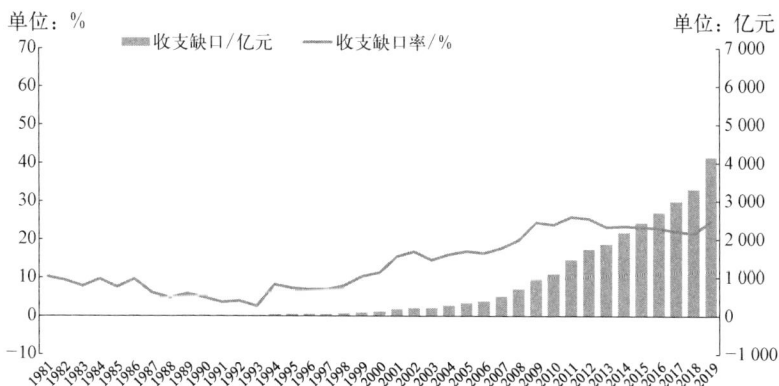

图 3-47　贵州省财政收支缺口及收支缺口率动态走势(1981—2019 年)

从图中可以看出,贵州省财政收支缺口均为正,一直保持一定量的本级财政赤字。1994 年前,贵州省财政收支缺口控制在 14 亿元以内,1994 年由 10.9 亿元跃升至 43.0 亿元,增幅 295%;之后稳步扩大且逐渐有加快扩大之势,2000 年迈上百亿元,2010 年迈上千亿元,2014 年迈上两千亿元,2018 年迈上三千亿元,2019 年迈上四千亿元;1981—2019 年平均增速 18.3%,年平均缺口 726.3 亿元。财政收支缺口率从 1981 年的 10.3% 下降至 1993 年的最低点 2.61%,大幅跨上 1994 年的

8.20％后,在小幅调整中,逐渐攀升至 2011 年 25.90％的最高点,之后回落至 2018 年的 21.5％,2019 年翘尾至 24.8％。作为脱贫攻坚的主要战场,贵州省长期保持较高的本级财政赤字率,在中央财政转移支付和社会各方的支持下运行,1994 年分税制改革和 2018 年财政征收管理机构合并明显提升其财政收支赤字率。

贵州省财政收支弹性、财政收入对 GDP 的弹性和 GDP 对财政支出的弹性走势,如图 3 - 48 所示。

从图中可看出,1981—2019 年,贵州省财政收支与经济增长的拉动,除财政收支弹性 1987 年(7.80)和 1 994(－4.40)、GDP 对财政支出的弹性 1987 年(5.65)和财政收入对 GDP 的弹性 1994 年(－1.75)外,总体上较为平稳;相较而言,1994 年以后较之前平稳,除 GDP 对财政支出的弹性和财政收支弹性 2003 年为 3.0 外,1994 年后三种弹性均为 2 以内的正值。1995—2019 年,贵州省财政支出对财政收入的拉动幅度平均为 1.0 倍、经济增长对财政收入的拉动幅度平均为 1.2 倍、财政支出对经济增长的拉动幅度平均为 0.96 倍;总体上,这期间贵州省财政收支和经济增长的拉动效果较好。

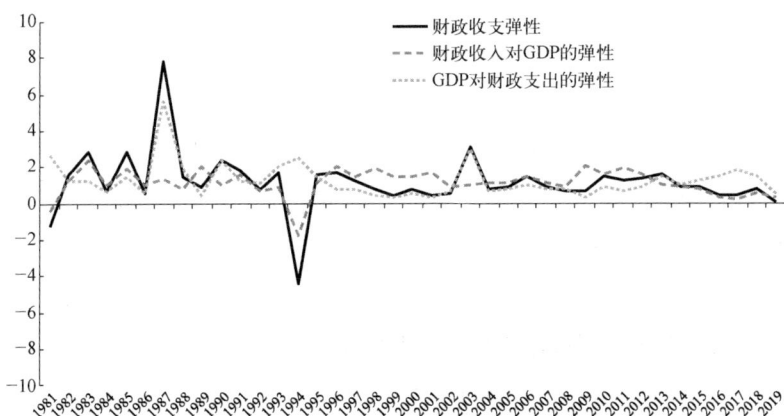

图 3 - 48　贵州省三种弹性动态比较(1981—2019 年)

运用统计软件 IBM SPSS Statistics 20 对贵州省三种弹性（GZ - RE：贵州省财政收支弹性，GZ - RG：贵州省财政收入对 GDP 的弹性，GZ - GE：贵州省 GDP 对财政支出的弹性）进行两两 T 检验和 Levene 方差检验，结果如表 3 - 24 所示。

表 3 - 24 贵州省三种弹性 T 检验和 Levene 方差检验结果

贵州省	均　　值		t -值	df	p	有效 N		标准差		F - ratio 方差	p -值 方差
	组 1	组 2				组 1	组 2	组 1	组 2		
GZ - RE vs. GZ - RG	1.147 1	1.121 2	0.091	76	0.928	39	39	1.608 67	0.754 54	2.566	0.113
GZ - RE vs. GZ - GE	1.147 1	1.249 1	−0.337	76	0.737	39	39	1.608 67	0.989 49	0.902	0.345
GZ - RG vs. GZ - GE	1.121 2	1.249 1	−0.642	76	0.523	39	39	0.754 54	0.989 49	0.903	0.345

检验结果显示，1981—2019 年贵州省财政支出对财政收入的拉动、财政支出对 GDP 的拉动、GDP 对财政收入的拉动均值两两间无显著差异，总体上拉动幅度都处于比 1 略高的水平。从方差检验结果看，贵州省在整个时间段上，三种弹性波动性无显著差异，相比较而言，财政支出与经济增长对财政收入的拉动波动性结构相似度较低。在整个时间序列上，财政支出对财政收入的拉动与经济增长对财政收入的拉动，两者均值较为接近、结构的相似度较低，表明贵州省自改革开放"六五"计划实施以来，财政支出增长 1% 拉动财政收入的增长幅度与经济增长 1% 对财政收入的拉动幅度整体上效果很接近，但两者拉动的效果在不同年度的表现较为不一致。

六、 云南省财政收支情况动态分析

1981—2019 年云南省财政收支缺口和财政收支缺口率，如图 3 - 49

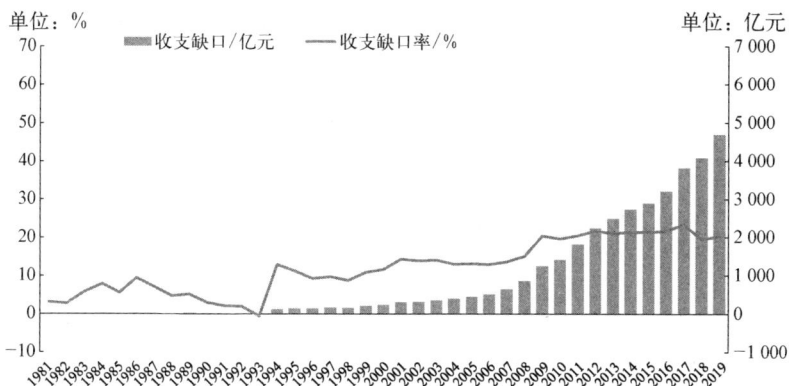

图 3-49　云南省财政收支缺口及收支缺口率动态走势(1981—2019 年)

所示。

从图中可以看出,云南省财政收支缺口除 1993 年为－4.32 亿元外均为正,一直保持一定量的本级财政赤字。1994 年前,云南省财政收支缺口控制在 20 亿元以内,1994 年由－4.32 亿元超大幅跃升至 127.0亿元,不但由负转正,而且直接跨入百亿元;之后稳步小幅扩大,直至2008 年才缓步增至 856.2 亿元,1994—2008 年的十五年,云南省财政收支缺口年均增速 14.5％,年平均缺口仅 334.8 亿元;2009 年急速跨越千亿元,增至 1 254.1 亿元,增幅达 46.5％;之后呈加快扩大之势,2012年迈上两千亿元、2016 年迈上三千亿元、2018 年迈上四千亿元。综合来看,1981—2019 年云南省财政收支缺口年均增速 21.3％,年均缺口918.4 亿元。

从财政收支缺口率看,云南省 1981—1993 年收支情况呈倒 U 形,顶点在 1986 年(9.49％),从 1993 年(－0.55％)阶梯式大幅跃至 1994年(12.9％)后,形成两个扁平 U 形阶段:1994—2001 年阶段的底部在1998 年(8.72％)和 2001—2009 年时间段的底部在 2006 年(12.9％);2009 年由上年的 15.0％跃至 20.3％后,保持这一水平至 2016 年

(21.7％)，跃上 2017 年 23.4％后，2018 年以较大幅度回落至 19.5％后基本稳定。

改革开放后，云南省探索自生发展模式，逐渐在烟草产业等领域获得重要发展，1993 年以前在全国的位次处于西部地区相对靠前的位置，好的时候处于全国中间位置，同一时期云南的本级财政收入表现尤为突出，不仅多个年度处于全国前十，有的年度甚至拿到前五的好成绩，比如，1993 年全国第五、1992 年全国第六，这很大程度上是税收征收管理体制在某些特殊领域的独特表现。1994 年分税制改革，对中央和地方财权和事权做了新的划分，其成效在云南尤为突出，1994 年云南本级财政收入即从全国第五降至十六，分税制改革前由云南省本级财政征收的部分税种划归中央财政征收所带来的云南本级财政收入减少，大部分通过中央财政转移支付的方式得到弥补。然而，无可回避的是，在分税制改革实施后的较长一段时间内，云南省借助转移支付等外界资金支持的要求并不强烈，在延续自我发展模式中沉浸了许多年，这种状况可能是在脱贫攻坚战冲锋号吹响后，才逐渐转变。

云南省财政收支弹性、财政收入对 GDP 的弹性和 GDP 对财政支出的弹性走势，如图 3-50 所示。

从图中可看出，1981—2019 年，云南省财政收支与经济增长的拉动，除 1994 年和 2018 年出现较突出异动之外，其他年度的平稳性基本保持较好。1994 年的分税制改革，使得云南省财政支出对经济增长的拉动幅度达到 16.5 倍，财政支出对财政收入的拉动则低至－40.4 倍的极端异常值，经济增长对财政收入的拉动幅度也为－2.44 倍的较异常值；2018 年财政征收管理体制改革对云南的冲击影响则主要表现在财政支出对经济增长拉动幅度 4.34 倍的相对异常值。由于 1994 年的分税制改革和 2018 年的征收管理机构合并都是正常的财政税体制改革，

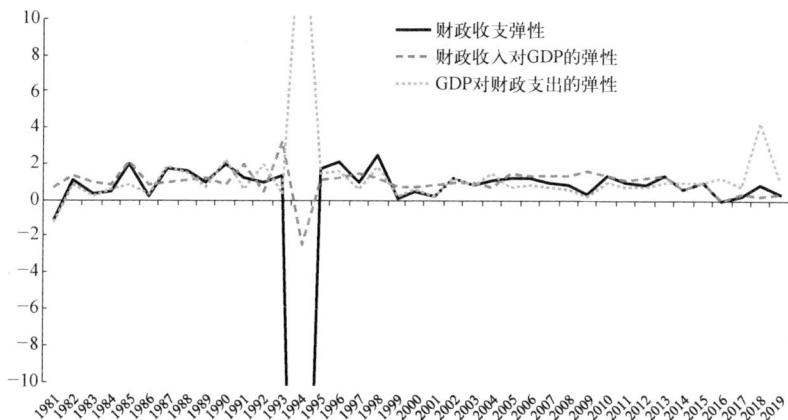

图 3-50　云南省三种弹性动态比较(1981—2019 年)

并不是突发的事件,因此,在云南的表现就是完成制度改革要求后便以极快的速度进入正轨。以 1994 年为分界点分析,云南省财政支出对财政收入的拉动幅度:1981—1993 年平均为 1.22 倍,1994—2019 年平均为 0.99 倍;经济增长对财政收入的拉动幅度:1981—1993 年平均为 1.37 倍,1994—2019 年平均为 1.03 倍;财政支出对经济增长的拉动幅度:1981—1993 年平均为 1.05 倍,而 1994—2019 年平均为 1.09 倍,这得益于 2018 年的较异常正拉动。总体上看,云南省在分税制改革前后,财政支出和经济增长对财政收入的拉动幅度都有所收窄,而财政支出对经济增长的拉动幅度基本保持平稳。因此,从经济总量或者财政收支体量上看,云南省的表现并无独特可言,但从经济与财政的相互拉动关系上看,云南省表现是最平稳的。

运用统计软件 IBM SPSS Statistics 20 对云南省三种弹性(YN-RE:云南省财政收支弹性;YN-RG:云南省财政收入对 GDP 的弹性;YN-GE:云南省 GDP 对财政支出的弹性)进行两两 T 检验和 Levene 方差检验,结果如表 3-25 所示。

表 3 - 25　云南省三种弹性 T 检验和 Levene 方差检验结果

| 云南省 | 均 值 | | t -值 | df | p | 有效 N | | 标准差 | | F - ratio 方差 | p -值 方差 |
	组 1	组 2				组 1	组 2	组 1	组 2		
YN - RE vs. YN - RG	−0.052 0	1.037 7	−1.015	76	0.314	39	39	6.659 42	0.805 46	2.594	0.111
YN - RE vs. YN - GE	−0.052 0	1.409 9	−1.276	76	0.206	39	39	6.659 42	2.616 10	0.913	0.342
YN - RG vs. YN - GE	1.037 7	1.409 9	−0.849	76	0.398	39	39	0.805 46	2.616 10	2.350	0.129

检验结果显示,1981—2019 年,云南省财政支出对财政收入的拉动、财政支出对 GDP 的拉动、GDP 对财政收入的拉动均值两两间无显著差异,财政支出对财政收入的拉动幅度因 1994 年的极端异常负值而被极大程度地拉低了均值,财政支出对经济增长的拉动幅度则因 1994 年和 2018 年的异常正值而被拉高均值,总体上,三种拉动幅度均处于 1 附近的水平。从方差检验结果看,云南省在整个时间段上,三种弹性波动性无显著差异,相比较而言,财政支出与经济增长对财政收入的拉动波动性结构相似度较低。在整个时间序列上,财政支出对财政收入的拉动与经济增长对财政收入的拉动波动特点、经济增长对财政收入的拉动与财政支出对经济增长的拉动之间的波动特点相似度较低,表明云南省自改革开放、"六五"计划实施以来,财政支出和经济增长对财政收入的拉动、经济增长对财政收入的拉动和财政支出对经济增长的拉动在实现效果的结构上表现较为不一致。

七、西藏自治区财政收支情况动态分析

1981—2019 年西藏自治区财政收支缺口和财政收支缺口率,如图 3 - 51 所示。

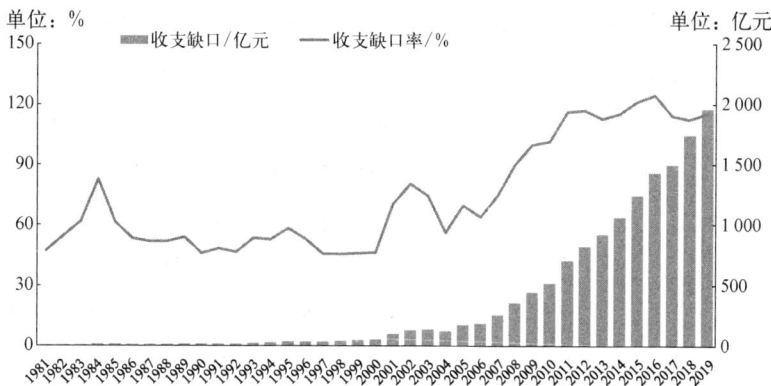

图 3-51　西藏自治区财政收支缺口及收支缺口率动态走势(1981—2019 年)

从图中可以看出,西藏自治区财政收支缺口均为正,一直保持一定量的本级财政赤字。由于西藏自治区的特殊地位,财政转移支付始终在其财政收入中占比颇重,财政收支缺口由 1981 年的 4.92 亿元增至 1983 年的 6.36 亿元,1984 年大幅跃上 11.3 亿元,增幅达 78.3%;经过两年的微幅收窄后一直持续扩大,2002 年由上年的 98.5 亿元跃上 130.5 亿元,2014 年跃上千亿元,增至 2019 年接近两千亿,年均增速 17.1%,年平均缺口 364.2 亿元。从财政收支缺口看,西藏自治区本级财政的赤字量不算大,但与同样不算大的经济总量相比,财政收支缺口率可反映其本级财政的生产能力。1981—2019 年西藏自治区财政收支缺口率均处于 45% 以上,2009 年后均在 100% 以上,整个时间段上平均缺口率高达74.1%。西藏自治区的财政和经济在中央和各支援单位协作推动下发展。

西藏自治区财政收支弹性、财政收入对 GDP 的弹性和 GDP 对财政支出的弹性走势,如图 3-52 所示。

从图中可看出,1981—2019 年,西藏自治区财政收支与经济增长的拉动波动异常剧烈,1994 年后剧烈程度大为减小。相比较而言,财政支出对经济增长的拉动较为平稳,仅 1985 年(61.1)极端异常;财政支出对财政收入的拉动 1985 年(-93.1)、1987 年(-24.0%)和 1989 年(-58.2),经济增长对财政收入的拉动 1986 年(18.9)、1989 年(-100.6)和 1992 年(41.4)均为极端异常情况。1985 年财政支出对经济增长的拉动表现出正向极端的情况,与此同时财政支出对财政收入的拉动表现出负向极端的情况;1989 年财政支出和经济增长对财政收入的拉动都表现出负向极端情况;1985 年西藏自治区的财政支出在中央财政转移支付和各支援单位的大力支持下,表现出对经济增长正向拉动的同时对本级财政收入的促进效果并不明显,而 1989 年财政支出和经济增长对本级财政收入的促进效果均不明显。从 1994 年分税制改革后三种弹性走势较之前明显平稳,表明分税制改革对稳定西藏自治区经济增长和财政收支相互拉动作用起到了较明显的稳定作用。

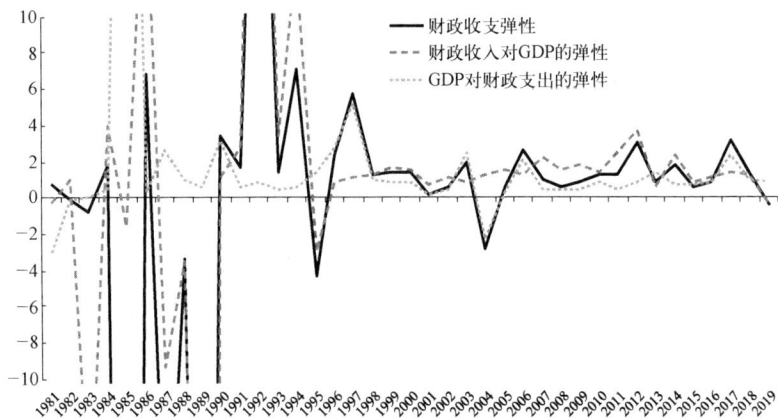

图 3-52　西藏自治区三种弹性动态比较(1981—2019 年)

运用统计软件 IBM SPSS Statistics 20 对西藏自治区三种弹性(XZ-RE:西藏自治区财政收支弹性;XZ-RG:西藏自治区财政收入对 GDP 的弹性;XZ-GE:西藏自治区 GDP 对财政支出的弹性)进行两

两 T 检验和 Levene 方差检验,结果如表 3-26 所示。

表 3-26　西藏自治区三种弹性 T 检验和 Levene 方差检验结果

西藏自治区	均值		t-值	df	p	有效 N		标准差		F-ratio 方差	p-值 方差
	组1	组2				组1	组2	组1	组2		
XZ-RE vs. XZ-RG	−2.413 2	−0.454 7	−0.461	76	0.646	39	39	19.100 25	18.410 89	0.256	0.615
XZ-RE vs. XZ-GE	−2.413 2	2.451 5	−1.417	76	0.160	39	39	19.100 25	9.725 07	3.281	0.074
XZ-RG vs. XZ-GE	−0.454 7	2.451 5	−0.872	76	0.386	39	39	18.410 89	9.725 07	1.372	0.245

检验结果显示,1981—2019 年,西藏自治区财政支出对财政收入的拉动、财政支出对 GDP 的拉动、GDP 对财政收入的拉动均值两两间无显著差异。财政支出对财政收入的拉动由于 1985 年、1987 年和 1989 年出现极端异常负值,经济增长对财政收入的拉动由于 1989 年出现极端异常负值,极大地拉低了二序列的均值;而财政支出对经济增长的拉动在 1985 年出现极端正值,在很大程度上拉高了序列均值。从方差检验结果看,按 10% 的检验水平,西藏自治区在整个时间段上,财政收支弹性与 GDP 对财政支出的弹性波动性存在显著差异,且前者波动性显著大于后者;表明财政支出对财政收入的拉动与对经济增长的拉动的波动性结构存在显著差异,财政支出和经济增长对财政收入的拉动波动性结构相似度较高。

八、 陕西省财政收支情况动态分析

1981—2019 年陕西省财政收支缺口和财政收支缺口率,如图 3-53 所示。

从图中可以看出,陕西省财政收支缺口均为正,一直保持一定量的

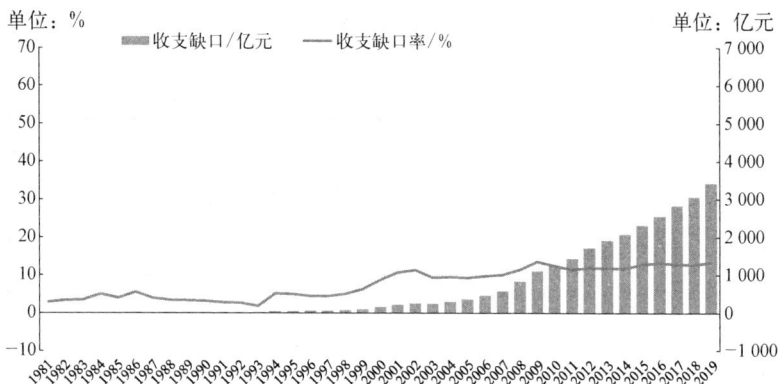

图 3-53　陕西省财政收支缺口及收支缺口率动态走势(1981—2019年)

本级财政赤字。1994 年前,陕西省财政收支缺口控制在 15 亿元以内,1994 年由 12.5 亿元跃升至 42.9 亿元,增幅 243%;之后稳步扩大,1999年迈上百亿元,2009 年迈上千亿元,2014 年迈上两千亿元,2018 年迈上三千亿元;1981—2019 年平均增速 20.4%,年平均缺口 708.0 亿元。财政收支缺口率 1981—1993 年呈扁平的倒 U 形,顶点在 1986 年(5.52%)。1994 年由 1.84% 大幅跨上 5.12% 之后连续两个 U 形:1994—2002 年第一个 U 形底部在 1997 年(4.43%),平均 6.77%;2002—2009 年第二个 U 形底部在 2005 年(9.24%),平均 10.5%;之后基本持平到 2019 年(13.3%),平均 12.5%。分税制改革对陕西省的财政收支平衡关系产生了显著的影响,在西部地区,陕西省与四川省、重庆市都表现出财政收支缺口率走低的态势。

　　陕西省财政收支弹性、财政收入对 GDP 的弹性和 GDP 对财政支出的弹性走势,如图 3-54 所示。

　　从图中可看出,1981—2019 年,陕西省财政收支与经济增长的拉动,除 2016 年财政支出对财政收入的拉动(−36.1)和财政支出经济增长的拉动(25.1)出现极端异常值,1987 年财政支出对财政收入的

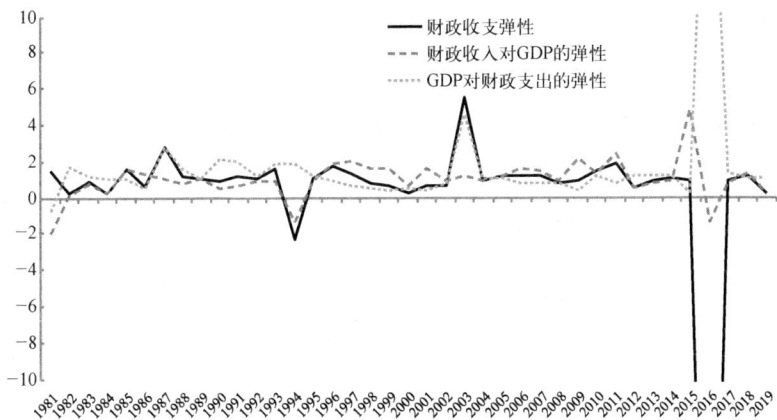

图 3-54　陕西省三种弹性动态比较(1981—2019 年)

拉动(2.72)和财政支出对经济增长的拉动(2.82),1994 年财政支出对财政收入的拉动(−2.41)和经济增长对财政收入的拉动(−1.36),2003 年财政支出对财政收入的拉动(5.48)和财政支出对经济增长的拉动(4.52)以及 2015 年经济增长对财政收入的拉动(4.78)幅度较大之外,其他年度经济和财政收支之间的拉动幅度较适中且表现较平稳。2016 年因本级财政收入大幅下滑 11% 的同时财政支出还保持略微的增幅、经济总量也实现一定的增长,陕西省的财政支出表现出对财政收入的大幅负向拉动、对经济增长大幅正向拉动的效果。陕西省对 1994 年分税制改革的反应,表现在财政支出增长 1% 对本级财政收入负向拉动 2.41 个百分点、而对本省经济增长正向拉动 1.77 个百分点,经济增长 1% 对本级财政支出负向拉动 1.36 个百分点。2003 年陕西省表现出财政支出增长 1%,对本级财政收入正向拉动 5.48 个百分点、对本省经济增长正向拉动 4.52 个百分点,而经济增长 1% 拉动本级财政收入增长 1.21 个百分点。总体上看,陕西省在分税制改革前后和 2003 年前后经济增长与财政收支的拉动幅度基本稳定。

运用统计软件 IBM SPSS Statistics 20 对陕西省三种弹性（ShX - RE：陕西省财政收支弹性；ShX - RG：陕西省财政收入对 GDP 的弹性；ShX - GE：陕西省 GDP 对财政支出的弹性）进行两两 T 检验和 Levene 方差检验，结果如表 3 - 27 所示。

表 3 - 27　陕西省三种弹性 T 检验和 Levene 方差检验结果

陕西省	均　值		t -值	df	p	有效 N		标准差		F - ratio 方差	p -值 方差
	组 1	组 2				组 1	组 2	组 1	组 2		
ShX - RE vs. ShX - RG	0.080 4	0.964 6	−0.901	76	0.370	39	39	6.029 02	1.084 72	2.016	0.160
ShX - RE vs. ShX - GE	0.080 4	1.719 1	−1.421	76	0.159	39	39	6.029 02	3.935 40	0.252	0.617
ShX - RG vs. ShX - GE	0.964 6	1.719 1	−1.154	76	0.252	39	39	1.084 72	3.935 40	1.617	0.207

检验结果显示，1981—2019 年，陕西省财政支出对财政收入的拉动、财政支出对 GDP 的拉动、GDP 对财政收入的拉动均值两两间无显著差异，财政支出对财政收入的拉动幅度因 2016 年的极端异常负值而被极大拉低均值，财政支出对经济增长的拉动幅度则因 2016 年的异常正值而被拉高均值，除去 2016 年的极端异常值，总体上，三种拉动幅度均处于 1 附近的水平，财政支出对经济增长的拉动幅度整体上略高。从方差检验结果看，三种弹性波动性无显著差异，财政支出对经济增长与对财政收入的拉动波动性结构较为相似。

九、甘肃省财政收支情况动态分析

1981—2019 年甘肃省财政收支缺口和财政收支缺口率，如图 3 - 55 所示。

从图中可以看出,甘肃省财政收支缺口除 1981 年为－1.79 亿元之外均为正,一直保持一定量的本级财政赤字。1994 年前甘肃省财政收支缺口控制在 14 亿元以内,1994 年由 11.1 亿元大幅跃升至 43.3 亿元,增幅为 292%;之后持续增长,2000 年跨入百亿元、2010 年跨越千亿元,2015 年迈上两千亿元,2019 年迈上三千亿元。综合来看,1982 年由负转正后甘肃省财政收支缺口年均增速 28.2%,年均缺口 655.4 亿元。

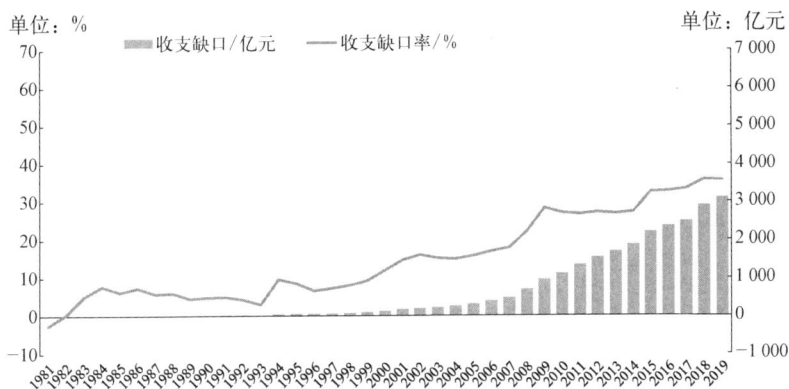

图 3－55　甘肃省财政收支缺口及收支缺口率动态走势(1981—2019 年)

从财政收支缺口率看,甘肃省自 1981 年的－2.53% 快速上升至 1984 年的 7.68% 之后缓缓下行至 1993 年的 2.97%,接着跃上 9.55%;1995、1996 两年连续下降后呈现阶梯形上升至 2009 年的 28.3%(极大值),之后持续六年保持水平微下的走势 2015 年跃上 32.6%,再缓缓提升至 2018 年的 35.8%。总体上,1994 年分税制改革后甘肃省财政收支缺口率保持逐步上升的走势,在 2009 年后出现小幅调整后逐年攀升至 2018 年财政征收管理体制改革;1982—2019 年财政收支缺口率平均为 15.5%,总体上,在西部处于中等偏下的水平,2014 年后在 30% 以上缓慢提升。

甘肃省财政收支弹性、财政收入对 GDP 的弹性和 GDP 对财政支出的弹性走势,如图 3-56 所示。

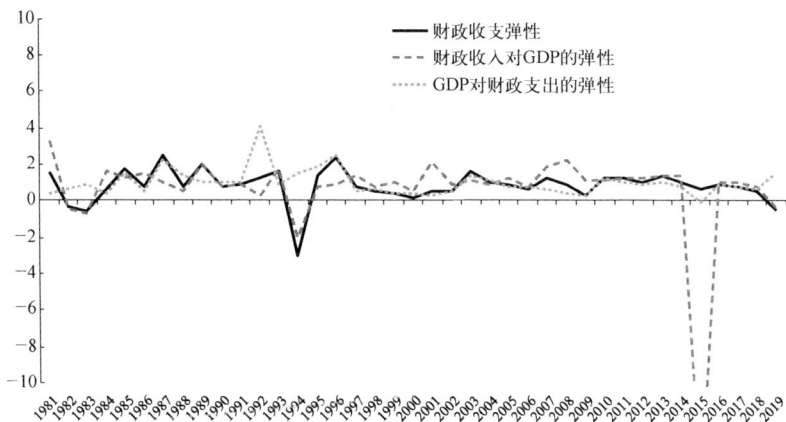

图 3-56　甘肃省三种弹性动态比较(1981—2019 年)

从图中可看出,1981—2019 年,甘肃省财政收支与经济增长的拉动,在 2015 年经济增长对财政收入极端负向拉动 15.6 倍,此外,1992 年财政支出对经济增长拉动 4.06 倍,1994 年经济增长对财政收入负向拉动 2.02 倍、财政支出对本级财政收入负向拉动 3.03 倍,幅度较大;总体上,改革开放以来甘肃省经济增长和财政收支拉动的波动幅度较大,相比较而言,1994 年分税制改革之前波动激烈程度较大,经过分税制改革后两年的调整,1996 年后拉动的平稳性较强,其中经济增长对财政收入的拉动平稳性较差。

运用统计软件 IBM SPSS Statistics 20 对甘肃省三种弹性(GS-RE:甘肃省财政收支弹性;GS-RG:甘肃省财政收入对 GDP 的弹性;GS-GE:甘肃省 GDP 对财政支出的弹性)进行两两 T 检验和 Levene 方差检验,结果如表 3-28 所示。

表 3-28 甘肃省三种弹性 T 检验和 Levene 方差检验结果

甘肃省	均 值		t -值	df	p	有效 N		标准差		F - ratio 方差	p -值 方差
	组 1	组 2				组 1	组 2	组 1	组 2		
GS－RE vs. GS－RG	0.824 8	0.582 8	0.515	76	0.608	39	39	0.911 17	2.790 10	1.811	0.182
GS－RE vs. GS－GE	0.824 8	0.992 7	－0.896	76	0.373	39	39	0.911 17	0.735 07	0.431	0.513
GS－RG vs. GS－GE	0.582 8	0.992 7	－0.887	76	0.378	39	39	2.790 10	0.735 07	2.522	0.116

检验结果显示,1981—2019 年,甘肃省财政支出对财政收入的拉动、财政支出对 GDP 的拉动、GDP 对财政收入的拉动均值两两间无显著差异,经济增长对财政收入的拉动幅度因 2015 年的极端异常负值而被拉低均值,总体上,三种拉动幅度均处于 1 略低的水平,相较而言,财政支出对经济增长的拉动幅度整体上较接近于 1。从方差检验结果看,甘肃省在整个时间段上,三种弹性波动性无显著差异。相比较而言,1981—2019 年甘肃省经济增长对本级财政收入的拉动与另外两种拉动序列波动结构的差异相对较大。

十、青海省财政收支情况动态分析

1981—2019 年青海省财政收支缺口和财政收支缺口率,如图 3-57 所示。

从图中可以看出,青海省财政收支缺口均为正,一直保持一定量的本级财政赤字。1994 年前青海省财政收支缺口控制在 12 亿元以内,1994 年由 11.2 亿元跃至 18.4 亿元,增幅 62.3%;之后逐年缓步扩大,2004 年迈上百亿元,2013 年迈上千亿元,2019 年达 1 581.6 亿元的最高点;1981—2019 年平均增速 16.7%,年平均缺口 339.2 亿元。财政收支缺口率 1984—2002 年呈 U 形,底部在 1993 年(10.2%);2002 年(28.7%)

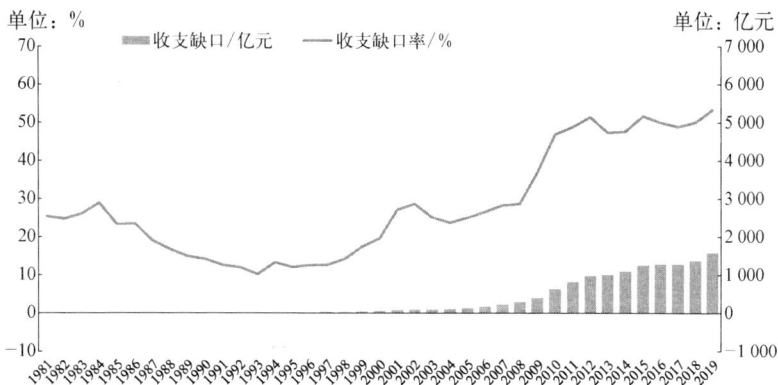

图 3-57　青海省财政收支缺口及收支缺口率动态走势(1981—2019 年)

后连降两年至 2004 年(23.7%),又逐年回升至 2008 年(28.7%),连续两年大幅提升至 2010 年(46.9%),之后再缓步提升至 2012 年(51.4%);以两个 U 形时段 2012—2015 年和 2015—2019 年收尾。1981—2019 年青海省的财政收支缺口率平均 28.2%,最低点在分税制改革前的 1993 年(10.2%),最高点在财政征收管理机构改革之后的 2019 年(53.3%)。分税制改革的 1994 年和 2019 年在青海省本级财政收支平衡关系上产生了显著的影响,在整个时间段上表现出财政收支较高缺口率的走势。

青海省财政收支弹性、财政收入对 GDP 的弹性和 GDP 对财政支出的弹性走势,如图 3-58 所示。

从图中看出,1981—2019 年,青海省财政收支与经济增长的拉动序列波动性较大,经济增长对财政收入的拉动 1981 年(20.5)、财政支出对经济增长的拉动 1987 年(39.3)、2016 年(10.1),财政支出对本级财政收入的拉动 1987 年(76.1)、2016 年(—16.8),均出现极端异常值,此外,财政支出对经济增长的拉动 1992 年(7.7)、2003 年(5.2),财政支出对本级财政收入的拉动 1981 年(5.6)、1985 年(5.3)、1992 年(—3.4)、1994 年(—3.1)、2003 年(5.0)、2017 年(8.7),均出现较异常的

波动幅度。可见，青海省在 1994 年分税制改革后至 2015 年经济增长
与财政收支之间的拉动关系相对平稳，之外的两个时间段都处于极不
平稳的状态。

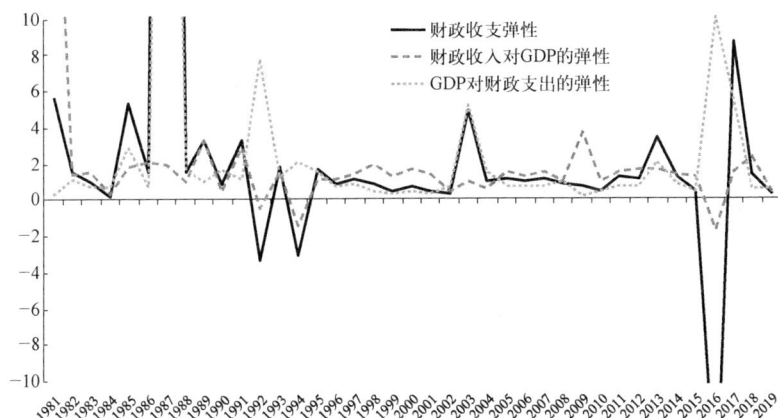

图 3 - 58　青海省三种弹性动态比较(1981—2019 年)

运用统计软件 IBM SPSS Statistics 20 对青海省三种弹性(QH -
RE：青海省财政收支弹性，QH - RG：青海省财政收入对 GDP 的弹
性，QH - GE：青海省 GDP 对财政支出的弹性)进行两两 T 检验和
Levene 方差检验，结果如表 3 - 29 所示。

表 3 - 29　青海省三种弹性 T 检验和 Levene 方差检验结果

青海省	均　值		t-值	df	p	有效 N		标准差		F - ratio 方差	p-值 方差
	组 1	组 2				组 1	组 2	组 1	组 2		
QH - RE vs. QH - RG	2.943 4	1.774 1	0.563	76	0.575	39	39	12.554 65	3.236 72	2.776	0.100
QH - RE vs. QH - GE	2.943 4	2.556 4	0.172	76	0.864	39	39	12.554 65	6.381 50	0.616	0.435
QH - RG vs. QH - GE	1.774 1	2.556 4	−0.683	76	0.497	39	39	3.236 72	6.381 50	2.376	0.127

检验结果显示,1981—2019 年,青海省财政支出对财政收入的拉动、财政支出对 GDP 的拉动、GDP 对财政收入的拉动均值两两间无显著差异。由于三种拉动幅度在多个年度出现极端异常正值,在整个时间序列上三种拉动幅度的平均值均被大幅拉高,表明青海省经济增长与财政收支之间的拉动关系还有较大的调整空间。从方差检验结果看,按 10%的检验水平,青海省在整个时间段上财政收支弹性与财政收入对 GDP 的弹性波动性存在显著差异,且前者波动性显著大于后者;财政支出对本级财政收入的拉动与经济增长对财政收入的拉动的波动性结构存在显著差异。

十一、 宁夏回族自治区财政收支情况动态分析

1981—2019 年宁夏回族自治区财政收支缺口和财政收支缺口率,如图 3-59 所示。

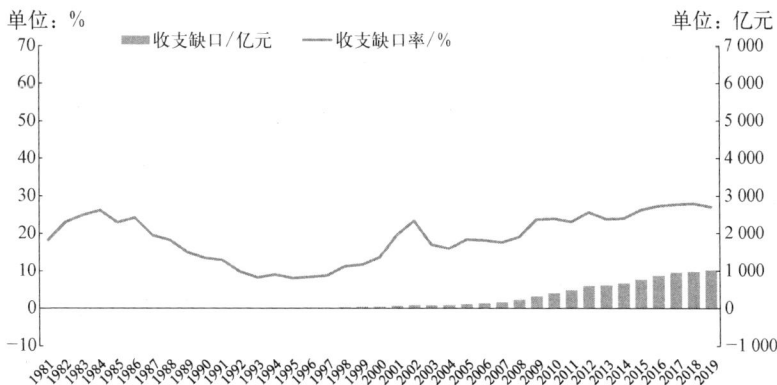

图 3-59 宁夏回族自治区财政收支缺口及收支缺口率动态走势(1981—2019 年)

从图中可以看出,宁夏回族自治区财政收支缺口均为正,一直保持一定量的本级财政赤字。1994 年前宁夏回族自治区财政收支缺口控制在 10 亿元以内,1994 年由 8.55 亿元跃至 12.2 亿元,增幅 42.8%;之后逐年缓步

扩大,2005 年由 88.55 亿元迈上 112.5 亿元,2019 年迈上千亿元;1981—2019 年平均增速 16.4%,年平均缺口 227.6 亿元。财政收支缺口率从 1981 年的较高点(18.2%)不断调整提升,至 1986 年保持在 22% 以上,1987 年由 24.2% 回落开始经历 U 形走势,底部在 1993 年(8.2%)和 1995 年(8.0%),回升至 2002 年(23.4%)后以较大幅度下降至 2003 年(17.0%)和 2004 年(15.9%);之后逐渐提升至 2018 年(28.0%)最高点,2019 年(27.1%)再有所回落;1981—2019 年宁夏回族自治区的财政收支缺口率平均 18.9%,最低点在 1994 年前后,最高点在 2018 年。分税制改革和财政征收管理机构改革实施后对宁夏回族自治区本级财政收支平衡关系产生了显著的影响,2002 年本级财政收支平衡结构出现转折。

宁夏回族自治区财政收支弹性、财政收入对 GDP 的弹性和 GDP 对财政支出的弹性走势,如图 3‑60 所示。

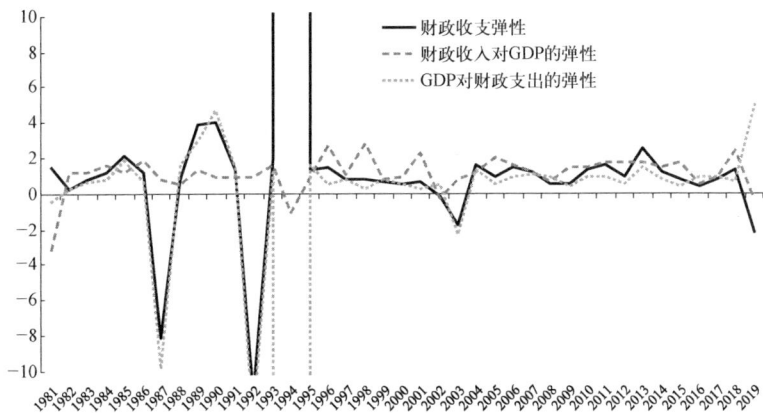

图 3‑60 宁夏回族自治区三种弹性动态比较(1981—2019 年)

从图中可看出,1981—2019 年,宁夏回族自治区财政收支与经济增长的拉动,在分税制改革前波动性较大,1994 年(−29.5)财政支出对经济增长的拉动出现超极端异常负值,1987 年(−9.8)和 1992 年

(—13.4)出现极端异常负值;1994 年(32.9)财政支出对本级财政收入的拉动出现超极端异常正值,1987 年(—8.2)和 1992 年(—11.4)出现极端异常负值;1994 年之后,三种拉动的平稳性明显增强。相比较而言,整个时间段上,经济增长对本级财政收入的拉动序列较为平稳。1994 年分税制改革,宁夏回族自治区财政经济保持一定量的增长,而支出略微下降的同时本级财政收入大幅缩减,形成财政支出对本级财政收入的拉动出现超极端异常正值而财政支出对经济增长的拉动出现超级负值,紧接着 1995 年相互拉动关系基本适度,之后除 2003 年出现较大幅度的负向拉动外,直至 2018 年均保持较平稳的状态,表明宁夏回族自治区在吸收分税制改革政策效应上有较强的能力。

运用统计软件 IBM SPSS Statistics 20 对宁夏回族自治区的二种弹性(NX‐RE:宁夏回族自治区财政收支弹性;NX‐RG:宁夏回族自治区财政收入对 GDP 的弹性;NX‐GE:宁夏回族自治区 GDP 对财政支出的弹性)进行两两 T 检验和 Levene 方差检验,结果如表 3‐30 所示。

表 3‐30　宁夏回族自治区三种弹性 T 检验和 Levene 方差检验结果

宁夏回族自治区	均　　值		t‐值	df	p	有效 N		标准差		F‐ratio 方差	p‐值 方差
	组 1	组 2				组 1	组 2	组 1	组 2		
NX‐RE vs. NX‐RG	8.894 8	1.080 6	0.926	76	0.357	39	39	52.674 22	1.047 00	3.864	0.053
NX‐RE vs. NX‐GE	8.894 8	—7.245 7	1.423	76	0.159	39	39	52.674 22	47.377 95	0.013	0.910
NX‐RG vs. NX‐GE	1.080 6	—7.245 7	1.097	76	0.276	39	39	1.047 00	47.377 95	4.094	0.047

检验结果显示,1981—2019 年,宁夏回族自治区财政支出对财政收入的拉动、财政支出对 GDP 的拉动、GDP 对财政收入的拉动均值两两间无显著差异。由于 1994 年财政支出对本级财政收入的极端正向

拉动、对经济增长的超极端负向拉动,分别大幅拉高和拉低两个序列的均值,经济增长对本级财政收入的拉动均值总体上在 1 附近。从方差检验结果看,按 10％的检验水平,宁夏回族自治区在整个时间段上,财政收支弹性与财政收入对 GDP 的弹性波动性存在显著差异且前者波动性显著大于后者、GDP 对财政支出的弹性与财政收入对 GDP 的弹性波动性存在显著差异且前者波动性显著大于后者;财政支出对本级财政收入的拉动和对经济增长的拉动与经济增长对本级财政收入拉动的波动性结构均存在显著差异,而财政支出对本级财政收入的拉动和对经济增长拉动的波动性结构较为相似。

十二、 新疆维吾尔自治区财政收支情况动态分析

1981—2019 年新疆维吾尔自治区财政收支缺口和财政收支缺口率,如图 3 - 61 所示。

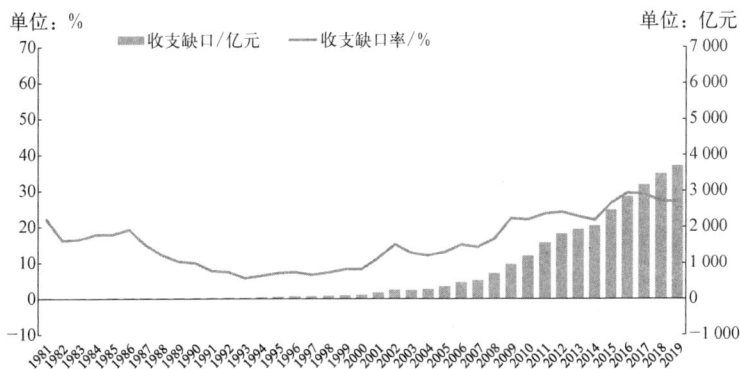

图 3 - 61　新疆维吾尔自治区财政收支缺口及收支缺口率动态走势(1981—2019 年)

从图中可以看出,新疆维吾尔自治区财政收支缺口均为正,一直保持在 10 亿元以上的本级财政赤字。新疆维吾尔自治区财政收支缺口由 1981 年的 13.2 亿元调整提升至 1993 年 28.6 亿元,1994 年跃至 42.4 亿元,增幅

48.4％,1995 年再增 37.1％;之后逐年缓步扩大,2000 年迈上百亿元达 111.9 亿元,紧接着连续两年增 50.4％和 45.5％,到 2003 年微幅下降 0.02％后,保持逐年递增的走势;2010 年迈上千亿元,2014 年迈上两千亿元,2017 年迈上三千亿元;1981—2019 年平均增速 16.0％,年平均缺口 740.7 亿元。财政收支缺口率从 1981 年 22.2％较高点下降 6 个百分点后,不断调整提升至 1986 年(19.3％)后经历 1986—2002 年十七年的 U 形走势,底部在 1993 年 (5.77％);2002—2006 年再经历五年 U 形走势,底部在 2004 年(12.0％)后, 缓缓升至 2009 年(22.4％);再经历两个倒 U 形走势:2010—2014 年顶点在 2012 年(24.1％),2014—2019 年顶点在 2016 年(29.4％)。1981—2019 年新疆维吾尔自治区的财政收支缺口率平均 15.8％,最低点在 1993 年,最高点在 2016 年。分税制改革的 1994 年和财政征收管理机构改革实施的 2018 年在新疆维吾尔自治区本级财政收支平衡关系产生了显著的影响,2002 年本级财政收支平衡结构出现转折。

新疆维吾尔自治区财政收支弹性、财政收入对 GDP 的弹性和 GDP 对财政支出的弹性走势,如图 3-62 所示。

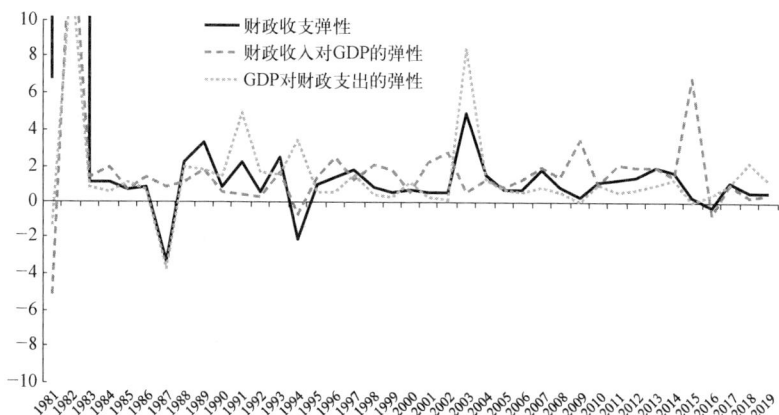

图 3-62　新疆维吾尔自治区三种弹性动态比较(1981—2019 年)

从图中可看出,1981—2019 年,新疆维吾尔自治区财政收支与经济增长的拉动波动性较大,财政支出对本级财政收入的拉动,1982 年(204)出现超极异常正值,1981 年(6.8)、1987 年(－3.3)、1994 年(－2.1)、2003 年(5.0)出现相对异常值;财政支出对本级财政收入的拉动,1982 年(12.2)、1987 年(－3.7)、1991 年(5.0)、2003 年(8.4),相对异常;经济增长对本级财政收入的拉动,1981 年(－5.1)、1982 年(16.9)、2003 年(6.8),相对异常。除 1982 年财政收支平衡出现极端异常转换之外,1987 年、1994 年和 2003 年是新疆维吾尔自治区三种拉动关系出现异常的年度;其中,1987 年财政支出对经济增长和本级财政收入都出现了较明显的负向拉动,而经济增长对本级财政则是较平稳的正向拉动;1994 年经济增长和财政支出对本级财政收入一定幅度负向拉动的同时,财政支出对经济增长则是一定幅度的正向拉动;2003 年三者拉动均为正向,但财政支出经济增长的拉动幅度最大、财政支出对本级财政收入的拉动幅度次之、经济增长对本级财政收入的拉动幅度极小。从财政收支与经济增长相互拉动幅度的相对激烈表现看,新疆维吾尔自治区在吸收分税制改革等政策效应上敏感度较高。

运用统计软件 IBM SPSS Statistics 20 对新疆维吾尔自治区三种弹性(XJ‐RE：新疆维吾尔自治区财政收支弹性;XJ‐RG：新疆维吾尔自治区财政收入对 GDP 的弹性;XJ‐GE：新疆维吾尔自治区 GDP 对财政支出的弹性)进行两两 T 检验和 Levene 方差检验,结果如表 3‐31所示。

检验结果显示,1981—2019 年,新疆维吾尔自治区财政支出对财政收入的拉动、财政支出对 GDP 的拉动、GDP 对财政收入的拉动均值两两间无显著差异。由于 1982 年财政支出对本级财政收入的超极端正向拉动大幅拉高了序列的均值,经济增长对本级财政收入的拉动均

表 3-31 新疆维吾尔自治区三种弹性 T 检验和 Levene 方差检验结果

| 新疆维吾尔自治区 | 均 值 | | t-值 | df | p | 有效 N | | 标准差 | | F-ratio 方差 | p-值 方差 |
	组 1	组 2				组 1	组 2	组 1	组 2		
XJ-RE vs. XJ-RG	6.390 4	1.672 3	0.901	76	0.370	39	39	32.569 14	2.964 43	3.146	0.080
XJ-RE vs. XJ-GE	6.390 4	1.385 0	0.957	76	0.342	39	39	32.569 14	2.468 52	3.189	0.078
XJ-RG vs. XJ-GE	1.672 3	1.385 0	0.465	76	0.643	39	39	2.964 43	2.468 52	0.008	0.928

值总体上比 1 大。从方差检验结果看,按 10% 的检验水平,新疆维吾尔自治区在整个时间段上,财政收支弹性与财政收入对 GDP 的弹性波动性、财政收支弹性与 GDP 对财政支出的弹性波动性存在显著差异,且两组的前者波动性均显著大于后者;财政支出与经济增长对本级财政收入拉动的波动性结构存在显著差异,财政支出对本级财政收入拉动与财政支出对经济增长拉动的波动性结构存在显著差异,而经济增长对本级财政收入的拉动与财政支出对经济增长的拉动波动性结构极为相似。

十三、 西部地区财政收支情况小结

由图 3-39、图 3-41、图 3-43、图 3-45、图 3-47、图 3-49、图 3-51、图 3-53、图 3-55、图 3-57、图 3-59、图 3-61 可以看出,经济发展相对后进的西部省级区域在改革开放"六五"计划以来,总体表现为本级财政赤字,除四川省 1981—1983 年连续三年本级财政盈余、云南省 1993 年和甘肃省 1981 年本级财政盈余外,整个西部十二省(自治区、直辖市)均是在本级财政赤字的状况下发展,且每年的平均赤字量、增速和赤字率在东、中、西部中是最高的。从 2019 年财政收支缺口静态看,四川省 6 279 亿元成为 31 个省(自治区、直辖市)中本级财政赤字最大的省域,与四川省经济总量在全国居第六、西部第一相对应;云南省(4 696 亿元)、贵州省(4 154 亿元)和广西壮族自治区(4 037 亿元)超过四千亿元;新疆维吾尔自治区(3 691 亿元)、陕西省(3 433 亿元)、甘肃省(3 106 亿元)和内蒙古自治区(3 038 亿元)在三千亿元以上;重庆市(2 713 亿元)在两千亿元以上,西藏自治区(1 959 亿元)、青海省(1 582 亿元)和宁夏回族自治区(1 015 亿元)在一千亿元以上。可以看出,西部各省(自治区、直辖市)本级财政赤字量的多寡与其经济总量的大小关系密切,同时自治区和直辖市在与省的比较中有着不同的特征,相比较而言,对自治区的转移支付支持力度大,西部唯一的直辖市相对较小,而省介于其间。从 1981—2019 年财政收支缺口动态看,在西部四川省平均缺口(1 300.6 亿元)最大,从 1985 年缺口由负转正以来至 2019 年平均增速为 26.8%;云南省(918.4 亿元)在 900 亿元以上,年均增速 18.7%;重庆市从 1997 年直辖以来平均缺口(836.9 亿元)在 800 亿元以上,年均增速 20.9%。五省、区平均缺口在 700 亿元之上:广西壮族自治区(761.1 亿元),年均增速 20.6%;新疆维吾尔自治区(740.7 亿元),年均增速 16.0%;贵州省(726.3 亿元),年均增速 18.3%;内蒙古自治区(712.3 亿元),年均增速 15.6%;陕西省(708.0 亿元),年均增速 20.4%。甘肃省(638.5 亿元),从 1982 年缺口由负转正以来年均增速(28.2%),平均缺口在 600 亿元之上;西藏自治区(364.2 亿元)、年均增速 17.1%和青海省(339.2 亿元)、年均增速 16.7%,平均缺口在 300 亿元以上。宁夏回族自治区(227.6 亿元),年均增速 16.4%,平均缺口最小,仅在 200 亿元以上。1981—2019 年整个西部地区财政收支缺口平均增速为 19.6%,西部十二省(自治区、直辖市)本级财政赤字平均以近 20%的增速扩大。从财政收支缺口率看,西部十二省(自治区、直辖市)大部分省区长期居高,1981—2019 年西藏自治区年平均缺口率高达 74.1%,青海省 18.2%、接近 30%,宁夏回族自治区(18.9%)、新疆维吾尔自治区(15.8%)、甘肃省(15.0%)、贵州省(13.8%)、云南省(12.1%)和内蒙古自治区(11.4%)年平均缺口率超过10%,余下的广西壮族自治区(8.38%)、陕西省(7.78%)和四川省(7.01%)也都在7%以上,重庆市从1997年设立为直辖市以来平均缺口率也为8.12%。整个西部十二省(自治区、直辖市)的年平均财政收支缺口率为18.4%,也就是在整个期间段上,我国西部地区本级财政整体上平均赤字接近20%。其中,西部的云南省在分税制改革的财政收支划分调整中所受影响最大,财政收支缺口从1993年的-4.32亿元一步跨入1994年的127.0亿元,相应的财政收支缺口率从-0.55%升至12.9%,在全国所有省级区域中表现最明显。

从图3-40、图3-42、图3-44、图3-46、图3-48、图3-50、图3-52、图3-54、图3-56、图3-58、图3-60、图3-62和表3-20~表3-31可以看出,西部地区十二省(自治区、直辖市)财政收支弹性、GDP对财政支出的弹性以及财政收入对GDP的弹性波动性幅度较大,在1994年分税制改革之前表现尤为突出。西部地区由6个省、一个直辖市和五个民族区域自治区构成,是东、中、西部中构成最多样化的区域,它包括了我国现行所有的省级地方行政区域(港、澳、台除外)的建制:省、自治区、直辖市。西部地区十二省(自治区、直辖市)经济社会发展存在较大差异,财政收支状况也相应地表现出它们之间的差异。1994年分税制改革以来,西部地区十二省(自治区、直辖市)财政收支弹性在宁夏回族自治区1994年(329)出现超极端异常正值,除此之外,西藏自治区1994年(7.10)是正值最高点,内蒙古自治区2017年(-40.7)、云南省1994年(-40.4)、陕西省2016年(-36.1)和青海省2016年(-16.8)出现极端异常负值,除此之外,内蒙古自治区1994年(-6.87)是负值最低点;本级财政收入对GDP的弹性在内蒙古自治区2018年(32.8)出现极端异常正值,除此之外,新疆维吾尔自治区2015

年(6.84)是正值最高点,甘肃省 2015 年(-15.6)出现极端异常负值,除此之外,西藏自治区 1994 年(-2.92)是负值最低点;GDP 对财政支出的弹性陕西省 2016 年(25.1)、重庆市 2013 年(23.0)和云南省 1994 年(16.5)出现极端异常正值,除此之外,新疆维吾尔自治区 2003 年(8.40)是正值最高点,宁夏回族自治区 1994 年(-295)出现超极端异常负值,内蒙古自治区 2017 年(-29.4)出现极端异常负值,除此之外,宁夏回族自治区 2003 年(-2.36)是负值最低点。从三种弹性序列的均值和方差检验结果可以看出,1981—2019 年西部十二省(自治区、直辖市),除重庆市财政支出与经济增长对本级财政收入的拉动均值存在显著差异之外,各省经济增长与财政收支的相互拉动间均值均无显著差异,表现出财政生产与经济增长之间较一致性的特征。而 1981—2019 年西部十二省(自治区、直辖市)经济增长与财政收支相互拉动间的波动性特征差异表现突出,重庆市、四川省、青海省、宁夏回族自治区和新疆维吾尔自治区经济增长对本级财政收入的拉动与财政支出对经济增长的拉动波动性结构存在显著差异,西藏自治区和新疆维吾尔自治区财政支出对本级财政收入和对经济增长的拉动波动性结构存在显著差异;西部十二省(自治区、直辖市)财政支出与经济增长对本级财政收入的拉动波动性结构均无显著差异。

第四节　中国东、中、西部省级地方财政收支动态分析比较

　　1978 年 12 月召开的十一届三中全会被认为是我国改革开放的开端,从这时起我们摸着石头过河的伟大实践逐渐全面展开。1981 年开始实施的"六五"计划,是改革开放后实施的头一个五年计划,相应的财

政收支制度从 1980 年开始分灶吃饭。1993 年后分税制改革,开始实行省及以下地方并行国家税务和地方税务两个征管体制,一直实施到2018 年,政府机构改革,各级国家税务和地方税务征管机构合并,实行统一的征管体制。其中,1998 年我国首次提出建立与市场经济相适应的公共财政框架,被认为拉开全面改革支出管理体制的序幕。事权与财权相匹配的分级财政收支体系逐渐构建并不断完善。在每一个新政策实施的时间节点附近,省级财政收支以及经济增长的结构和效果会有相应的反映,反映的激烈程度体现该省域的稳健程度,相比较而言,东、中、西部的这种稳健程度呈递减分布。

　　1994 年是我国分税制改革实施后的第一年,在我国财政史中必将留下浓墨重彩的一笔,其实施的主要成果是搭建中央和地方财政收支管理体系,从财权和事权划分中明确各级财政收支。东、中、西部各省(自治区、直辖市)在 1994 年都不同程度受到政策因素的影响,东部地区分税制改革前几乎都处于本级财政适度盈余状态,而 1994 年后都转换为不断增加的本级财政赤字,1994—2019 年东部十一省(直辖市)年平均财政收支缺口为 733.2 亿元,平均缺口率为 4.08%;中部地区山西、安徽、河南、湖北和湖南五省在改革开放初期处于一定的本级财政盈余,其中,湖北省在 1994 年前大部分年度本级财政盈余,1994—2019年中部八省年平均财政收支缺口为 1 083.3 亿元,平均缺口率为7.86%;西部地区则在整个 1981—2019 年几乎全都处于本级财政赤字,1994 年分税制改革后财政收支缺口和缺口率呈加快扩大走势,1994—2019 年西部十二省(自治区、直辖市)年平均财政收支缺口为993.7 亿元,平均缺口率为 21.3%。从财政收支缺口和缺口率的分析看,1994 年分税制改革以来,东部地区经济总量大、财政收支缺口小且缺口率小,中部地区经济总量较大、财政收支缺口率也较大,西部地区经济总量偏小、财政收支缺口较大而缺口率很大;从而,东部地区本级财政生产能力强、财政实施效果好；中部地区财政生产能力适中、财政实施效果一般；西部地区财政生产能力较弱、财政实施效果有较大提升空间。

财政收支弹性、财政收入对 GDP 的弹性和 GDP 对财政支出的弹性反映地方财政支出对本级财政收入的拉动、经济增长对本级财政收入的拉动和财政支出对经济增长的拉动。1994—2019 年，东部十一省（直辖市）平均财政支出增长 1% 拉动本级财政收入增长 0.88 个百分点，平均经济增长 1% 拉动本级财政收入增长 0.36 个百分点，平均财政支出增长 1% 拉动经济增长 0.71 个百分点；中部八省平均财政支出增长 1% 拉动本级财政收入增长 0.55 个百分点，平均经济增长 1% 拉动本级财政收入降低 0.19 个百分点，平均财政支出增长 1% 拉动经济增长 0.84 个百分点；西部十二省（自治区、直辖市）平均财政支出增长 1% 拉动本级财政收入增长 1.54 个百分点，平均经济增长 1% 拉动本级财政收入增长 1.33 个百分点，平均财政支出增长 1% 拉动经济增长 0.19 个百分点。在平均弹性的计算中，东部地区的辽宁省 2015 年出现财政收入对 GDP 的超极端异常负值，极大拉低了东部地区经济增长对本级财政收入拉动的平均值；中部地区和西部地区均在多地多次出现各弹性的超极端异常正值和负值，不同程度被拉曲中、西部弹性均值。可见，东部地区的财政实施效果比较稳定，而中、西部地区则表现较不稳定。

众所周知，2003 年面对复杂多变的国际形势，我国大部分地区面临突发的"非典"冲击和严重的自然灾害，对我国公共财政收支体系造成了严重的挑战，也带来沉重的拷问。因此，可以说 2003 年是我国财政承前启后的一年，进一步完善我国各级财政的公共财政框架的紧迫性和重要性凸显。多重因素的叠加，形成了 2003 年全国大部分地方财政收支弹性的突变效应，西部地区由于经济、财政能力较弱，在 2003 年表现出异常的反应。

2003 年召开的十六届三中全会通过了《中共中央关于完善社会主义市场经济体制若干问题的决定》,对我国的市场经济发展具有十分重要的意义,对推动财政体制的改革与完善具有十分重要的作用并提出了明确的要求。该《决定》成为新一轮税制改革的目标和指导思想,同时也明确,新一轮税制改革将突出结构性调整的特征,并与公共财政框架体系密切结合,确定合理税负水平,完善主体税种,优化税制结构,强化税收管理,健全税收法制建设。作为适应市场经济要求的一种财政运行模式,公共财政是社会主义市场经济条件下国家财政职能发展演变的重要方向。具体的政策应该更加倾向于适应社会主义市场经济要求的公共财政框架体系。主要的政策包括:改革收入管理体制、调整财政支出结构、建立国家集中拨付制度、实行部门预算制度改革、加强财政监督和依法理财等。因此,2003 年后一段时间内,构建公共财政框架的重点工作已经明确:推进财政管理体制改革,明确各级政府的财政支出责任,进一步完善转移支付制度,深化部门预算、国库集中支付和政府采购,改革预算编制制度;健全财政法律体系,坚持依法理财和依法治税,加强财政监督和对财政部门工作的监督;进一步调整财政支出结构,趋向于逐步减少基建支出,严格压缩一般性支出,遵循公共财政原则,将资金主要用于基础教育科研、社会保障、医疗卫生、环境保护等重要公共领域。

基于公共产品价值的地方
财政支出效率研究

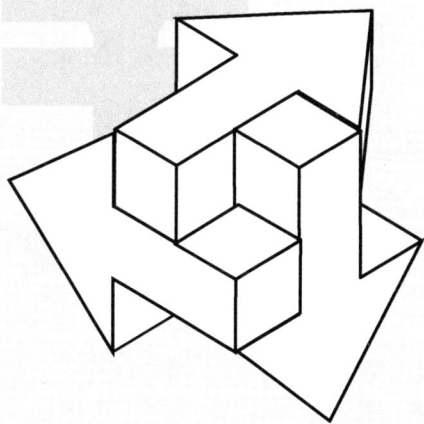

财政收入是支出的基础和来源，财政支出是收入的实现和成果。没有收入，无法支出；没有支出，收入也失去其存在价值。可以说，财政支出既是收入的必然归宿，也是收入的现实推动力。这又回到经济的本质上来，经济学家萨缪尔森(Paul A. Samuelson, 2009)总结，经济就是有限资源在无限需求中的有效分配[①]，因而效率在经济活动中十分重要。相应于财政，各级政府在实施财政收支管理的过程中，财政收入的增长是有限的，而支出的需求是无限的，如何用有限的收入尽量好地满足支出需求，也就是各级财政的本质要求。

第一节　地方财政管理体制简述

地方财政管理体制是根据各级政权的权责和隶属关系，划分各级财政之间的收支范围、管理权限和利益分配的制度。在我国多级财政体制下，地方财政管理体制存在着省级、市(地、州)级、县(区、市)级和乡(镇、街道)级财政。当前，我国的大部分地方实行乡财县管体制，截至2012年年底[②]，全国实行乡财县管的乡镇2.9万个，约占全国乡镇总数的86%，因此，研究我国的地方财政体制，重点可放在省级财政体制和县级财政体制上，市(州)级财政作为省县之间的过渡，也可一定的分析。

[①] 保罗·萨缪尔森,威廉·诺德豪斯.经济学(第十七版)[M].萧琛,译.北京：人民邮电出版社,2009.

[②] 省直管县和乡财县管改革情况.中华人民共和国财政部网站.http://www.mof.gov.cn/zhuantihuigu/czjbqk1/jbqk2/201405/t20140504_1074648.htm.2014,5,4.

财政管理体制,简言之,就是财权在多级政府间划分。财权包括收入征收权、收入管理监督权和收入的使用支配权。收入征收权是财权的核心,它包括立法的征收权和行政的征收权,这两个权又包括独立的和部分的两种情况。收入征收的立法权包括:通过立法程序选择或确定多少收入项目来进行课征和通过法律程序确定每个收入项目课征内容与方式。收入征收的行政权包括两种情况:① 在立法制度不健全、不成熟阶段,收入征收的行政权就全部或部分地取代了收入征收的立法权;这种情况下,收入征收的行政权就占了主导。② 在立法制度相对健全,比较成熟阶段,就会出现收入征收的立法权与收入征收的行政权或是平行的,或是立法权为主,行政权为辅;这种情况下,可以说收入的立法权是主要的。这时,收入征收的行政权包括:对法定收入项目范围、幅度、减免的调整权和对收费项目设置、范围、标准、期限长短的决定权。收入的管理监督权包括收入取得范围和渠道的管理和收入使用范围、方向、效率的管理,前者即为合法性,后者为计划性。收入的使用支配权也就是支出权,包括有限制支配使用权(指专项使用权和时间分布权)及相对限制支配使用权(指一定标准和额度下的使用权)两种。比较完整地具有了收入征收权、收入管理监督权和收入的使用支配权三种权力,才是整整意义上的财权,否则是不完整的,只能是基本的或部分的。

有一级政府就有一级职能,而要实现其职能必须有一定的财力保障。因为有多级政府的存在,才会有一国财力在多级政府之间的划分,存在多级政府就必然存在着多级财政。疆域、人口、民族、宗教和地理等因素的存在,使得一般情况下,一个国家不可能只是一个单一的政府和单一的财政。在市场经济条件下,一个政府提供公共服务的效率与公共产品边际成本大小的问题,在一个国家的行政区划上就显得十分重要和突出。

我国省以下财政管理体制主要有"市管县"和"省管县"两种模式，以市管县体制为主。早在 20 世纪 50 年代，中国的大中城市就开始管辖附近的县，但是 20 世纪 80 年代以前，市管县的情况较少。十一届三中全会以后，随着经济体制改革的深入，为促进城乡一体化的发展，解决诸多城市政府与地区行政公署之间的矛盾，中央于 1982 年决定率先在经济发达地区实行地、市合并，实行市管县的行政管理体制改革。随后，这一改革逐步在全国范围内普遍推行。到 20 世纪 90 年代中后期，除少数地区外，地区行政建制大都已被取消，市管县的行政体制全面确立。

随着市管县体制的建立，根据"一级行政、一级事权、一级财权"的原则，市管县的财政体制也就应运而生。市管县的财政管理体制，主要是指先由省来规定对市（地级市）的财政管理体制，再由各市来确定对其管辖县的财政管理体制。20 世纪 80 年代以来的"市管县"体制改革适应了当时的经济发展背景，增强了中心城市对农村发展的带动，起到了加强管理的积极作用。随着经济社会的发展以及市场经济体制的不断完善，"市管县财"的四大弊端逐渐显现。其一，过多的行政层级造成管理效率低下，出现"市卡县"现象；其二，城市偏向导致市与县争利，出现"市刮县"现象，县级发展机制弱化；其三，县乡财权与事权不对称，县乡财力弱化；其四，"小马拉大车"的城乡格局使市难以带县。

1994 年我国实行分税制财政体制模式后，按照"一级政府，一级财政"的原则，许多地方确立了省管市、市管县的财政管理模式。但也有地方，如浙江省，保留了省管县的做法。2009 年 7 月 9 日财政部发布了《关于推进省直接管理县财政改革的意见》，目前，"省直管县"改革的试点几乎已经覆盖了所有的省，截至 2011 年年底[1]，全国 27 个省份在

---

[1] 省直管县和乡财县管改革情况.中华人民共和国财政部网站.http://www.mof.gov.cn/zhuanti huigu/czjbqk2011/cztz2011/201208/t20120831_679730.htm. 2012，8，31.

1 080 个市县实行了省直管县财政管理方式改革,约占全国县级总数的54%,距离《关于推进省直接管理县财政改革的意见》要求的,力争全国除民族自治地区外全面推进省直接管理县财政的改革还有一定的差距。

第二节　基于公共产品价值的财政支出效率

财政资源的使用要强调经济效率。中国财政具有两个显著特点:① 中国财政极深地介入到生产过程中,而不是单纯地提供公共产品;② 地方财政在促进地方经济增长过程中发挥着非常重要的作用[①]。因此,本书侧重于考察地方财政的支出,关心财政支出的效率问题。

梁东黎提出公式(4-1)用以计算公共产品的价值,也可直接用来作为评价财政支出效率的标准。

$$V = \frac{Y}{N} \Big/ \frac{G}{Y} = \frac{Y^2}{N \cdot G} \qquad (4-1)$$

式中: V 为一级财政的公共产品价值, Y 为当地的年度生产总值, N 为该地当年的人口数, G 为该地当年的财政支出量。 Y/N 是人均产出, G/Y 是单位产出消耗的财政支出。

我国自第一个五年计划开始逐渐规范经济数据、财政数据、人口数据等。1994 年分税制改革后,地方的财政收支体系逐步建立,中央和省级财政逐渐趋于科学和稳定。本节选取 1953—2019 年全国以及1981—2019 年各省(自治区、直辖市)的时间序列数据,通过计算公共产品的价值,可以获得该地区的财政支出效率。

---

① 　梁东黎.提高财政支出效率的结构因素[J].南京审计大学学报,2004(3): 32-37.

一、 全国财政支出效率动态分析

由式(4-1)计算 1953—2019 年全国公共产品价值评价的财政支出效率走势,如图 4-1 所示[①]。

单位:万元/人

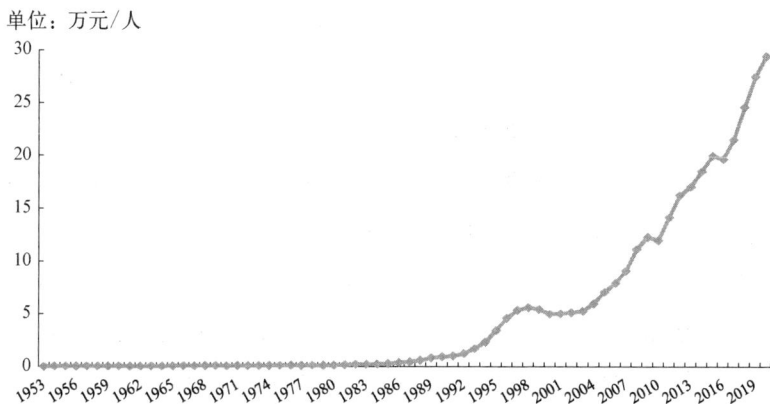

图 4-1　全国财政支出效率走势

从上图可以看出,1989 年以前我国财政支出效率处于 1 万元/人以下的水平,而 1979—1980 年财政支出效率提升最大,提升幅度达29.1%。改革开放后,财政支出效率逐年提升至 1998 年(5.6 万元/人),之后经历 U 形走势至 2004 年(5.9 万元/人)、底部在 2000 年(5.0万元/人);接着持续提升至 2009 年(12.3 万元/人)后微小回落,又以更快的速度提升至 2015 年(20.0 万元/人)回落,再以更大增幅提升至 2019 年(29.4 万元/人)的最高点。1998 年开始 U 形走势的财政支出效率回落,可以被认为是 1998 年首次提出建立与市场经济相适应的公共财政框架的一个反应,由此拉开我国全面改革财政支出管理制度的序幕。从图中还可以看出,1994—1995 年全国财政支出效率

---

①　国家统计局国家数据网站.https://data.stats.gov.cn/easyquery.htm? cn=C01. 2020,8,25.

有较大提高,增幅达 47.3%,这也表明分税制改革极大地提高了全国财政的支出效率,但由于我国的改革是稳步推进的,反映在财政支出效率的变化趋势上,增幅较缓。鉴于 1994 年全国分税制改革后地方和中央两级财政管理体系逐步确立,逐渐全面地反映各自的财政收支特点。分阶段看,1953 年财政支出效率仅 534 元/人,直至 1973 年才站稳千元/人,1953—1972 年平均效率为 752 元/人;1990 年迈上万元/人,1973—1989 年平均效率为 3 094 元/人;2007 年迈上 10万元/人,1990—2006 年平均效率 4.77 万元/人;之后至 2014 年迈上 20 万元/人,2007—2014 年平均效率 15.2 万元/人;2015 年(19.7 万元/人)微幅回落至 20 万元/人以下后,急速提升至 2019 年(29.4 万元/人),2015—2019 年平均效率 24.5 万元/人。可以看出,低效率阶段增长缓慢且回调频繁,期间内的平均效率处于区间中值之下;2007 年迈上十万元/人后增长加快,平均效率处于区间中值之上且呈明显上移的走势。

二、 东部地区财政支出效率动态分析

观察全国各省(自治区、直辖市)地方公共产品价值走势,可以分析分税制改革后省级财政支出效率的状况及趋势。由式(4-1)分别计算的 1981—2019 年东部地区十一省(直辖市)的财政支出效率走势,如图 4-2~图 4-12 所示[①]。

北京市财政支出效率 1981 年(1.42 万元/人)即过万元,较全国 1990 年(1.32 万元/人)过万元时高,1994 年(11.9 万元/人)过 10 万元,1981—1993 年平均效率为 3.24 万元/人。2002 年(21.2 万元/人)跨上 20 万元,1994—2001 年平均效率为 14.8 万元/人;2006 年(31.0 万元/

---

① 国家统计局国家数据网站.https://data.stats.gov.cn/easyquery.htm? cn=E0103. 2020, 8, 25.

単位：万元/人

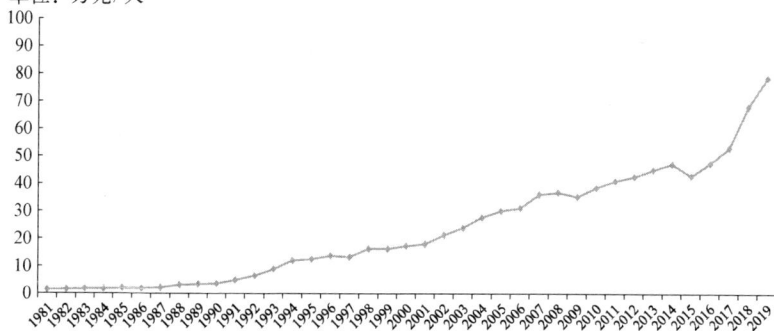

图4-2　北京市财政支出效率走势(1981—2019年)

人)迈上 30 万元,2002—2005 年平均效率为 25.6 万元/人;2011 年
(40.9万元/人)迈上 40 万元,2006—2010 年平均效率为 35.4 万元/人;
2017 年(53.0 万元/人)迈上 50 万元,2011—2016 年平均效率为 44.2
万元/人;2018 年(67.8 万元/人)迈上 60 万元、2019 年(78.4 万元/人)
迈上 70 万元;1994—2019 年平均效率为 33.2 万元/人。

　　天津市财政支出效率 1981 年(1.06 万元/人)即过万元,较全国
1990 年(1.32 万元/人)过万元时低,1996 年(11.7 万元/人)过 10 万元,

单位：万元/人

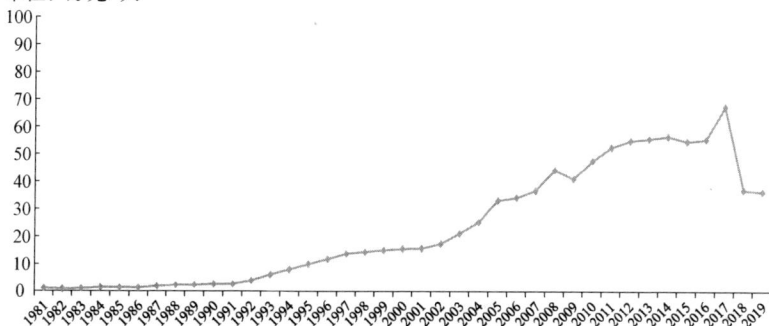

图4-3　天津市财政支出效率走势(1981—2019年)

1981—1995 年平均效率为 3.12 万元/人；2003 年（20.1 万元/人）跨上 20 万元，1996—2002 年平均效率为 14.7 万元/人；2005 年（33.1 万元/人）迈上 30 万元，2003—2004 年平均效率为 23.1 万元/人；2008 年（44.2 万元/人）迈上 40 万元，2005—2007 年平均效率为 34.6 万元/人；2011 年（52.5 万元/人）迈上 50 万元，2008—2010 年平均效率为 44.3 万元/人；2017 年（67.3 万元/人）迈上 60 万元，2011—2016 年平均效率为 54.9 万元/人；2018 年出现断崖式下降，连续两年基本持平，2018—2019 年平均效率为 36.6 万元/人。1981—1993 年分税制改革前平均财政支出效率 2.23 万元/人；分税制改革后 1994—2019 年平均财政支出效率 33.6 万元/人。

河北省财政支出效率 1981 年（0.40 万元/人），与全国 1985 年（0.39 万元/人）基本相当，1988 年（1.26 万元/人）过万，1981—1987 年平均效率为 0.59 万元/人；2003 年（10.9 万元/人）跨上 10 万元，1988—2002 年平均效率为 5.69 万元/人；2010 年（20.5 万元/人）迈上 20 万元，2003—2009 年平均效率为 15.8 万元/人；2018 年（18.1 万元/人）回落至 20 万以下，2019 年（19.5 万元/人）有所回升，2010—2017 年

单位：万元/人

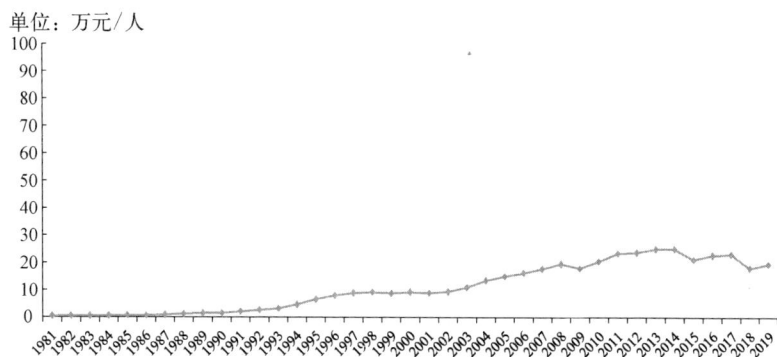

图 4-4　河北省财政支出效率走势（1981—2019 年）

平均效率为 23.1 万元/人。1981—1993 年分税制改革前平均财政支出效率为 1.24 万元/人;分税制改革后 1994—2019 年平均财政支出效率为 15.6 万元/人。

辽宁省财政支出效率 1981 年(0.88 万元/人),较全国 1988 年(0.84万元/人)略高,1983 年(1.07 万元/人)过万元;2000 年(10.1 万元/人)跨上 10 万元,1983—1999 年平均效率为 4.37 万元/人;2008 年(20.1万元/人)迈上 20 万,2000—2007 年平均效率为 11.9 万元/人;2012 年(30.9 万元/人)迈上 30 万,2008—2011 年平均效率为 23.3 万元/人;2015 年(41.9 万元/人)迈上 40 万,2012—2014 年平均效率为 33.3 万元/人;2016 年(24.7 万元/人)断崖式下降,至 2019 年四年间平均效率为 24.7 万元/人。1981—1993 年分税制改革前平均财政支出效率为 2.09 万元/人;分税制改革后 1994—2019 年平均财政支出效率为 18.4 万元/人。

单位：万元/人

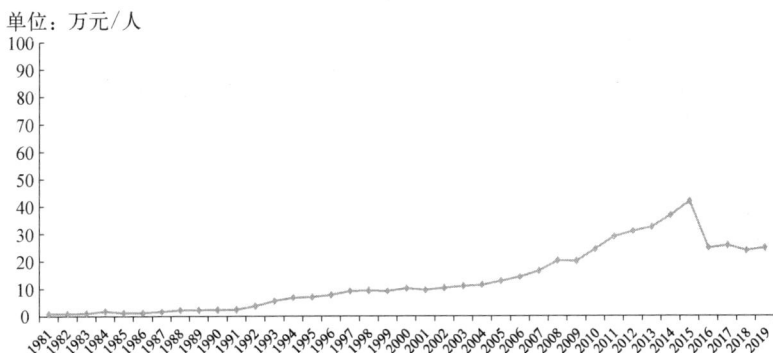

图 4-5　辽宁省财政支出效率走势(1981—2019 年)

上海市财政支出效率 1981 年(4.74 万元/人)较全国 1995 年(4.58 万元/人)高,分税制改革前 1993 年(13.0 万元/人)过 10 万元,1981—1993 年平均效率为 5.78 万元/人。1998 年(20.4 万元/人)跨上 20 万

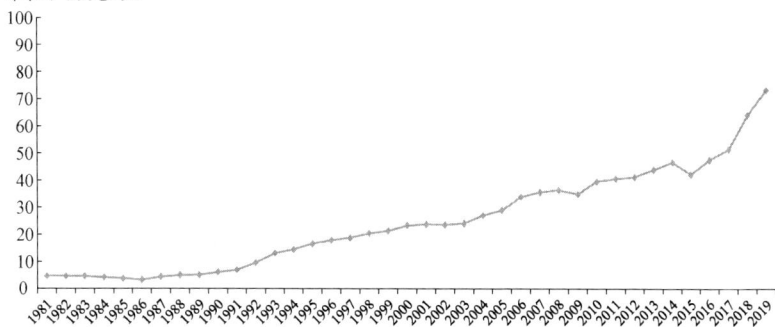

图4-6 上海市财政支出效率走势(1981—2019年)

元,1993—1997年平均效率为16.1万元/人;2006年(33.7万元/人)迈上30万元,1998—2005年平均效率为24.0万元/人;2011年(40.5万元/人)迈上40万元,2006—2010年平均效率为36.0万元/人;2017年(51.4万元/人)迈上50万元,2011—2016年平均效率为43.6万元/人;2018年(64.1万元/人)迈上60万元、2019年(73.4万元/人)迈上70万元;1994—2019年平均效率为34.2万元/人。

江苏省财政支出效率1981年(0.86万元/人)较全国1988年(0.84

单位：万元/人

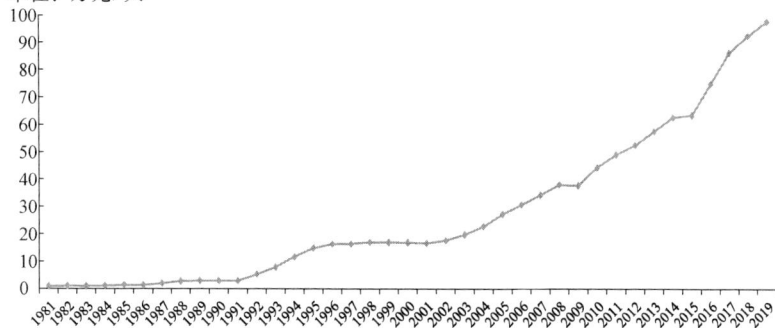

图4-7 江苏省财政支出效率走势(1981—2019年)

万元/人)略高,1994 年(11.7 万元/人)过十万元,分税制改革前 1981—
1993 年平均效率为 2.56 万元/人。2004 年(22.8 万元/人)跨上 20 万
元,1994—2003 年平均效率为 16.4 万元/人;2006 年(30.7 万元/人)迈
上 30 万元,2004—2005 年平均效率为 25.0 万元/人;2010 年(44.4 万
元/人)迈上 40 万元,2006—2009 年平均效率为 35.2 万元/人;2012 年
(52.5 万元/人)迈上 50 万元,2010—2011 年平均效率为 46.7 万元/
人;2014 年(62.8 万元/人)迈上 60 万元,2012—2013 年平均效率为 55.1
万元/人;2016 年(75.0 万元/人)迈上 70 万元,2014—2015 年平均效率
为 63.2 万元/人;2017 年(86.5 万元/人)迈上 80 万元,2018 年(92.6 万
元/人)迈上 90 万元,2018—2019 年平均效率为 95.2 万元/人。分税制
改革后 1994—2019 年平均效率为 39.9 万元/人。

　　浙江省财政支出效率 1981 年(0.63 万元/人)较全国 1987 年(0.60
万元/人)略高,1994 年(11.0 万元/人)过十万元,分税制改革前 1981—
1993 年平均效率为 2.24 万元/人。2003 年(21.6 万元/人)跨上 20 万
元,1994—2002 年平均效率为 17.6 万元/人;2006 年(33.1 万元/人)迈
上 30 万元,2003—2005 年平均效率为 25.3 万元/人;2010 年(44.0 万

单位:万元/人

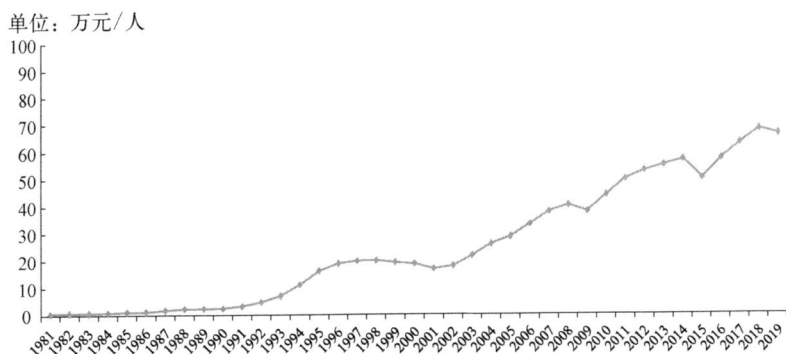

图 4-8　浙江省财政支出效率走势(1981—2019 年)

元/人)迈上 40 万元,2006—2009 年平均效率为 37.2 万元/人;2012 年 (52.7 万元/人)迈上 50 万元,2010—2011 年平均效率为 46.9 万元/人; 2017 年(62.9 万元/人)迈上 60 万元,2012—2016 年平均效率为 54.3 万元/人;2017—2019 年平均效率为 65.7 万元/人。分税制改革后 1994—2019 年平均效率为 36.4 万元/人。

福建省财政支出效率 1981 年(0.31 万元/人)较全国 1984 年(0.30 万元/人)略高,1988 年(1.05 万元/人)过万,1981—1987 年平均效率为 0.44 万元/人;1997 年(11.2 万元/人)过 10 万元,1988—1996 年平均效 率为 3.83 万元/人;2005 年(20.4 万元/人)跨上 20 万元,1997—2004 年 平均效率为 13.7 万元/人;2010 年(34.7 万元/人)迈上 30 万元,2005— 2009 年平均效率为 25.1 万元/人;2013 年(41.3 万元/人)迈上 40 万元, 2010--2012 年平均效率为 37.4 万元/人;2016 年(50.1 万元/人)迈上 50 万元,2013—2015 年平均效率为 43.7 万元/人;2018 年(78.6 万元/人)迈 上 70 万元,2016—2017 年平均效率为 53.3 万元/人;2019 年(88.8 万元/ 人)迈上 80 万元。分税制改革前 1981—1993 年平均效率为 1.08 万元/ 人,1994—2019 年分税制改革后平均效率为 29.9 万元/人。

单位：万元/人

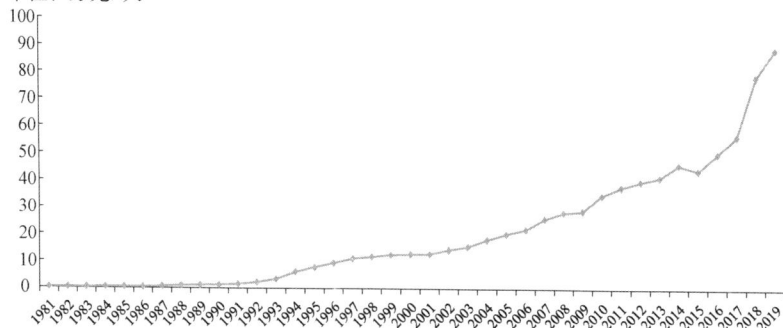

图 4-9　福建省财政支出效率走势(1981—2019 年)

山东省财政支出效率 1981 年(0.64 万元/人)较全国 1987 年(0.60 万元/人)略高,1995 年(10.2 万元/人)过 10 万元,1981—1994 年平均效率为 2.27 万元/人;2004 年(20.7 万元/人)跨上 20 万元,1995—2003 年平均效率为 12.2 万元/人;2007 年(31.1 万元/人)迈上 30 万元,2004—2006 年平均效率为 24.5 万元/人;2011 年(42.7 万元/人)迈上 40 万元,2007—2010 年平均效率为 36.2 万元/人;2014 年(50.2 万元/人)迈上 50 万元,2011—2013 年平均效率为 44.4 万元/人;2018 年(43.8 万元/人)回落,至 2019 年微幅提升,2014—2017 年平均效率为 52.3 万元/人,2018—2019 年平均效率为 45.2 万元/人。分税制改革前 1981—1993 年平均效率为 1.84 万元/人,1994—2019 年分税制改革后平均效率为 29.6 万元/人。

单位:万元/人

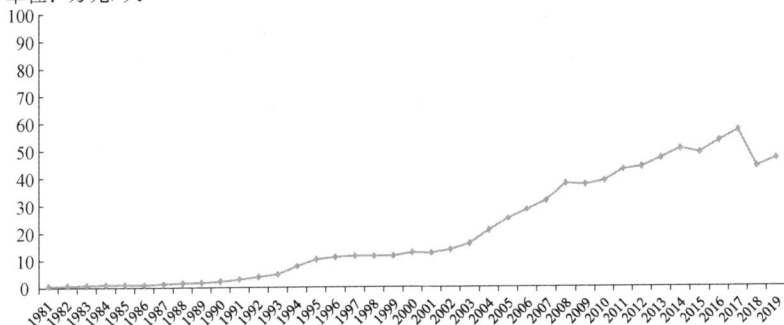

图 4-10　山东省财政支出效率走势(1981—2019 年)

广东省财政支出效率 1981 年(0.58 万元/人)较全国 1987 年(0.60 万元/人)略低,1987 年(1.34 万元/人)过万元,1981—1986 年平均效率为 0.80 万元/人;1996 年(10.3 万元/人)过 10 万元,1987—1995 年平均效率为 4.05 万元/人;2004 年(21.1 万元/人)跨上 20 万元,1996—2003 年平均效率为 12.3 万元/人;2007 年(33.1 万元/人)迈上 30 万元,

単位：万元/人

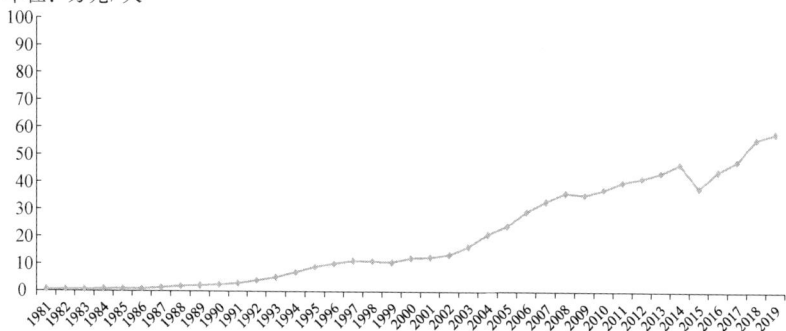

图 4-11　广东省财政支出效率走势(1981—2019 年)

2004—2006 年平均效率为 24.9 万元/人;2011 年(40.2 万元/人)迈上 40 万元,2007—2010 年平均效率为 35.6 万元/人;2018 年(56.0 万元/人)迈上 50 万元,2011—2017 年平均效率为 43.2 万元/人;2018—2019 年平均效率为 57.0 万元/人。分税制改革前 1981—1993 年平均效率为 1.93 万元/人,1994—2019 年分税制改革后平均效率为 28.8 万元/人。

　　1988 年海南设省,财政支出效率为 1.02 万元/人,与全国 1990 年 (1.02 万元/人)基本相当,2012 年(10.1 万元/人)过 10 万元,之后小幅

单位：万元/人

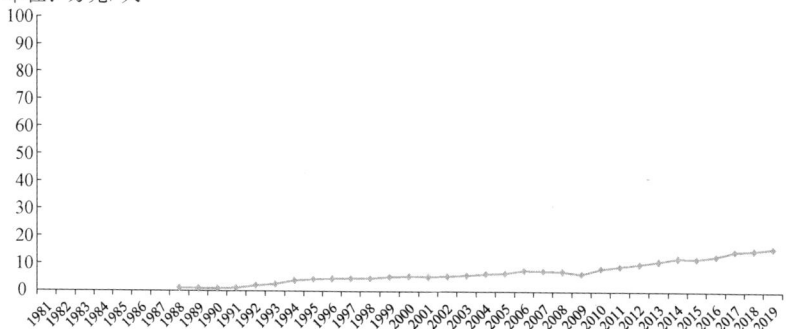

图 4-12　海南省财政支出效率走势(1988—2019 年)

持续提升至 2019 年(16.0 万元/人),1988—2011 年平均效率为 4.94 万元/人,2012—2019 年平均效率为 13.1 万元/人。分税制改革前 1988—1993 年平均效率为 1.41 万元/人,1994—2019 年分税制改革后平均效率为 8.27 万元/人。

观察并分析东部十一省(直辖市)的地方公共产品价值评价的财政支出效率走势可以看出:东部十一省(直辖市)的财政支出效率高于同期全国的水平,表明改革开放以来东部地区的财政支出效率走在全国的前端,分税制改革以来表现较为明显,这与经济发展的形势是一致的。此外,东部十一省(直辖市),除海南省外,财政支出效率的增速都高于全国,这表明改革开放、特别是分税制改革有力地促进了地方财政向更有效率的方向发展,这也是与经济发展趋势相吻合的。通过对比东部各省(直辖市)的趋势图还可看出,江苏省 2019 年(97.8 万元/人)、福建省 2019 年(88.8 万元/人)、北京市 2019 年(78.4 万元/人)、上海市 2019 年(73.4 万元/人)、浙江省 2018 年(68.0 万元/人)、天津市 2017 年(67.3 万元/人)、广东省 2019 年(58.1 万元/人)、山东省 2017 年(56.9 万元/人)、辽宁省 2015 年(41.9 万元/人)、河北省 2014 年(25.1 万元/人)及海南省 2019 年(16.0 万元/人)的财政支出效率是各省(直辖市)1981—2019 年间的最大值。各省域财政支出效率最大值都出现在最近,浙江省、天津市、山东省、辽宁省、河北省最高效率出现在 2018 年、2017 年、2015 年和 2014 年,其余六省(直辖市)最大值都在 2019 年。江苏省的财政支出效率最大值为全国各省(自治区、直辖市)的最高值,接近 100 万元/人的公共产品价值额;海南的公共产品价值是东部各省(直辖市)中最低者,最大值仅 16 万元/人,只是江苏省同期值的16.4%,还达不到江苏 1996 年(16.3 万元/人)的水平。从东部地区公共产品价值的比较可以看出,一般情况下,经济发展水平高的地区,财政支出效率也会高。海南省在东部地区十一省(直辖市)中经济发展水平是最靠后的,经济总量、财政收支以及人口均是最弱的,其财政支出效率的绝对量和增幅也都在东部最低,而且 1988—2019 年海南省的财政支出效率总体上还低于全国同期水平。

三、 中部地区财政支出效率动态分析

由式(4-1)分别计算的 1981—2019 年中部地区八省财政支出效率走势,如图 4-13~图 4-20 所示①。

单位:万元/人

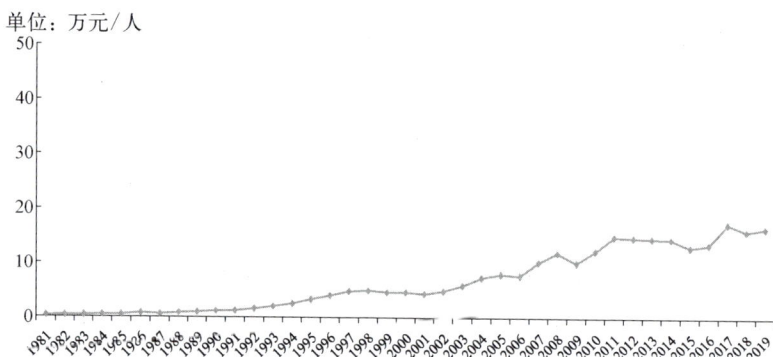

图 4-13 山西省财政支出效率走势(1981—2019 年)

山西省财政支出效率 1981 年(0.34 万元/人),介于全国 1984 年(0.30 万元/人)和 1985 年(0.39 万元/人)之间,1990 年(1.16 万元/人)过万元,1981—1989 年平均效率为 0.59 万元/人;2007 年(10.2 万元/人)过 10 万元,之后一直处于 20 万元以下,1990—2006 年平均效率为 4.31 万元/人,2007—2019 年平均效率为 13.8 万元/人。分税制改革前 1981—1993 年平均效率为 0.87 万元/人,1994—2019 年分税制改革后平均效率为 9.49 万元/人。

---

① 国家统计局国家数据网站.https://data.stats.gov.cn/easyquery.htm? cn=E0103.2020,8,25.

吉林省财政支出效率 1981 年(0.35 万元/人),介于全国 1984 年(0.30 万元/人)和 1985 年(0.39 万元/人)之间,1990 年(1.02 万元/人)过万元,1981—1989 年平均效率为 0.60 万元/人;2007 年(11.6 万元/人)过 10 万元,1990—2006 年平均效率为 4.63 万元/人;2012 年(21.0 万元/人)过 20 万,2007—2011 年平均效率为 14.2 万元/人;2018 年(12.4 万元/人)断崖式回落,2012—2017 年平均效率为 22.3 万元/人,2018—2019 年平均效率为 12.7 万元/人。分税制改革前 1981—1993 年平均效率为 0.84 万元/人,1994—2019 年分税制改革后平均效率为 11.7 万元/人。

单位:万元/人

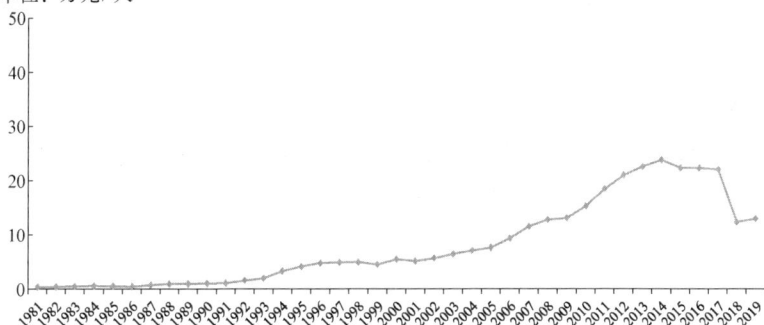

图 4 - 14　吉林省财政支出效率走势(1981—2019 年)

　　黑龙江省财政支出效率 1981 年(0.62 万元/人),较全国 1987 年(0.60 万元/人)略高,1988 年(1.19 万元/人)过万元,1981—1987 年平均效率为 0.78 万元/人;2005 年(10.1 万元/人)过 10 万元,1988—2004 年平均效率为 5.17 万元/人;2018 年(9.35 万元/人)回落至 10 万元以下后基本持平,2005—2017 年平均效率为 13.9 万元/人,2018—2019 年平均效率为 9.61 万元/人。分税制改革前 1981—1993 年平均效率为 1.30 万元/人,1994—2019 年分税制改革后平均效率为 10.4 万

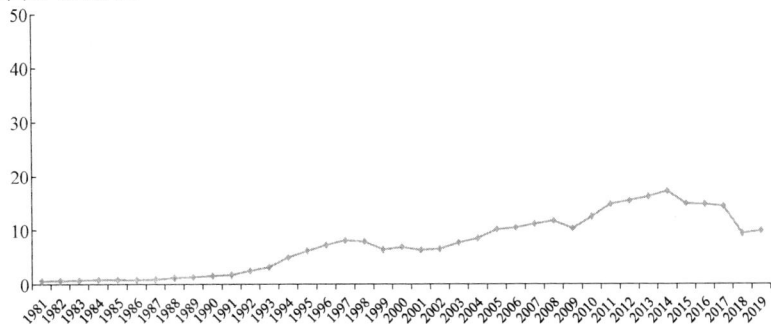

单位：万元/人

图 4-15　黑龙江省财政支出效率走势(1981—2019 年)

元/人。

安徽省财政支出效率 1981 年(0.38 万元/人)，较全国 1985 年(0.39万元/人)略低，1988 年(1.16 万元/人)过万元，1981—1987 年平均效率为 0.56 万元/人；2011 年(11.9 万元/人)过 10 万元，1988—2010 年平均效率为 4.40 万元/人；2018 年(27.8 万元/人)过 20 万元，之后小幅增长，2011—2017 年平均效率为 15.0 万元/人，2018—2019 年平均效率为 28.6 万元/人。分税制改革前 1981—1993 年平均效率为 0.96

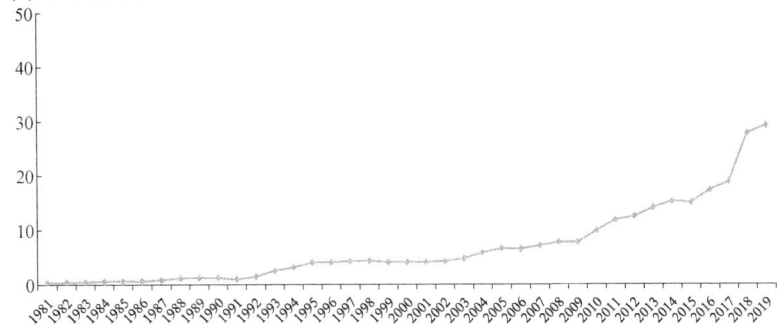

单位：万元/人

图 4-16　安徽省财政支出效率走势(1981—2019 年)

万元/人,1994—2019 年分税制改革后平均效率为 9.79 万元/人。

　　江西省财政支出效率 1981 年(0.32 万元/人),较全国 1984 年(0.30万元/人)略高,1992 年(1.23 万元/人)过万元,1981—1991 年平均效率为 0.56 万元/人;2010 年(10.4 万元/人)过 10 万元,1992—2009年平均效率为 4.89 万元/人;2019 年(20.5 万元/人)刚过 20 万元,2010—2018 年平均效率为 14.3 万元/人。分税制改革前 1981—1993年平均效率为 0.69 万元/人,1994—2019 年分税制改革后平均效率为9.01 万元/人。

单位:万元/人

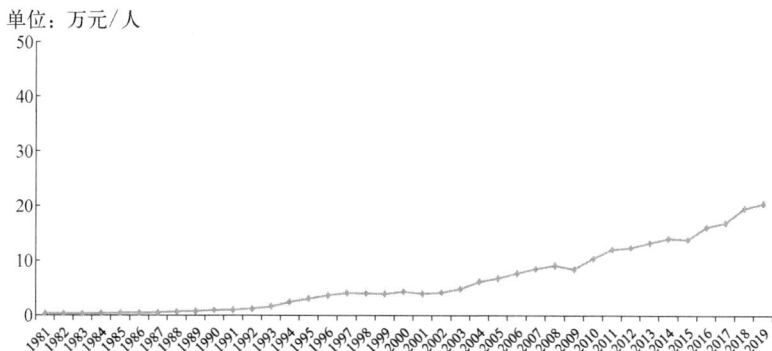

图 4-17　江西省财政支出效率走势(1981—2019 年)

　　河南省财政支出效率 1981 年(0.33 万元/人),较全国 1984 年(0.30万元/人)略高,1989 年(1.0 万元/人)过万元,1981—1988 年平均效率为 0.53 万元/人;2005 年(10.7 万元/人)过 10 万元,1989—2004年平均效率为 4.52 万元/人;2014 年(21.5 万元/人)过 20 万元,2005—2013 年平均效率为 15.2 万元/人;2019 年(30.0 万元/人)刚过 30 万元,2014—2018 年平均效率为 23.8 万元/人。分税制改革前 1981—1993 年平均效率为 0.87 万元/人,1994—2019 年分税制改革后平均效率为 13.5 万元/人。

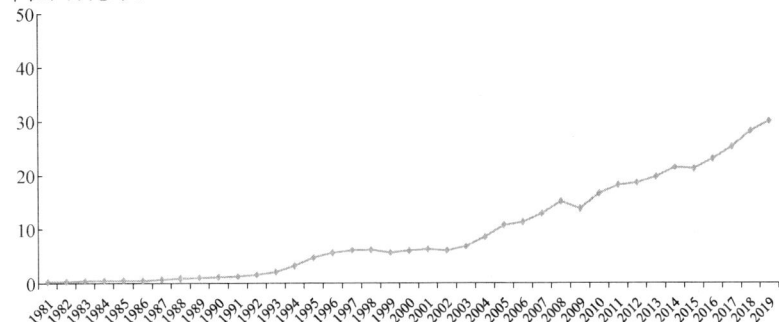

图 4－18　河南省财政支出效率走势(1981—2019 年)

湖北省财政支出效率 1981 年(0.43 万元/人)，较全国 1986 年
(0.46万元/人)略低，1988 年(1.10 万元/人)过万元，1981—1987 年平
均效率为 0.62 万元/人；2007 年(12.0 万元/人)过 10 万元，1988—2006
年平均效率为 4.88 万元/人；2011 年(20.8 万元/人)过 20 万元，2007—
2010 年平均效率为 14.4 万元/人；2017 年(31.4 万元/人)过 30 万元，
2011—2016 年平均效率为 24.4 万元/人；2018 年(41.1 万元/人)过 40
万元，2018—2019 年平均效率为 42.8 万元/人。分税制改革前 1981—

单位：万元／人

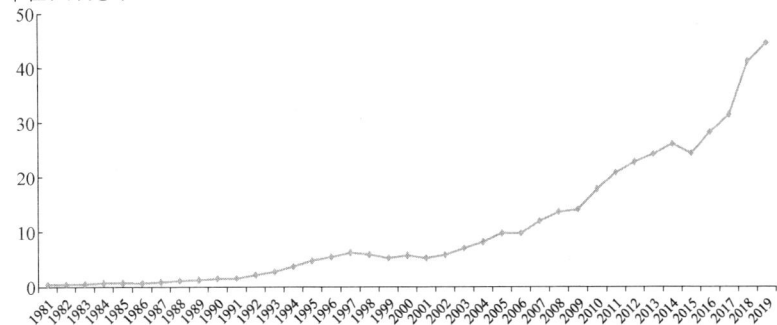

图 4－19　湖北省财政支出效率走势(1981—2019 年)

1993 年平均效率为 1.12 万元/人,1994—2019 年分税制改革后平均效率为 15.5 万元/人。

湖南省财政支出效率 1981 年(0.38 万元/人),较全国 1985 年(0.39万元/人)略低,1990 年(1.13 万元/人)过万元,1981—1989 年平均效率为 0.59 万元/人;2007 年(10.3 万元/人)过 10 万元,1990—2006年平均效率为 4.56 万元/人;2014 年(21.6 万元/人)过 20 万元,之后缓缓升至 2019 年(28.2 万元/人),2007—2013 年平均效率为 14.7 万元/人,2014—2019 年平均效率为 24.1 万元/人。分税制改革前 1981—1993 年平均效率为 0.86 万元/人,1994—2019 年分税制改革后平均效率为 12.3 万元/人。

单位:万元/人

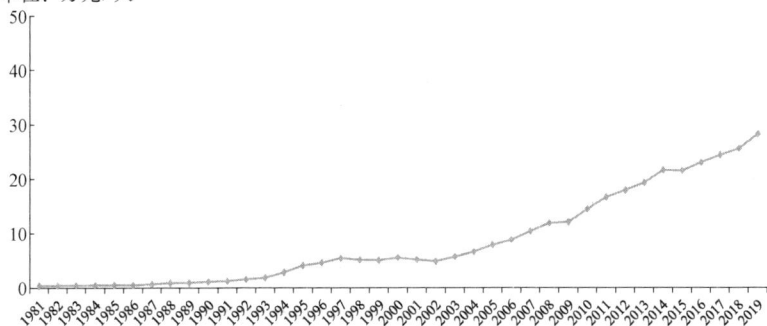

图 4-20　湖南省财政支出效率走势(1981—2019 年)

中部八省的公共产品价值评价地方财政支出效率走势反映出中部地区具有与全国水平相似的财政支出效率特征,也能直观地看出中部地区的财政支出效率低于东部,这是与经济发展水平相一致的。中部各省之间以及各省与全国之间的公共产品价值差异并不明显,从图 4-13～图 4-20 中即可直观看出。计算得出 1981—2019 年全国的平均公共产品价值为 8.44 万元/人,中部八省的平均公共产品价值介于6.24

万元/人至 10.7 万元/人之间。从图中还可以看出,中部八省 1994 年分税制改革都带来财政支出效率的明显提升,分税制改革之后,财政支出效率整体呈上升态势,但趋势较缓,且在 2009 年各省都有一个微小的回落。2009 年,席卷全球的金融危机对我国的负面冲击也在全国以及各省级地方财政中显现,从中部地区各省同步,且与全国一致的财政支出效率在 2009 年小幅回落的表现中可以看出,我国以及传统的中部大省的财政受金融危机的冲击并不敏感。

四、 西部地区财政支出效率动态分析

由式(4-1)分别计算 1981—2019 年西部地区十二省(自治区、直辖市)财政支出效率走势,如图 4-21～图 4-32 所示[①]。

单位:万元/人

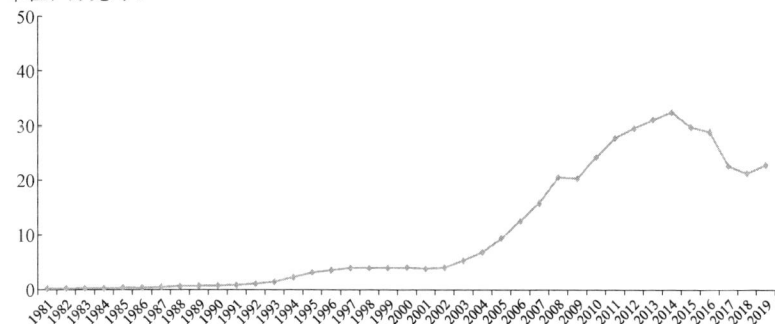

图 4-21　内蒙古自治区财政支出效率走势(1981—2019 年)

内蒙古自治区财政支出效率 1981 年(0.20 万元/人),较全国 1981 年(0.22 万元/人)略低,1992 年(1.12 万元/人)过万元,1981—1991 年平均效率为 0.48 万元/人;2006 年(12.6 万元/人)过 10 万元,1992—

---

① 国家统计局国家数据网站.https://data.stats.gov.cn/easyquery.htm? cn=E0103. 2020,8,25.

2005 年平均效率为 4.09 万元/人;2008 年(20.6 万元/人)过 20 万元,2006—2007 年平均效率为 14.2 万元/人;2013 年(31.1 万元/人)迈上 30 万元,攀升至 2014 年(32.5 万元/人)最高值,2008—2012 年平均效率为 24.5 万元/人;2015 年(29.8 万元/人)持续回落至 2018 年后小幅回升,2015—2019 年平均效率为 25.1 万元/人。分税制改革前 1981—1993 年平均效率为 0.60 万元/人,1994—2019 年分税制改革后平均效率为 15.2 万元/人。

广西壮族自治区财政支出效率 1981 年(0.22 万元/人),与全国 1981 年(0.22 万元/人)基本持平,1992 年(1.22 万元/人)过万元,1981—1991 年平均效率为 0.41 万元/人;2011 年(11.6 万元/人)过 10 万元,1992—2010 年平均效率为 4.61 万元/人;调整攀升至 2019 年 (15.5 万元/人),2011—2019 年平均效率为 14.1 万元/人。分税制改革前 1981—1993 年平均效率为 0.56 万元/人,1994—2019 年分税制改革后平均效率为 8.15 万元/人。

单位:万元/人

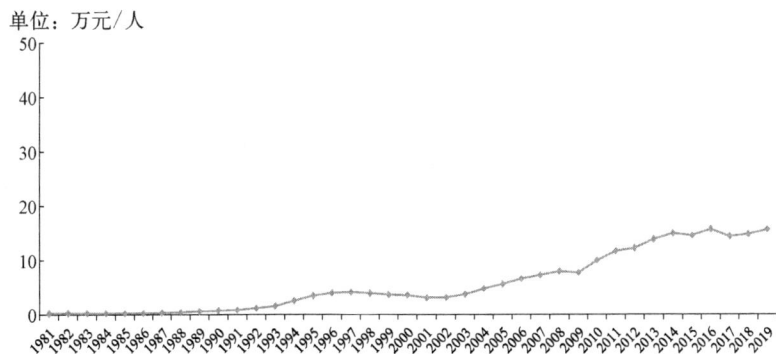

图 4-22　广西壮族自治区财政支出效率走势(1981—2019 年)

1997 年重庆直辖市成立,财政支出效率为 7.42 万元/人,介于全国 2004 年(7.09 万元/人)和 2005 年(7.93 万元/人)之间,2007 年(10.1 万

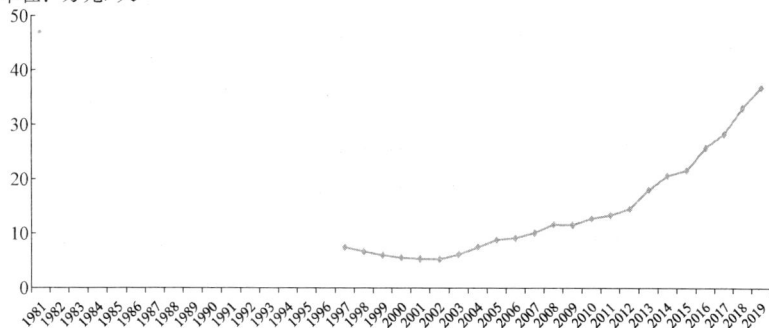

图 4-23　重庆市财政支出效率走势(1997—2019 年)

元/人)过 10 万元,1997—2006 年平均效率为 6.77 万元/人;2014 年
(20.6 万元/人)过 20 万元,2007—2013 年平均效率为 13.1 万元/人;
2018 年(33.1 万元/人)过 30 万元,2014—2017 年平均效率为 24.1 万
元/人;2018—2019 年平均效率为 34.9 万元/人。分税制改革后 1997—
2019 年平均效率为 14.2 万元/人。

四川省财政支出效率 1981 年(0.20 万元/人)较全国 1981 年(0.22
万元/人)略低,1992 年(1.03 万元/人)过万元,1981—1991 年平均效率

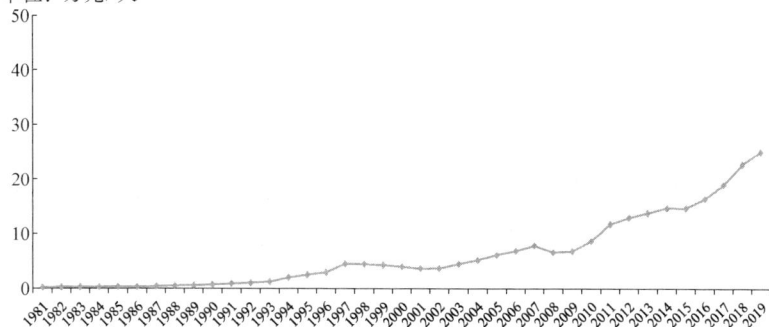

图 4-24　四川省财政支出效率走势(1981—2019 年)

为 0.42 万元/人;2011 年(11.7 万元/人)跨上 10 万元,1992—2010 年平均效率为 4.56 万元/人;2018 年(22.7 万元/人)迈上 20 万元,2011—2017 年平均效率为 14.7 万元/人;2018—2019 年平均效率为 23.9 万元/人。分税制改革前 1981—1993 年平均效率为 0.53 万元/人,1994—2019 年分税制改革后平均效率为 9.05 万元/人。

贵州省财政支出效率 1981 年(0.12 万元/人),与全国 1975 年(0.12 万元/人)基本相当,1994 年(1.07 万元/人)过万元,分税制改革前 1981—1993 年平均效率为 0.33 万元/人;2017 年(11.1 万元/人)跨上 10 万元,1994—2016 年平均效率为 3.12 万元/人,2017—2019 年平均效率为 12.4 万元/人。1994—2019 年分税制改革后平均效率为 4.19 万元/人。

单位:万元/人

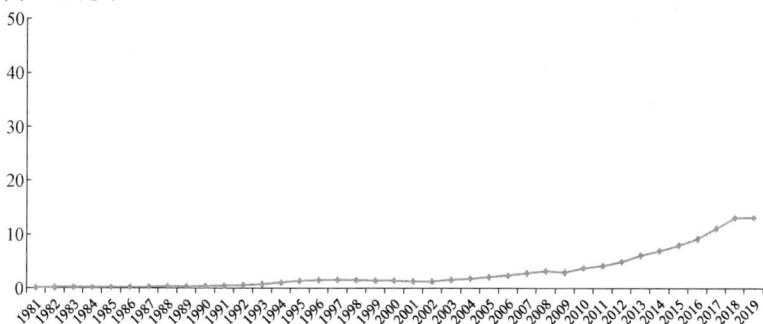

图 4-25 贵州省财政支出效率走势(1981—2019 年)

云南省财政支出效率 1981 年(0.17 万元/人),与全国 1980 年(0.17 万元/人)基本相当,1994 年(1.21 万元/人)过万元,分税制改革前 1981—1993 年平均效率为 0.39 万元/人;2018 年(14.9 万元/人)跨上 10 万元,1994—2017 年平均效率为 4.37 万元/人,2018—2019 年平均效率为 15.6 万元/人。1994—2019 年分税制改革后平均效率为 5.24

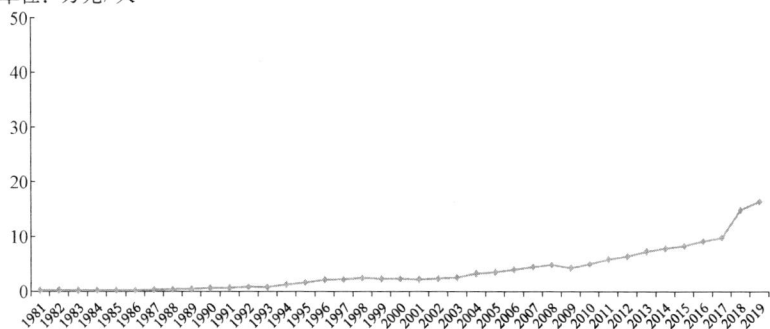

单位：万元/人

图 4 - 26　云南省财政支出效率走势(1981—2019 年)

万元/人。

西藏自治区财政支出效率 1981 年(0.13 万元/人)，与全国 1977 年 (0.13 万元/人)基本相当，2004 年(1.32 万元/人)过万元，1981—2003 年平均效率为 0.39 万元/人；缓步提升至 2019 年(3.77 万元/人)， 2004—2019 年平均效率为 2.05 万元/人。分税制改革前 1981—1993 年平均效率为 0.18 万元/人，1994　2019 年分税制改革后平均效率为 1.51 万元/人。

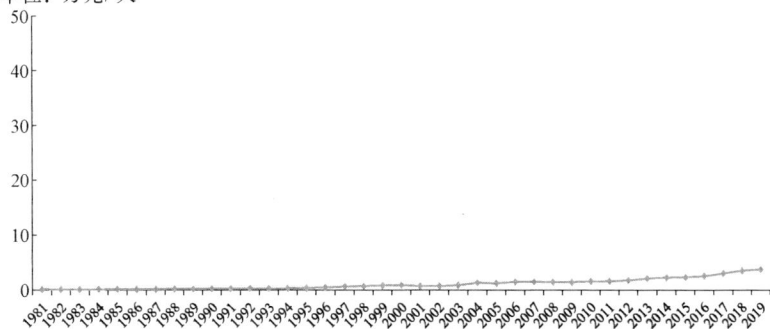

单位：万元/人

图 4 - 27　西藏自治区财政支出效率走势(1981—2019 年)

陕西省财政支出效率 1981 年（0.22 万元/人），与全国 1981 年（0.22万元/人）基本相当，1991 年（1.12 万元/人）过万元，1981—1990 年平均效率为 0.48 万元/人；2010 年（12.4 万元/人）过 10 万元，1991—2009 年平均效率为 4.46 万元/人；2014 年（20.9 万元/人）过 20 万元，2010—2013 年平均效率为 15.6 万元/人；2015 年（19.6 万元/人）小幅回落之后持续提升至 2019 年（30.0 万元/人），2014—2019 年平均效率为 24.5 万元/人。分税制改革前 1981—1993 年平均效率为 0.69 万元/人，1994—2019 年分税制改革后平均效率为 11.1 万元/人。

单位：万元/人

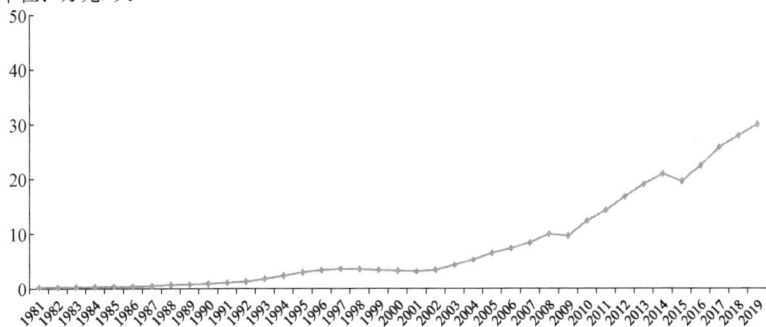

图 4-28　陕西省财政支出效率走势（1981—2019 年）

甘肃省财政支出效率 1981 年（0.23 万元/人），较全国 1981 年（0.22 万元/人）略高，1994 年（1.20 万元/人）过万元，分税制改革前 1981—1993 年平均效率为 0.46 万元/人；缓步提升至 2019 年（7.26 万元/人），1994—2019 年分税制改革后平均效率为 4.06 万元/人。

青海省财政支出效率 1981 年（0.15 万元/人），较全国 1980 年（0.17万元/人）略低，1993 年（1.14 万元/人）过万元，之后缓步提升至 2019 年（7.76 万元/人）。分税制改革前 1981—1993 年平均效率为0.46 万元/人；1994—2019 年分税制改革后平均效率为 4.16 万元/人。

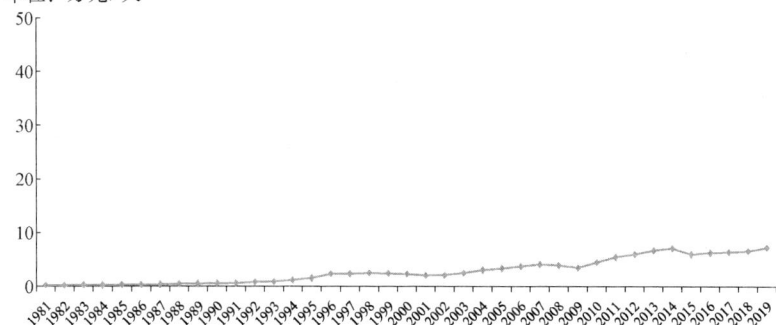

图 4‑29　甘肃省财政支出效率走势(1981—2019 年)

单位：万元/人

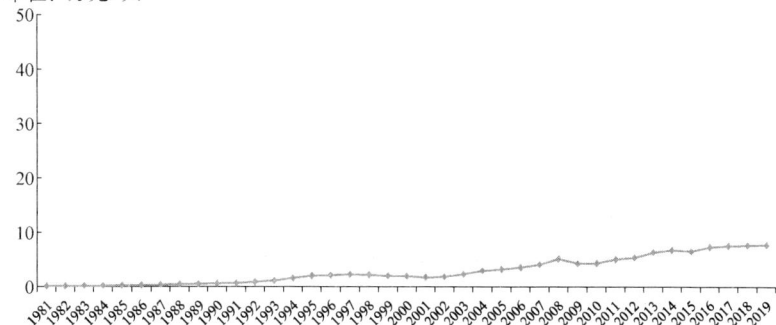

图 4‑30　青海省财政支出效率走势(1981—2019 年)

宁夏回族自治区财政支出效率 1981 年(0.17 万元/人)，与全国 1980 年(0.17 万元/人)基本相当，1993 年(1.14 万元/人)过万元，分税制改革前 1981—1993 年平均效率为 0.43 万元/人；2013 年(11.0 万元/人)过 10 万元，1993—2012 年平均效率为 4.31 万元/人；之后缓步提升至 2019 年(14.1 万元/人)，2013—2019 年平均效率为 12.1 万元/人。1994—2019 年分税制改革后平均效率为 6.53 万元/人。

单位：万元/人

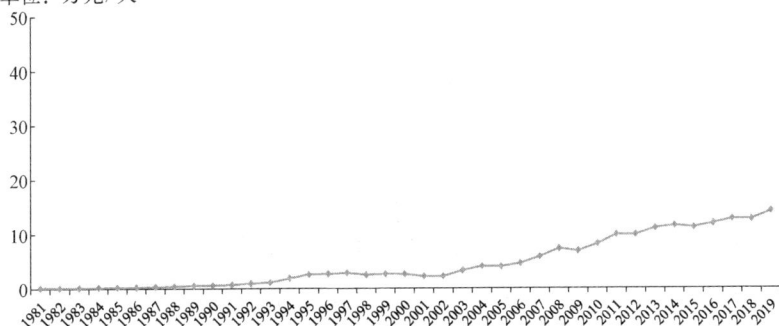

图 4 - 31　宁夏回族自治区财政支出效率走势（1981—2019 年）

新疆维吾尔自治区财政支出效率 1981 年（0.18 万元/人），较全国 1980 年（0.17 万元/人）略高，1991 年（1.44 万元/人）过万元，1981—1990 年平均效率为 0.44 万元/人；2013 年（10.3 万元/人）过 10 万元，提升至 2014 年（11.3 万元/人）后经历 U 形阶段至 2018 年（13.2 万元/人），再微幅提升至 2019 年（13.9 万元/人），底部在 2016 年（9.38 万元/人），2013—2019 年平均效率为 11.2 万元/人。分税制改革前 1981—1993 年平均效率为 0.77 万元/人，1994—2019 年分税制改革后平均效率为 7.29 万元/人。

单位：万元/人

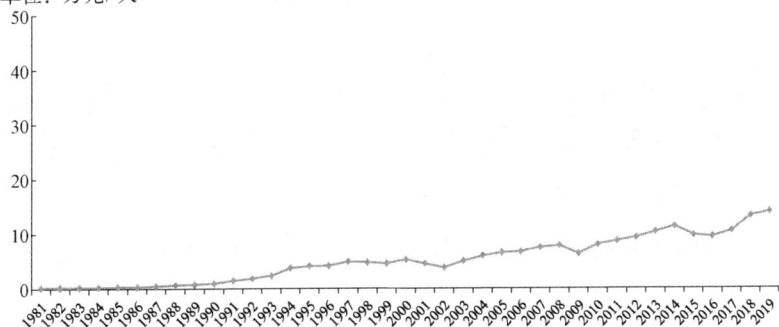

图 4 - 32　新疆维吾尔自治区财政支出效率走势（1981—2019 年）

西部十二省(自治区、直辖市)公共产品价值都偏低,反映出西部地区的财政支出效率较低。从西部十二省(自治区、直辖市)的走势图还可看出,在2004年财政支出效率有个较大的跳跃,这既是党的十六届三中全会《中共中央关于完善社会主义市场经济体制若干问题的决定》对西部地区的正面影响,也是西部大开发深入推进带来的积极反应。特别的是西藏自治区,接受大量来自中央、发达省(市)的转移支付,在自身财政收入并未显著增加的同时,可支配财政支出逐年大幅上升,这是国家对西藏自治区的特殊政策支持,对保持西藏的社会稳定、经济平稳发展具有非常重大作用和意义。

五、 财政支出效率与物价指数动态比较

在采用公共产品价值评价财政支出效率时,是用绝对量进行比较,虽然在1953—2019年期间,全国以及各省(自治区、直辖市)的财政支出效率整体呈上扬态势,但在这期间上我国的物价指数在大多时间也是上扬的。1953—2019年全国财政支出效率增速与物价指数的比较,如图4-33所示[①]。

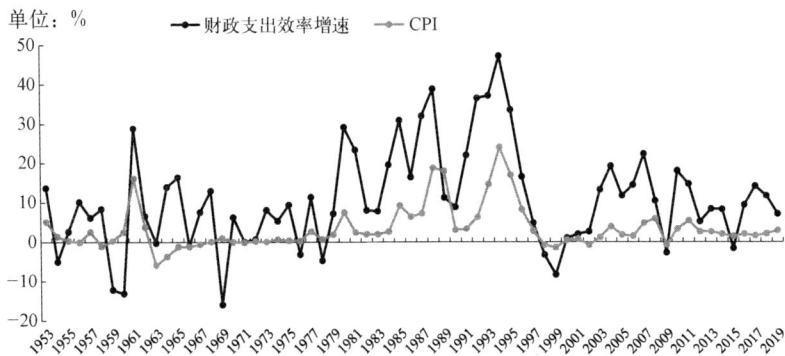

图4-33 全国财政支出效率增速与物价指数(CPI)比较(1953—2019年)

---

① 国家统计局国家数据网站. https://data.stats.gov.cn/easyquery.htm? cn=C01. 2020,8,25.

从图 4 - 33 可以看出,1953—2019 年的六十七年间,我国基于公共产品价值的财政支出效率增速走势与 CPI 的走势惊人的一致,也就是公共产品的价值变动与物价变动方向是一致的。比较财政支出效率增速与 CPI 的走势,前者的变动幅度大于后者,改革开放后的大部分财政支出效率增速是 CPI 的 2～5 倍;最大的倍数出现在 2003 年(为 11.1倍),这一年的 CPI 较低,仅为 1.2%,而财政支出效率的增速为 13.3%,也不算高。整个六十七年中,CPI 和基于公共产品价值的财政支出效率最大增速值均出现在 1994 年,分别为 24.1% 和 47.3%,在这年,分税制改革开始实施,财政支出效率的增速接近于 CPI 的 2 倍。

因此,基于物价因素的影响,我国财政支出效率的实际价值要在现价基础上打折扣,大体上财政支出效率增长的速度要在现价的基础上减去 20%～50%,从这个意义上讲,财政支出效率的成绩有 20%～50% 是由物价涨幅贡献的,真正可用以购买公共产品的能力并不是表面展现的那么强大。事实上,各省(自治区、直辖市)也存在与全国一样的情况,只不过,各地的物价指数有异,在由公共产品价值确定财政支出效率的实际值时会有所不同。

第三节　基于公共产品价值的财政支出效率比较

采用公共产品价值衡量财政支出的效率,获得了全国及各省(自治区、直辖市)的财政支出效率水平。对改革开放之后"六五"计划开始的 1981 年以来,各地财政支出效率序列进行相关的统计分析,可以从总体上把握发展趋势。由分别获得的各地财政支出效率时间序列的统计检验,获取系列间的差异和相似性,从而分析各地财政支出效率之间的特性。分别对东、中、西部各省(自治区、直辖市)的财政支出效率序列进行两两比较,并将各省(自治区、直辖市)与全国进行财政支出效率比较,分析各地财政支出效率随时间变动的差异和波动性差异情况。

一、东部地区财政支出效率比较

运用统计软件 IBM SPSS Statistics 20 对东部地区各省(直辖市)财政支出效率进行两两 T 检验和 Levene 方差检验,结果如表 4-1 所示(表中字母代表不同地区。BJ:北京市,TJ:天津市,HB:河北省,LN:辽宁省,SH:上海市,JS:江苏省,ZJ:浙江省,FJ:福建省,SD:山东省,GD:广东省,HN:海南省)。

表 4-1 对东部地区各省(直辖市)财政支出效率进行
两两 T 检验和 Levene 方差检验的结果

东 部	均 值		t-值	df	p	有效 N		标准差		F-ratio 方差	p-值 方差
	组 1	组 2				组 1	组 2	组 1	组 2		
BJ vs. TJ	23.195 7	23.152 4	0.009	76	0.993	39	39	20.063 5	21.019 2	1.559	0.457
BJ vs. HB	23.195 7	10.839 0	3.529	76	0.001	39	39	20.063 5	8.689 9	26.057	0.000
BJ vs. LN	23.195 7	12.965 1	2.772	76	0.007	39	39	20.063 5	11.342 5	14.495	0.000
BJ vs. SH	23.195 7	24.756 3	−0.360	76	0.720	39	39	20.063 5	18.160 9	0.698	0.406
BJ vs. JS	23.195 7	27.447 3	−0.774	76	0.441	39	39	20.063 5	27.838 5	3.386	0.070
BJ vs. ZJ	23.195 7	24.992 6	−0.378	76	0.707	39	39	20.063 5	21.913 0	0.605	0.439
BJ vs. FJ	23.195 7	20.261 8	0.613	76	0.542	39	39	20.063 5	22.167 3	0.039	0.845
BJ vs. SD	23.195 7	20.334 8	0.649	76	0.518	39	39	20.063 5	18.829 3	0.004	0.951
BJ vs. GD	23.195 7	19.819 7	0.776	76	0.440	39	39	20.063 5	18.303 7	0.088	0.767
BJ vs. HN	23.195 7	6.982 1	4.482	69	0.000	39	32	20.063 5	4.302 2	49.395	0.000
TJ vs. HB	23.152 4	10.839 0	3.381	76	0.001	39	39	21.019 2	8.689 9	44.292	0.000
TJ vs. LN	23.152 4	12.965 1	2.664	76	0.009	39	39	21.019 2	11.342 5	25.662	0.000
TJ vs. SH	23.152 4	24.756 3	−0.361	76	0.719	39	39	21.019 2	18.160 9	2.715	0.104
TJ vs. JS	23.152 4	27.447 3	−0.769	76	0.444	39	39	21.019 2	27.838 5	1.766	0.188

东 部	均 值		t-值	df	p	有效 N		标准差		F-ratio 方差	p-值 方差
	组1	组2				组1	组2	组1	组2		
TJ vs. ZJ	23.152 4	24.992 6	−0.378	76	0.706	39	39	21.019 2	21.913 0	0.007	0.931
TJ vs. FJ	23.152 4	20.261 8	0.591	76	0.556	39	39	21.019 2	22.167 3	0.193	0.662
TJ vs. SD	23.152 4	20.334 8	0.624	76	0.535	39	39	21.019 2	18.829 3	0.829	0.365
TJ vs. GD	23.152 4	19.819 7	0.747	76	0.458	39	39	21.019 2	18.303 7	1.368	0.246
TJ vs. HN	23.152 4	6.982 1	4.274	69	0.000	39	32	21.019 2	4.302 2	77.421	0.000
HB vs. LN	10.839 0	12.965 1	−0.929	76	0.356	39	39	8.689 9	11.342 5	2.251	0.138
HB vs. SH	10.839 0	24.756 3	−4.317	76	0.000	39	39	8.689 9	18.160 9	17.411	0.000
HB vs. JS	10.839 0	27.447 3	−3.556	76	0.001	39	39	8.689 9	27.838 5	31.697	0.000
HB vs. ZJ	10.839 0	24.992 6	−3.750	76	0.000	39	39	8.689 9	21.913 0	35.505	0.000
HB vs. FJ	10.839 0	20.261 8	−2.471	76	0.016	39	39	8.689 9	22.167 3	18.816	0.000
HB vs. SD	10.839 0	20.334 8	−2.860	76	0.005	39	39	8.689 9	18.829 3	38.492	0.000
HB vs. GD	10.839 0	19.819 7	−2.768	76	0.007	39	39	8.689 9	18.303 7	35.486	0.000
HB vs. HN	10.839 0	6.982 1	2.289	69	0.025	39	32	8.689 9	4.302 2	27.272	0.000
LN vs. SH	12.965 1	24.756 3	−3.439	76	0.001	39	39	11.342 5	18.160 9	8.395	0.005
LN vs. JS	12.965 1	27.447 3	−3.009	76	0.004	39	39	11.342 5	27.838 5	22.758	0.000
LN vs. ZJ	12.965 1	24.992 6	−3.044	76	0.003	39	39	11.342 5	21.913 0	21.577	0.000
LN vs. FJ	12.965 1	20.261 8	−1.830	76	0.071	39	39	11.342 5	22.167 3	11.346	0.001
LN vs. SD	12.965 1	20.334 8	−2.094	76	0.040	39	39	11.342 5	18.829 3	19.725	0.000
LN vs. GD	12.965 1	19.819 7	−1.988	76	0.050	39	39	11.342 5	18.303 7	17.558	0.000
LN vs. HN	12.965 1	6.982 1	2.819	69	0.006	39	32	11.342 5	4.302 2	26.399	0.000
SH vs. JS	24.756 3	27.447 3	−0.506	76	0.615	39	39	18.160 9	27.838 5	6.292	0.014
SH vs. ZJ	24.756 3	24.992 6	−0.052	76	0.959	39	39	18.160 9	21.913 0	2.602	0.111
SH vs. FJ	24.756 3	20.261 8	0.979	76	0.330	39	39	18.160 9	22.167 3	0.855	0.358
SH vs. SD	24.756 3	20.334 8	1.056	76	0.295	39	39	18.160 9	18.829 3	0.762	0.386
SH vs. GD	24.756 3	19.819 7	1.196	76	0.236	39	39	18.160 9	18.303 7	0.407	0.525
SH vs. HN	24.756 3	6.982 1	5.407	69	0.000	39	32	18.160 9	4.302 2	39.102	0.000

东 部	均 值		t-值	df	p	有效 N		标准差		F-ratio 方差	p-值 方差
	组1	组2				组1	组2	组1	组2		
JS vs. ZJ	27.447 3	24.992 6	0.433	76	0.666	39	39	27.838 5	21.913 0	1.462	0.230
JS vs. FJ	27.447 3	20.261 8	1.261	76	0.211	39	39	27.838 5	22.167 3	2.328	0.131
JS vs. SD	27.447 3	20.334 8	1.322	76	0.190	39	39	27.838 5	18.829 3	4.023	0.048
JS vs. GD	27.447 3	19.819 7	1.430	76	0.157	39	39	27.838 5	18.303 7	4.788	0.032
JS vs. HN	27.447 3	6.982 1	4.113	69	0.000	39	32	27.838 5	4.302 23	44.481	0.000
ZJ vs. FJ	24.992 6	20.261 8	0.948	76	0.346	39	39	21.913 0	22.167 3	0.238	0.627
ZJ vs. SD	24.992 6	20.334 8	1.007	76	0.317	39	39	21.913 0	18.829 3	0.853	0.358
ZJ vs. GD	24.992 6	19.819 7	1.131	76	0.261	39	39	21.913 0	18.303 7	1.345	0.250
ZJ vs. HN	24.992 6	6.982 1	4.572	69	0.000	39	32	21.913 0	4.302 2	59.946	0.000
FJ vs. SD	20.261 8	20.334 8	−0.016	76	0.988	39	39	22.167 3	18.829 3	0.070	0.792
FJ vs. GD	20.261 8	19.819 7	0.096	76	0.924	39	39	22.167 3	18.303 7	0.217	0.643
FJ vs. HN	20.261 8	6.982 1	3.334	69	0.001	39	32	22.167 3	4.302 2	33.388	0.000
SD vs. GD	20.334 8	19.819 7	0.122	76	0.903	39	39	18.829 3	18.303 7	0.073	0.787
SD vs. HN	20.334 8	6.982 1	3.924	69	0.000	39	32	18.829 3	4.302 2	77.209	0.000
GD vs. HN	19.819 7	6.982 1	3.876	69	0.000	39	32	18.303 7	4.302 2	74.180	0.000

从表4-1可以看出，按5％的统计检验显著性水平，在东部十一省（直辖市）中，海南省与其他省（直辖市）财政支出效率均值和波动性都存在显著差异，且效率均值和波动性都显著低于其他10省（直辖市）。其次，河北省在这期间，与除辽宁省之外的9个省（直辖市）财政支出效率均值和波动性都存在显著差异，且效率均值和波动性都显著小于除海南省之外的8个省（直辖市）。辽宁省财政支出效率均值与除河北和福建两省外的其他8个省（直辖市）存在显著差异，且表现为显著小于除海南省之外的7个省（直辖市）；而效率波动性则与除河

北省之外的 9 个省(直辖市)存在显著差异,表现为波动性显著小于除海南省之外的 8 个省(直辖市)。此外,江苏省与上海市、山东省、广东省财政支出效率均值不存在显著差异,但效率波动性存在显著差异,表现为江苏省财政支出效率波动性显著大于上海市和山东、广东两省。

因此,通过研究 1981—2019 年东部地区财政支出效率的高低程度和波动性差异,可进一步将 11 个省(直辖市)大致分成五个板块:第一板块为江苏省,第二板块为北京、上海、天津三个直辖市和浙江省,第三板块为山东、广东、福建三个省,第四板块为河北和辽宁两个省,第五板块为海南一个省。事实上,财政支出效率的这种格局,与经济发展水平有一定的相似性,但不具有一致性。总体上,经济发展水平高的地区,财政支出效率表现也较高。但从改革开放以来的较长时间段的整体走势看,江苏省依靠较大的财政收支波动拉动财政支出效率值总体较高,三个直辖市和浙江省则是依靠较长期的稳定财政收支保持较高的财政支出效率值,福建、山东、广东三省则是依靠一定的财政收支波动拉动财政支出效率,但由于经济发展发力相对较晚,在整个长时间段上表现的效率值较前两个板块低一些,第四和第五板块则是东部经济发展显著后进的地区,其中海南省的基础较弱。

二、 中部地区财政支出效率比较

运用统计软件 IBM SPSS Statistics 20 对中部地区各省财政支出效率进行两两 T 检验和 Levene 方差检验,结果如表 4 - 2 所示(表中用字母代表不同地区。SX:山西省,JL:吉林省,HLJ:黑龙江省,AH:安徽省,JX:江西省,HeN:河南省,HuB:湖北省,HuN:湖南省)。

表4-2 对中部地区各省财政支出效率进行两两 T
检验和 Levene 方差检验的结果

中 部	均 值		t -值	df	p	有效 N		标准差		F -ratio 方差	p -值 方差
	组 1	组 2				组 1	组 2	组 1	组 2		
SX vs. JL	6.616 5	8.066 9	−0.944	76	0.348	39	39	5.676 7	7.741 0	4.007	0.049
SX vs. HLJ	6.616 5	7.336 3	−0.582	76	0.563	39	39	5.676 7	5.245 4	0.859	0.357
SX vs. AH	6.616 5	6.850 9	−0.159	76	0.874	39	39	5.676 7	7.235 9	0.281	0.598
SX vs. JX	6.616 5	6.237 8	0.288	76	0.774	39	39	5.676 7	5.925 9	0.002	0.966
SX vs. HeN	6.616 5	9.296 2	−1.589	76	0.116	39	39	5.676 7	8.868 5	9.259	0.003
SX vs. HuB	6.616 5	10.717 6	−1.968	76	0.053	39	39	5.676 7	11.712 5	13.402	0.000
SX vs. HuN	6.616 5	8.455 6	−1.126	76	0.264	39	39	5.676 7	8.472 3	6.102	0.016
JL vs. HLJ	8.066 9	7.336 3	0.488	76	0.627	39	39	7.741 0	5.245 4	7.259	0.009
JL vs. AH	8.066 9	6.850 9	0.717	76	0.476	39	39	7.741 0	7.235 9	1.205	0.276
JL vs. JX	8.066 9	6.237 8	1.172	76	0.245	39	39	7.741 0	5.925 9	3.660	0.060
JL vs. HeN	8.066 9	9.296 2	−0.652	76	0.516	39	39	7.741 0	8.868 5	1.072	0.304
JL vs. HuB	8.066 9	10.717 6	−1.179	76	0.242	39	39	7.741 0	11.712 5	4.741	0.033
JL vs. HuN	8.066 9	8.455 6	−0.212	76	0.833	39	39	7.741 0	8.472 3	0.300	0.586
HLJ vs. AH	7.336 3	6.850 9	0.339	76	0.735	39	39	5.245 4	7.235 9	1.377	0.244
HLJ vs. JX	7.336 3	6.237 8	0.867	76	0.389	39	39	5.245 4	5.925 9	0.638	0.427
HLJ vs. HeN	7.336 3	9.296 2	−1.188	76	0.239	39	39	5.245 4	8.868 5	13.474	0.000
HLJ vs. HuB	7.336 3	10.717 6	−1.645	76	0.104	39	39	5.245 4	11.712 5	16.912	0.000
HLJ vs. HuN	7.336 3	8.455 6	−0.702	76	0.485	39	39	5.245 4	8.472 5	9.631	0.003
AH vs. JX	6.850 9	6.237 8	0.409	76	0.683	39	39	7.235 9	5.925 9	0.286	0.594
AH vs. HeN	6.850 9	9.296 2	−1.334	76	0.186	39	39	7.235 9	8.868 5	4.022	0.048
AH vs. HuB	6.850 9	10.717 6	−1.754	76	0.083	39	39	7.235 9	11.712 5	8.405	0.005
AH vs. HuN	6.850 9	8.455 6	−0.899	76	0.371	39	39	7.235 9	8.472 3	2.401	0.125
JX vs. HeN	6.237 8	9.296 2	−1.791	76	0.077	39	39	5.925 9	8.868 5	8.491	0.005
JX vs. HuB	6.237 8	10.717 6	−2.131	76	0.036	39	39	5.925 9	11.712 5	12.839	0.001

中　部	均　　值		t-值	df	p	有效 N		标准差		F-ratio 方差	p-值 方差
	组 1	组 2				组 1	组 2	组 1	组 2		
JX vs. HuN	6.237 8	8.455 6	−1.340	76	0.184	39	39	5.925 9	8.472 3	5.628	0.020
HeN vs. HuB	9.296 2	10.717 6	−0.604	76	0.547	39	39	8.868 5	11.712 5	1.822	0.181
HeN vs. HuN	9.296 2	8.455 6	0.428	76	0.670	39	39	8.868 5	8.472 3	0.211	0.647
HuB vs. HuN	10.717 6	8.455 6	0.977	76	0.332	39	39	11.712 5	8.472 3	2.904	0.092

从表 4-2 的差异性检验结果可以看出，按 5% 的统计检验显著水平，中部八省之间的财政支出效率均值差异性较小，除江西省与湖北省的效率均值有显著差异，且湖北省显著高于江西省，其他各省之间财政支出效率均值无显著差异。而八省间财政支出效率波动性差异表现较为突出：山西省与吉林、河南、湖北、湖南、黑龙江五省财政支出效率波动性存在显著差异，且显著大于黑龙江省，显著小于另外四省；吉林省财政支出效率波动性显著小于湖北省、大于山西省，而与其他五省无显著差异；黑龙江省财政支出效率波动性显著小于山西、河南、湖北、湖南四省，而与其他三省无显著差异；江西省财政支出效率波动性显著小于湖北、湖南两省，与其他五省无显著差异。从中可看出，中部八省的财政支出效率值差异性较小，而实现财政支出效率值的结构特征却有较大差异。

中部地区八省按财政支出效率可分为两个板块：山西、安徽、江西、吉林、黑龙江五省为效率水平较低且效率波动性较小的板块；河南、湖北、湖南三省为效率较高且效率波动性较大的板块。中部各省财政支出效率之间的特性差异与经济发展状况具有一定的一致性，因此通过省级财政支出效率的发展情况可大致观察出经济发展情况，反之亦然。从中部八省的财政支出效率差异可以直观看出，中部地区各省之间的经济发展差异较小。

三、 西部地区财政支出效率比较

运用统计软件 IBM SPSS Statistics 20 对西部地区各省(自治区、直辖市)财政支出效率进行两两 T 检验和 Levene 方差检验,结果如表 4-3所示(表中用字母代表不同地区。NMG:内蒙古自治区,GX:广西壮族自治区,CQ:重庆市,SC:四川省,GZ:贵州省,YN:云南省,XZ:西藏自治区,ShX:陕西省,GS:甘肃省,QH:青海省,NX:宁夏回族自治区,XJ:新疆维吾尔自治区)。

表 4-3　对西部各省(自治区、直辖市)财政支出效率
进行两两 T 检验和 Levene 方差检验的结果

西　部	均　值		t-值	df	p	有效 N		标准差		F-ratio 方差	p-值 方差
	组 1	组 2				组 1	组 2	组 1	组 2		
NMG vs. GX	10.316 6	5.620 7	2.347	76	0.022	39	39	11.300 7	5.327 0	37.018	0.000
NMG vs. CQ	10.316 6	14.161 5	−1.377	60	0.174	39	23	11.300 7	9.325 9	3.721	0.058
NMG vs. SC	10.316 6	6.212 7	1.955	76	0.054	39	39	11.300 7	6.644 4	22.260	0.000
NMG vs. GZ	10.316 6	2.906 5	3.905	76	0.000	39	39	11.300 7	3.562 2	70.677	0.000
NMG vs. YN	10.316 6	3.624 9	3.492	76	0.001	39	39	11.300 7	3.935 5	62.677	0.000
NMG vs. XZ	10.316 6	1.070 7	5.090	76	0.000	39	39	11.300 7	0.993 6	133.10	0.000
NMG vs. ShX	10.316 6	7.661 0	1.161	76	0.249	39	39	11.300 7	8.732 4	6.907	0.010
NMG vs. GS	10.316 6	2.859 4	4.036	76	0.000	39	39	11.300 7	2.333 7	97.160	0.000
NMG vs. QH	10.316 6	2.923 3	3.990	76	0.000	39	39	11.300 7	2.492 2	93.152	0.000
NMG vs. NX	10.316 6	4.500 8	2.990	76	0.004	39	39	11.300 7	4.451 3	51.153	0.000
NMG vs. XJ	10.316 6	5.119 1	2.713	76	0.008	39	39	11.300 7	3.933 3	61.392	0.000
GX vs. CQ	5.620 7	14.161 5	−4.601	60	0.000	39	23	5.327 0	9.325 9	7.940	0.007
GX vs. SC	5.620 7	6.212 7	−0.434	76	0.665	39	39	5.327 0	6.644 4	0.732	0.395
GX vs. GZ	5.620 7	2.906 5	2.645	76	0.010	39	39	5.327 0	3.562 2	10.189	0.002
GX vs. YN	5.620 7	3.624 9	1.882	76	0.064	39	39	5.327 0	3.935 5	6.504	0.013
GX vs. XZ	5.620 7	1.070 7	5.244	76	0.000	39	39	5.327 0	0.993 6	66.301	0.000

西　部	均　　值		t-值	df	p	有效 N		标准差		F-ratio 方差	p-值 方差
	组 1	组 2				组 1	组 2	组 1	组 2		
GX vs. ShX	5.620 7	7.661 0	−1.246	76	0.217	39	39	5.327 0	8.732 4	7.819	0.007
GX vs. GS	5.620 7	2.859 4	2.965	76	0.004	39	39	5.327 0	2.333 7	27.161	0.000
GX vs. QH	5.620 7	2.923 3	2.864	76	0.005	39	39	5.327 0	2.492 2	23.742	0.000
GX vs. NX	5.620 7	4.500 8	1.007	76	0.317	39	39	5.327 0	4.451 3	1.540	0.218
GX vs. XJ	5.620 7	5.119 1	0.473	76	0.638	39	39	5.327 0	3.933 3	5.035	0.028
CQ vs. SC	14.161 5	6.212 7	3.908	60	0.000	23	39	9.325 9	6.644 4	3.434	0.069
CQ vs. GZ	14.161 5	2.906 5	6.775	60	0.000	23	39	9.325 9	3.562 2	23.189	0.000
CQ vs. YN	14.161 5	3.624 9	6.206	60	0.000	23	39	9.325 9	3.935 5	19.362	0.000
CQ vs. XZ	14.161 5	1.070 7	8.732	60	0.000	23	39	9.325 9	0.993 6	57.648	0.000
CQ vs. ShX	14.161 5	7.661 0	2.761	60	0.008	23	39	9.325 9	8.732 4	0.072	0.789
CQ vs. GS	14.161 5	2.859 4	7.232	60	0.000	23	39	9.325 9	2.333 7	36.730	0.000
CQ. vs. QH	14.161 5	2.923 3	7.142	60	0.000	23	39	9.325 9	2.492 2	34.521	0.000
CQ vs. NX	14.161 5	4.500 8	5.512	60	0.000	23	39	9.325 9	4.451 3	13.661	0.000
CQ vs. XJ	14.161 5	5.119 1	5.327	60	0.000	23	39	9.325 9	3.933 3	18.446	0.000
SC vs. GZ	6.212 7	2.906 5	2.739	76	0.008	39	39	6.644 4	3.562 2	11.255	0.001
SC vs. YN	6.212 7	3.624 9	2.093	76	0.040	39	39	6.644 4	3.935 5	8.231	0.005
SC vs. XZ	6.212 7	1.070 7	4.780	76	0.000	39	39	6.644 4	0.993 6	43.527	0.000
SC vs. ShX	6.212 7	7.661 0	−0.824	76	0.412	39	39	6.644 4	8.732 4	3.320	0.072
SC vs. GS	6.212 7	2.859 4	2.974	76	0.004	39	39	6.644 4	2.333 7	21.936	0.000
SC vs. QH	6.212 7	2.923 3	2.895	76	0.005	39	39	6.644 4	2.492 2	19.842	0.000
SC vs. NX	6.212 7	4.500 8	1.337	76	0.185	39	39	6.644 4	4.451 3	3.436	0.068
SC vs. XJ	6.212 7	5.119 1	0.884	76	0.379	39	39	6.644 4	3.933 3	6.858	0.011
GZ vs. YN	2.906 5	3.624 9	−0.845	76	0.401	39	39	3.562 2	3.935 5	0.332	0.566
GZ vs. XZ	2.906 5	1.070 7	3.100	76	0.003	39	39	3.562 2	0.993 6	21.988	0.000
GZ vs. ShX	2.906 5	7.661 0	−3.148	76	0.002	39	39	3.562 2	8.732 4	24.858	0.000

西　部	均　值		t-值	df	p	有效 N		标准差		F-ratio 方差	p-值 方差
	组1	组2				组1	组2	组1	组2		
GZ vs. GS	2.906 5	2.859 4	0.069	76	0.945	39	39	3.562 2	2.333 7	2.420	0.124
GZ vs. QH	2.906 5	2.923 3	−0.024	76	0.981	39	39	3.562 2	2.492 2	1.455	0.232
GZ vs. NX	2.906 5	4.500 8	−1.746	76	0.085	39	39	3.562 2	4.451 3	4.801	0.032
GZ vs. XJ	2.906 5	5.119 1	−2.604	76	0.011	39	39	3.562 2	3.933 3	1.311	0.256
YN vs. XZ	3.624 9	1.070 7	3.930	76	0.000	39	39	3.935 5	0.993 6	26.173	0.000
YN vs. ShX	3.624 9	7.661 0	−2.632	76	0.010	39	39	3.935 5	8.732 4	20.733	0.000
YN vs. GS	3.624 9	2.859 4	1.045	76	0.299	39	39	3.935 5	2.333 7	4.705	0.033
YN vs. QH	3.624 9	2.923 3	0.941	76	0.350	39	39	3.935 5	2.492 2	3.368	0.070
YN vs. NX	3.624 9	4.500 8	−0.921	76	0.360	39	39	3.935 5	4.451 3	2.287	0.135
YN vs. XJ	3.624 9	5.119 1	−1.677	76	0.098	39	39	3.935 47	3.933 3	0.250	0.618
XZ vs. ShX	1.070 7	7.661 0	−4.683	76	0.000	39	39	0.993 6	8.732 4	59.830	0.000
XZ vs. GS	1.070 7	2.859 4	−4.404	76	0.000	39	39	0.993 6	2.333 7	29.547	0.000
XZ vs. QH	1.070 7	2.923 3	−4.312	76	0.000	39	39	0.993 6	2.492 2	34.052	0.000
XZ vs. NX	1.070 7	4.500 8	−4.697	76	0.000	39	39	0.993 6	4.451 3	63.094	0.000
XZ vs. XJ	1.070 7	5.119 1	−6.232	76	0.000	39	39	0.993 6	3.933 3	44.323	0.000
ShX vs. GS	7.661 0	2.859 4	3.317	76	0.001	39	39	8.732 4	2.333 7	37.928	0.000
ShX vs. QH	7.661 0	2.923 3	3.258	76	0.002	39	39	8.732 4	2.492 2	35.608	0.000
ShX vs. NX	7.661 0	4.500 8	2.014	76	0.048	39	39	8.732 4	4.451 3	13.820	0.000
ShX vs. XJ	7.661 0	5.119 1	1.657	76	0.102	39	39	8.732 4	3.933 3	19.140	0.000
GS vs. QH	2.859 4	2.923 3	−0.117	76	0.907	39	39	2.333 7	2.492 2	0.256	0.614
GS vs. NX	2.859 4	4.500 8	−2.040	76	0.045	39	39	2.333 7	4.451 3	19.340	0.000
GS vs. XJ	2.859 4	5.119 1	−3.086	76	0.003	39	39	2.333 7	3.933 3	9.744	0.003
QH vs. NX	2.923 3	4.500 8	−1.931	76	0.057	39	39	2.492 2	4.451 3	16.009	0.000
QH vs. XJ	2.923 3	5.119 1	−2.945	76	0.004	39	39	2.492 2	3.933 3	7.453	0.008
NX vs. XJ	4.500 8	5.119 1	−0.650	76	0.518	39	39	4.451 3	3.933 3	1.220	0.273

从表 4-3 的检验结果可看出,按 5% 的统计检验显著水平,西部十二省(自治区、直辖市)之间财政支出效率差异性比较复杂。西藏自治区的财政支出效率均值和波动性都显著低于其他 11 个省(自治区、直辖市)。重庆市的财政支出效率均值和波动性与内蒙古自治区都无显著差异,均值显著大于陕西和四川两省,而波动性与这两省无显著差异,均值和波动性都大于其余 8 个省(自治区、直辖市)。内蒙古自治区的财政支出效率均值和波动性与重庆市、四川省都无显著差异,均值与陕西省无显著差异,而波动性显著大于陕西省,均值和波动性都显著大于其余 8 个省(自治区、直辖市)。四川省的财政支出效率均值和波动性与陕西省、宁夏回族自治区、广西壮族自治区、内蒙古自治区无显著差异,均值和波动性都显著大于贵州、云南、甘肃、青海四省和西藏自治区,均值显著小于重庆市而波动性与重庆市无显著差异,均值与新疆维吾尔自治区无显著差异但波动性较之更大。陕西省的财政支出效率均值和波动性与四川省都无显著差异,均值显著小于重庆市而波动性与重庆市无显著差异,均值与内蒙古自治区、广西壮族自治区、新疆维吾尔自治区无显著差异,而波动性则显著大于内蒙古自治区、显著小于广西壮族自治区和新疆维吾尔自治区,均值和波动性都显著大于其余 6 个省(自治区)。广西壮族自治区的财政支出效率均值和波动性都大于贵州、甘肃、青海三省和西藏自治区,小于重庆市和内蒙古自治区,而与四川省和宁夏回族自治区无显著差异;均值与云南省、新疆维吾尔自治区和陕西省无显著差异,而波动性大于云南省和新疆维吾尔自治区、小于陕西省。云南省的财政支出效率均值和波动性都大于西藏自治区,小于重庆市、内蒙古自治区和四川、陕西两省,而与贵州、青海两省和宁夏回族自治区、新疆维吾尔自治区都无显著差异;均值与甘肃省和广西壮族自治区无差异,但波动性小于广西壮族自治区而大于甘肃省。贵州省的财政支出效率均值和波动性都大于西藏自治区,小于重庆市、四川省、陕西省和内蒙古自治区、广西壮族自治区,而与云南、甘肃、青海三省都无显著差异;均值与宁夏回族自治区无显著差异而波动性较之大,均值显著小于新疆维吾尔自治区而波动性无显著差异。宁夏回族自治区表现为财政支出效率均值和波动性都大于西藏自治区和甘肃省,小于陕西省、重庆市和内蒙古自治区,而与四川、云南两省和广西壮族自治区、新疆维吾尔自治区无显著差异;均值与贵州、青海两省无显著差异,而波动性大于这两个省。新疆维吾尔自治区的财政支出效率均值和波动性都小于重庆市和内蒙古自治区,都大于西藏自治区和甘肃、青海两省,与宁夏回族自治区和云南、贵州两省都无显著差异;均值与广西壮族自治区和四川、陕西两省无显著差异,而波动性显著小于这三个省(自治区)。甘肃、青海两省的财政支出效率均值和波动性大于西藏自治区,与云南和贵州两省无显著差异,小于除宁夏回族自治区外的 6 个省(自治区);唯独与宁夏回族自治区有所不同,波动性两省都小于宁夏回族自治区,均值甘肃省小于宁夏回族自治区而青海省与宁夏回族自治区无显著差异。

西部地区分布着我国的欠发达地区,既包含五个自治区,也包含新兴的直辖市重庆,另外的六个省均为西部内陆省。内蒙古自治区、广西壮族自治区、西藏自治区、宁夏回族自治区、新疆维吾尔自治区,虽均是民族区域自治地,但从改革开放以来财政的支出效率并不趋同,仅是广西壮族自治区与新疆维吾尔自治区、宁夏回族自治区的财政支出效率差异表现不显著之外,其余的自治区两两之间对比均具有显著的效率差异。重庆作为东部之外唯一的一个直辖市,除了与内蒙古自治区效率差异性表现不显著外,与另外的 10 个省(自治区)均具有显著差异。五个民族自治区财政支出效率波动性差异亦不容忽视,仅有宁夏回族自治区与新疆维吾尔自治区、广西壮族自治区波动性差异不显著,其余的自治区两两之间均差异明显。重庆市与内蒙古自治区和四川、陕西两省效率的波动性差异不显著,而与其他省区的效率波动性均存在显著差异。

通过比较财政支出效率时间序列均值及其波动性的特性,也可看出西部十二省(自治区、直辖市)的经济发展水平及结构均呈现多样化的特点。民族区域自治区由于地域、资源以及国家和发达省(市)给予的支持并不均衡,民族文化的差异也较大,在经济发展及财政收支上就显现出极大的差异。

四、东、中、西部地区与全国财政支出效率比较

运用统计软件 IBM SPSS Statistics 20 对全国与东部地区各省(直辖市)财政支出效率进行 T 检验和 Levene 方差检验,结果如表 4-4 所示(表中用字母代表不同地区。Ch:全国,BJ:北京市,TJ:天津市,HB:河北省,LN:辽宁省,SH:上海市,JS:江苏省,ZJ:浙江省,FJ:福建省,SD:山东省,GD:广东省,HN:海南省)。

表4-4　对全国与东部地区各省(直辖市)财政支出效率
进行 T 检验和 Levene 方差检验结果

全国与东部	均　值		t-值	df	p	有效 N		标准差		F-ratio 方差	p-值 方差
	组1	组2				组1	组2	组1	组2		
Ch vs. BJ	8.439 8	23.195 7	−4.237	76	0.000	39	39	8.395 2	20.063 5	29.001	0.000
Ch vs. TJ	8.439 8	23.152 4	−4.059	76	0.000	39	39	8.395 2	21.019 2	47.737	0.000
Ch vs. HB	8.439 8	10.839 0	−1.240	76	0.219	39	39	8.395 2	8.689 9	0.556	0.458
Ch vs. LN	8.439 8	12.965 1	−2.003	76	0.049	39	39	8.395 2	11.342 5	4.054	0.048
Ch vs. SH	8.439 8	24.756 3	−5.093	76	0.000	39	39	8.395 2	18.160 9	20.081	0.000
Ch vs. JS	8.439 8	27.447 3	−4.082	76	0.000	39	39	8.395 2	27.838 5	34.141	0.000
Ch vs. ZJ	8.439 8	24.992 6	−4.405	76	0.000	39	39	8.395 2	21.913 0	38.643	0.000
Ch vs. FJ	8.439 8	20.261 8	−3.115	76	0.003	39	39	8.395 2	22.167 3	21.101	0.000

全国与东部	均 值		t-值	df	p	有效 N		标准差		F-ratio 方差	p-值 方差
	组1	组2				组1	组2	组1	组2		
Ch vs. SD	8.439 8	20.334 8	−3.603	76	0.001	39	39	8.395 2	18.829 3	41.975	0.000
Ch vs. GD	8.439 8	19.819 7	−3.529	76	0.001	39	39	8.395 2	18.303 7	38.950	0.000
Ch vs. HN	8.439 8	6.982 1	0.890	69	0.376	39	32	8.395 2	4.302 2	14.622	0.000

从表4-4可看出,按5%的统计检验显著性水平,东部地区十一省（直辖市）与全国的财政支出效率差异较大。除河北省与全国的财政支出效率均值和波动性无显著差异、海南省与全国效率均值无显著差异但波动性显著小于全国外,其余9省（直辖市）效率均值和波动性都显著高于全国。这也是经济水平的反应,除河北和海南两省外的东部9个省（直辖市）经济发展水平都显著高于全国平均水平;而河北省与海南省则是与全国平均水平差异不显著,其中的海南省在结构上表现出明显差异。

运用统计软件 IBM SPSS Statistics 20 对全国与中部地区各省财政支出效率进行 T 检验和 Levene 方差检验,结果如表4-5所示(表中用字母代表不同地区。Ch:全国,SX:山西省,JL:吉林省,HLJ:黑龙江省,AH:安徽省,JX:江西省,HeN:河南省,HuB:湖北省,HuN:湖南省）。

表4-5 对全国与中部各省财政支出效率进行 T 检验和 Levene 方差检验的结果

全国与中部	均 值		t-值	df	p	有效 N		标准差		F-ratio 方差	p-值 方差
	组1	组2				组1	组2	组1	组2		
Ch vs. SX	8.439 8	6.616 5	1.124	76	0.265	39	39	8.395 2	5.676 7	5.260	0.025
Ch vs. JL	8.439 8	8.066 9	0.204	76	0.839	39	39	8.395 2	7.741 0	0.170	0.682
Ch vs. HLJ	8.439 8	7.336 3	0.696	76	0.488	39	39	8.395 2	5.245 4	8.545	0.005

（续表）

全国与中部	均 值		t-值	df	p	有效N		标准差		F-ratio 方差	p-值 方差
	组1	组2				组1	组2	组1	组2		
Ch vs. AH	8.439 8	6.850 9	0.895	76	0.373	39	39	8.395 2	7.235 9	2.007	0.161
Ch vs. JX	8.439 8	6.237 8	1.338	76	0.185	39	39	8.395 2	5.925 9	4.870	0.030
Ch vs. HeN	8.439 8	9.296 2	−0.438	76	0.663	39	39	8.395 2	8.868 5	0.338	0.562
Ch vs. HuB	8.439 8	10.717 6	−0.987	76	0.327	39	39	8.395 2	11.712 5	3.220	0.077
Ch vs. HuN	8.439 8	8.455 6	−0.008	76	0.993	39	39	8.395 2	8.472 3	0.016	0.901

从表4-5看出,按5%的统计检验显著性水平,中部地区八省与全国财政支出效率的差异显著性不明显。除山西、江西和黑龙江三省财政支出效率波动性显著低于全国外,其余五省波动性都与全国无显著差异;中部八省财政支出效率均值均与全国无显著差异。这反映出全国的财政支出效率水平与中部各省相似,结构也与大部分省的表现相似。因此,有的时候我们说中部地区是全国的缩影。

运用统计软件 IBM SPSS Statistics 20 对全国与西部地区各省(自治区、直辖市)财政支出效率进行 T 检验和 Levene 方差检验,结果如表4-6所示(表中用字母代表不同地区。Ch:全国,NMG:内蒙古自治区,GX:广西壮族自治区,CQ:重庆市,SC:四川省,GZ:贵州省,YN:云南省,XZ:西藏自治区,ShX:陕西省,GS:甘肃省,QH:青海省,NX:宁夏回族自治区,XJ:新疆维吾尔自治区)。

表4-6　对全国与西部各省(自治区、直辖市)财政支出效率进行 T 检验和 Levene 方差检验的结果

全国与西部	均 值		t-值	df	p	有效N		标准差		F-ratio 方差	p-值 方差
	组1	组2				组1	组2	组1	组2		
Ch vs. NMG	8.439 8	10.316 6	−0.833	76	0.408	39	39	8.395 22	11.300 74	8.202	0.005
Ch vs. GX	8.439 8	5.620 7	1.771	76	0.081	39	39	8.395 22	5.327 02	7.868	0.006

全国与西部	均　值		t-值	df	p	有效 N		标准差		F-ratio方差	p-值方差
	组1	组2				组1	组2	组1	组2		
Ch vs. CQ	8.439 8	14.161 5	−2.488	60	0.016	39	23	8.395 22	9.325 90	0.153	0.697
Ch vs. SC	8.439 8	6.212 7	1.299	76	0.198	39	39	8.395 22	6.644 40	3.115	0.082
Ch vs. GZ	8.439 8	2.906 5	3.789	76	0.000	39	39	8.395 22	3.562 18	26.499	0.000
Ch vs. YN	8.439 8	3.624 9	3.243	76	0.002	39	39	8.395 22	3.935 47	21.895	0.000
Ch vs. XZ	8.439 8	1.070 7	5.444	76	0.000	39	39	8.395 22	0.993 62	66.937	0.000
Ch vs. ShX	8.439 8	7.661 0	0.401	76	0.689	39	39	8.395 22	8.732 40	0.017	0.897
Ch vs. GS	8.439 8	2.859 4	3.999	76	0.000	39	39	8.395 22	2.333 73	41.674	0.000
Ch vs. QH	8.439 8	2.923 3	3.934	76	0.000	39	39	8.395 22	2.492 16	39.019	0.000
Ch vs. NX	8.439 8	4.500 8	2.589	76	0.012	39	39	8.395 22	4.451 27	14.419	0.000
Ch vs. XJ	8.439 8	5.119 1	2.237	76	0.028	39	39	8.395 22	3.933 29	20.266	0.000

从表 4-6 可看出按 5% 的统计检验显著性水平,四川和陕西两省与全国的财政支出效率均值和波动性都无显著差异;内蒙古自治区和广西壮族自治区财政支出效率均值与全国无显著差异,内蒙古自治区的效率波动性显著大于全国,而广西壮族自治区显著小于全国;重庆市财政支出效率均值显著大于全国而效率波动性与全国无显著差异。其余 7 个省(自治区)的财政支出效率均值和波动性都显著小于全国。相应地,可以看出在西部的 12 个省(自治区、直辖市)中,仅有重庆市发展水平高于全国,四川省、陕西省、广西壮族自治区和内蒙古自治区与全国发展水平相当,而其余的 7 个省(自治区)发展水平均在全国之下。这也是实施西部大开发的根源所在,国家及较发达的省(自治区、直辖市)支援西部落后地区,最终促进全国均衡发展。

第四节 基于公共产品价值的财政支出效率阶段性分析

对一个数据生成过程 $\{y_t\}$，针对存在有扰乱序列的平稳性检验的点，即为数据生成模式突变的点的情况，Lanne. M(2002)提出了检验序列结构性突变点的单位根检验。Lanne. M 引入突变项 $f_t(\theta)\gamma$，对 $\{y_t\}$ 建立模型：

$$y_t = \mu_0 + \mu_1 t + f_t(\theta)\gamma + x_t \qquad (4-2)$$

式中，$\mu_1 t$ 是时间趋势函数；θ 和 γ 是待定参数；x_t 是误差项，由一个可能带有单位根的 AR(p) 过程生成的序列。

通常采用的突变函数 $f_t(\theta)$ 有以下三种：

（1）哑变量函数：

$$f_t^{(1)} = d_{1t} = \begin{cases} 0, & t < T_B \\ 1 & t \geqslant T_B \end{cases} \qquad (4-3)$$

函数 $f_t^{(1)}$ 不包含额外的参数 θ，在突变项 $f_t^{(1)}\gamma$ 中，γ 为尺度参数，调整脉冲哑元的尺度，T_B 为检验出的突变点。

（2）滞后算子作用于哑变量的有理函数：

$$f_t^{(2)}(\theta) = \left(\frac{d_{1t}}{1-\theta L}, \frac{d_{1,t-1}}{1-\theta L} \right)' \qquad (4-4)$$

其中，$(,)'$ 为二维向量算子，θ 为取值介于 0 和 1 之间的尺度参数，$\gamma = (\gamma_1, \gamma_2)'$ 为二维参数向量，d_{1t} 为哑变量函数，L 为滞后算子。于是可得式（4）确定的突变项为：

$$f_t^{(2)}(\theta)'\gamma = (\gamma_1(1-\theta L)^{-1} + \gamma_2(1-\theta L)^{-1}L)d_{1t} \qquad (4-5)$$

（3）指数分布函数：

$$f_t^{(3)}(\theta) = \begin{cases} 0, & t < T_B \\ 1-\mathrm{e}^{-\theta(t-T_b+1)}, & t \geqslant T_B \end{cases} \qquad (4-6)$$

在突变项 $f_t^{(3)}(\theta)\gamma$ 中，θ 和 γ 都是尺度参数，其中 θ 的取值为正实数，γ 取值为任意实数。该函数通过一个非线性的指数分布函数检验突变点 T_B。

对适当的 θ 值，$f_t^{(2)}(\theta)'\gamma$ 和 $f_t^{(3)}(\theta)\gamma$ 都能够产生一次结构突变的尖点，而 $f_t^{(1)}\gamma$ 不能够。

先采用广义最小二乘法估计出时间趋势项 $\mu_1 t$，将其从模型（4-2）两边减去后，对模型进行单位根检验，即可检测出结构性突变点。

通过结构性突变点单位根检验获得结构性突变的点，可将由公共产品价值构成的财政支出效率序列进行切分，再将切分点相邻的两序列进行 T 检验，这样能够从数据生成模式相异的相邻序列中找出具有显著性差异的序列对，从而可从数据生成模式上获得财政支出效率时间序列上发生结构突变的时间点。

对由图 4-1～图 4-32 得到的各省（自治区、直辖市）和全国财政支出效率序列，进行结构突变的单位根检验和 T 检验，获得的结构性突变点切分的相邻序列通过 5% 显著水平的检验，结果如表 4-7 所示。

表 4-7　各省（自治区、直辖市）和全国财政支出效率
序列结构突变的单位根检验和 T 检验结果

地　区	北京市	天津市	河北省	辽宁省	上海市	江苏省	浙江省	福建省
结构突变点	1993 年	1986 年	1986 年	1986 年	1992 年	1986 年	1986 年	1986 年
	—	2005 年	2011 年	2016 年	—	2015 年	2015 年	—

地 区	山东省	广东省	海南省	山西省	吉林省	黑龙江省	安徽省	江西省
结构突变点	2003 年	2004 年	1993 年	2007 年	1986 年	1986 年	1986 年	1986 年
	—	—	—	—	2011 年	2009 年	—	2009 年

地 区	河南省	湖北省	湖南省	内蒙古自治区	广西壮族自治区	重庆市	四川省	贵州省
结构突变点	1986 年	1986 年	1986 年	1986 年	1986 年	2002 年	1986 年	1986 年
	2009 年	—	2009 年	2008 年	2009 年	—	1997 年	2009 年

地 区	云南省	西藏自治区	陕西省	甘肃省	青海省	宁夏回族自治区	新疆维吾尔自治区	全 国
结构突变点	1986 年	1986 年	1986 年	1986 年	1986 年	1986 年	1986 年	2009 年
	1993 年	2005 年	2009 年	2010 年	2009 年	2009 年	2009 年	2006 年

从表 4-7 可以看出,1981—2019 年各地财政支出效率结构突变的时点集中出现在 1986 年、1993 年、2004 年、2009 年、2015 年左右。北京、上海、重庆三市和福建、山东、广东、海南、山西、安徽、湖北七省检测到通过 T 检验的单位根时间点仅为一个,表明这十个省(直辖市)在这期间上财政支出效率序列较为平稳;其余 21 个省(自治区、直辖市)和全国检测到通过 T 检验的单位根时间点有两个,序列平稳性相对多一些。

从公共产品价值显现出的财政支出效率的阶段性可以看出,1986 年后多种形式的地方财政包干体制在当时的经济发展中,特别是在调动地方组织收入方面发挥了积极的作用。因此,在检测到的跳点中通过 T 检验的,集中在大部分省(自治区、直辖市)的 1986 年。

1993 年年底国家作出实行分税制财政管理体制的决定,1994 年我国进行了分税制财政体制改革,从 1995 年开始又对政府间财政转移支付制度进行了改革,加之 2002 年的所得税收入分享改革,我国基本上建立起了适应社会主义市场经济要求的财政体制框架。2003 年年初的"非典"冲击以及年底召开的十六届三中全会通过的《中共中央关于完善社会主义市场经济体制若干问题的决定》对全国以及各地方政府财政收支结构产生了重要的影响与作用,其产生的效果在2004年及其后紧接着的几年中逐渐显现。因此可以说,2004年是我国继1994年分税制改革以来,对财政体制最具里程碑意义的一年,从该年开始,我国的公共财政框架体系得到了进一步的完善与发展,向着更加适应社会主义市场经济发展的方向前进。

2008年世界金融危机开始波及全球,我国以及部分省(自治区)受到影响,大部分地区的经济和财政在这年出现了下滑,经济发展能力强的省域一两年就完成调整,实现较快反弹;而发展能力较弱的地方则在2009年出现跳点,之后一段时间内完成调整。

第五节 基于公共产品价值的市县两级财政支出效率——以云南省为例

云南省有八市八州,分别是昆明、曲靖、玉溪、保山、昭通、丽江、普洱、临沧八市和楚雄彝族自治州、红河哈尼族彝族自治州、文山壮族苗族自治州、西双版纳傣族自治州、大理白族自治州、德宏傣族景颇族自治州、怒江傈僳族自治州、迪庆藏族自治州八州。云南省的民族自治州个数占全省市(州)总数一半,充分体现了鲜明的多民族特色。在全省的16个市(州)中分布着129个县、区(县级)、市(县级),这129个县级包含17区、17县级市、66县、29民族自治县,分布情况如表4-8所示[1]。

---

[1] 云南省人民政府办公厅,云南省统计局,国家统计局云南调查总队.云南领导干部手册(2019)[M].昆明:云南人民出版社,2019.

表 4-8　云南省 129 个县(区、市)分布情况

市(州)	所辖县级行政单位
昆明市	呈贡区、五华区、盘龙区、官渡区、西山区、东川区、晋宁区
	安宁市
	富民县、宜良县、嵩明县
	石林县、禄劝县、寻甸县
曲靖市	麒麟区、马龙区、沾益区
	宣威市
	陆良县、师宗县、罗平县、富源县、会泽县
玉溪市	红塔区、江川区
	澄江市
	通海县、华宁县、易门县
	峨山县、新平县、元江县
保山市	隆阳区
	腾冲市
	施甸县、龙陵县、昌宁县
昭通市	昭阳区
	水富市
	鲁甸县、巧家县、盐津县、大关县、永善县、绥江县、镇雄县、彝良县、威信县
丽江市	古城区
	永胜县、华坪县
	玉龙县、宁蒗县
普洱市	思茅区
	宁洱县、墨江县、景东县、景谷县、镇沅县、江城县、孟连县、澜沧县、西盟县
临沧市	临翔区
	凤庆县、云县、永德县、镇康县
	双江县、耿马县、沧源县
楚雄州	楚雄市
	双柏县、牟定县、南华县、姚安县、大姚县、永仁县、元谋县、武定县、禄丰县

市（州）	所辖县级行政单位
红河州	蒙自市、个旧市、开远市、弥勒市
	建水县、石屏县、泸西县、元阳县、红河县、绿春县
	金平县、河口县、屏边县
文山州	文山市
	砚山县、西畴县、麻栗坡县、马关县、丘北县、广南县、富宁县
西双版纳州	景洪市
	勐海县、勐腊县
大理州	大理市
	祥云县、宾川县、弥渡县、永平县、云龙县、洱源县、剑川县、鹤庆县
	漾濞县、南涧县、巍山县
德宏州	芒市、瑞丽市
	梁河县、盈江县、陇川县
怒江州	泸水市
	福贡县
	贡山县、兰坪县
迪庆州	香格里拉市
	德钦县
	维西县

一、基于公共产品价值的云南省市级财政支出效率研究

利用式（3-1）、式（3-2）计算云南省 16 个市（州）2011—2018 年财政收支缺口和财政收支缺口率，结果如表 4-9 和表 4-10 所示①。

---

① 云南省人民政府办公厅，云南省统计局，国家统计局云南调查总队.云南领导干部手册（2012—2019）[M].昆明：云南人民出版社，2012—2019.

表4-9　云南省16市(州)财政收支
缺口(2011—2018年)　　　　单位：亿元

编号	市(州)	2011年	2012年	2013年	2014年	2015年	2016年	2017年	2018年
1	昆明市	−287.96	−302.48	−364.52	−448.61	−423.17	−378.04	−430.01	−664.99
2	曲靖市	−33.60	−9.37	−23.64	13.88	45.10	102.82	129.62	143.78
3	玉溪市	−207.44	−241.85	−243.34	−256.74	−266.81	−197.43	−177.08	−169.56
4	保山市	58.07	82.92	79.50	90.53	111.51	123.60	137.54	153.29
5	昭通市	90.99	148.09	143.59	200.50	265.58	267.96	257.52	284.23
6	丽江市	40.75	49.97	42.51	60.63	74.32	80.00	98.48	94.11
7	普洱市	81.02	95.20	117.67	150.87	142.43	161.41	181.30	195.62
8	临沧市	89.71	108.31	121.12	135.62	144.14	153.61	180.37	195.55
9	楚雄州	22.82	33.65	29.16	48.34	50.94	74.77	79.39	96.68
10	红河州	15.88	29.42	72.92	79.82	93.44	112.54	128.51	167.40
11	文山州	94.02	105.23	123.80	134.87	157.00	179.93	222.81	235.92
12	西双版纳州	38.27	44.66	39.27	46.16	60.27	69.35	68.94	71.23
13	大理州	57.18	75.67	74.19	94.34	116.90	133.88	164.05	176.31
14	德宏州	60.48	62.43	55.53	74.4	74.05	83.52	93.53	84.81
15	怒江州	31.38	39.14	42.23	48.55	57.01	67.52	72.67	117.00
16	迪庆州	50.05	56.85	89.93	80.85	88.11	93.36	118.52	137.15

表4-10　云南省16市(州)财政收支
缺口率(2011—2018年)　　　　单位：%

编号	市(州)	2011年	2012年	2013年	2014年	2015年	2016年	2017年	2018年
1	昆明市	−11.47	−10.05	−10.67	−12.08	−10.66	−8.71	−8.86	−12.77
2	曲靖市	−2.78	−0.67	−1.49	0.90	2.77	5.79	6.83	7.14
3	玉溪市	−23.67	−24.18	−22.07	−21.67	−21.44	−15.01	−12.53	−11.36
4	保山市	17.96	21.26	17.68	17.99	20.20	20.16	20.27	20.77
5	昭通市	19.57	26.65	22.62	29.95	37.49	34.97	31.00	31.95
6	丽江市	22.83	23.54	17.09	22.48	25.66	25.79	30.33	26.83

编号	市（州）	2011 年	2012 年	2013 年	2014 年	2015 年	2016 年	2017 年	2018 年
7	普洱市	26.90	25.95	27.66	31.63	27.71	28.39	29.11	29.53
8	临沧市	32.93	30.68	29.11	29.16	28.71	27.85	31.09	31.04
9	楚雄州	4.73	5.90	4.61	6.85	6.68	8.81	8.49	9.44
10	红河州	2.03	3.25	7.10	7.08	7.65	8.40	8.71	10.50
11	文山州	23.42	22.01	22.37	21.90	23.43	24.40	28.35	27.46
12	西双版纳州	19.37	19.20	14.42	15.08	17.94	18.83	17.56	17.05
13	大理州	10.07	11.26	9.75	11.33	12.99	13.75	15.71	15.71
14	德宏州	35.10	31.06	24.05	27.13	25.33	25.76	26.29	22.26
15	怒江州	48.55	52.23	49.21	48.49	50.38	53.37	51.44	72.42
16	迪庆州	51.92	50.03	68.49	54.92	54.68	52.73	59.66	63.05

从财政收支缺口看,2011—2018 年昆明市和玉溪市各年财政收支缺口均为负值,表明昆明和玉溪这两个滇中重镇在这期间本级财政始终保持较大量的盈余。相比较而言,昆明市的盈余量较大,年平均盈余量达 412.5 亿元,2018 年最高达 665 亿元的盈余,较上年增幅 54.6%,其余年度盈余量变动幅度较小;玉溪市年平均盈余为 220 亿元,2011—2018 年财政盈余量的走势呈倒 U 形,2011 年逐年增至 2015 年的最大盈余量,之后逐年下降至 2018 年最低本级财政盈余。曲靖市为云南省经济总量第二大的地级市,2011—2013 年有较小量的本级财政盈余,平均盈余量 22.2 亿元;2014 年由盈余转赤字,曲靖本级财政赤字从 2014 年逐年递增,2015—2016 年以 128% 的极大增幅跨上百亿元,2018 年为最大赤字,五年平均本级财政赤字 87.0 亿元。云南省除昆明、玉溪、曲靖三市外的八州、五市在 2011—2018 年本级财政均处于赤字状态,各市(州)八年间整体呈递增走势,赤字量的大小基本上与其经济总量大小一致,同时兼顾

脱贫攻坚任务的大小。从 2016 年开始玉溪市由全省第三经济总量降至第四,其本级财政盈余也从 2016 年大幅下降后逐年缩小,同时,玉溪市也是云南省唯一没有国家级贫困县的地级市;曲靖市虽是全省第二大地级市,但有多个贫困县,甚至还有国家挂牌督战的脱贫攻坚县,在脱贫攻坚战役中获得了逐年增长的财政转移支付支持和各界的帮扶。

从财政收支缺口率看,昆明市虽然保持较大量的本级财政盈余,但基于其占全省三成的经济总量,本级财政盈余率只保持在 10% 左右,八年平均盈余率为 10.66%;玉溪市在 2016 年前处于 20% 以上的本级财政盈余率,八年平均盈余率 18.99%;曲靖市在其全省第二的经济总量支撑下,本级财政赤字率处于 9% 以下,2014—2018 年平均本级财政赤字率 4.69%。红河哈尼族彝族自治州、楚雄彝族自治州和大理白族自治州是云南省除昆明、曲靖和玉溪三市外经济总量过千亿元的三地,不仅在云南,在全国 30 个自治州中也属经济大州,红河哈尼族彝族自治州更是全省第三且在全国自治州中独占鳌头,它们的本级财政收支缺口率处于较低的水平,2011—2018 年平均缺口率红河哈尼族彝族自治州(6.84%)、楚雄彝族自治州(6.94%)、大理白族自治州(12.57%)。迪庆藏族自治州处于藏区,怒江傈僳族自治州是国家确定的"三区三州"深度贫困地区中的一州,本级财政缺口率平均值都在 50% 以上,其中怒江傈僳族自治州在 2018 年本级财政收支缺口率高达 72.42%,较上年增长 40.8%;这两州在保护生态环境、全力脱贫攻坚战役中得到了国家和社会各界的大力支持,充分展现出当前我国财政分级负责财权、事权,发挥财政转移支付功能中展现的积极作用和效果。此外,普洱市下辖的 9 个民族自治县和 1 个市级所在区其财政收支缺口率长期在 30% 左右;而昭通市下辖 9 县、1 区、1 市中除水富市之外包括市级所在区在内的 10 个县(区)均为国家级贫困县,其财政收支缺口率 2014 年后均在 30% 以上的高位,这表明昭通、普洱两市较大的财政缺口依靠转移支付和外界帮扶弥补,充分展现出当前的财政收支管理制度在促进民族团结、助力脱贫攻坚中发挥的重要积极作用。结合云南省 25 个边境县的发展,从各市(州)财政支出缺口和财政支出缺口率的动态走势看,云南省在落实民族团结进步示范区、生态文明建设排头兵、面向南亚东南亚辐射中心三大功能定位中,充分运用好财政收支制度、发挥好各级财政支持效果所展现的积极成效。

计算云南省 16 个市(州)以及 129 个县(区、市)2011—2018 年的公共产品价值,可直观把握比较市(州)、县级财政支出效率水平。通过统计检验,可比较各年市(州)以及县级的财政支出效率差异性。

由式(4-1)分别计算云南省 16 个市(州)在 2011—2018 年的公共产品价值评价财政支出效率,结果如表 4-11 所示[①]。

表 4-11 云南省 16 市(州)公共产品价值评价
财政支出效率(2011—2018 年)　　　　单位:万元/人

编号	市(州)	2011 年	2012 年	2013 年	2014 年	2015 年	2016 年	2017 年	2018 年
1	昆明市	22.06	26.51	30.37	35.17	38.46	40.86	44.97	52.56
2	曲靖市	11.21	11.75	14.17	11.98	12.14	12.98	13.32	13.84
3	玉溪市	23.80	26.60	27.94	28.86	29.43	31.29	32.05	33.67
4	保山市	3.90	4.24	5.28	6.02	6.16	6.83	7.42	7.96
5	昭通市	2.32	2.36	2.90	2.53	2.29	2.63	3.01	3.09
6	丽江市	3.13	3.35	4.32	4.47	4.56	5.00	5.09	5.69
7	普洱市	2.44	3.08	3.48	3.92	4.64	5.04	5.44	5.69

① 云南省人民政府办公厅,云南省统计局,国家统计局云南调查总队.云南领导干部手册(2012—2019)[M].昆明:云南人民出版社,2012—2019.

编号	市（州）	2011 年	2012 年	2013 年	2014 年	2015 年	2016 年	2017 年	2018 年
8	临沧市	2.36	3.16	3.86	4.48	4.98	5.67	5.49	5.87
9	楚雄州	6.81	7.58	8.51	5.47	9.86	11.17	12.83	13.85
10	红河州	6.32	7.27	7.42	8.00	8.71	10.16	11.51	11.98
11	文山州	3.17	3.83	4.39	4.88	5.14	5.53	5.29	5.90
12	西双版纳州	5.11	5.86	7.93	9.01	9.20	9.90	11.13	11.40
13	大理州	5.83	6.46	7.41	8.08	8.26	9.05	9.02	9.58
14	德宏州	2.64	3.23	4.33	4.92	5.40	6.09	6.45	7.37
15	怒江州	1.81	2.08	2.47	2.93	3.29	3.54	4.08	3.42
16	迪庆州	3.50	4.37	3.91	5.27	5.77	6.45	6.86	7.16

从公共产品价值评价的财政支出效率看,曲靖市在 2013 年出现最高效率值,楚雄彝族自治州在 2014 年出现最低效率值,表现相对特殊;怒江傈僳族自治州在 2018 年出现回落,昭通市在小幅调整中提升至 2018 年的最高水平。总体上,各市(州)财政支出效率呈现递增走势,昆明和玉溪两市效率最高,昭通市和怒江傈僳族自治州效率最低。从各市(州)财政支出效率的增长速度看,昆明市表现较为突出,2011—2018 年平均增速 13.2％,而效率值第二的玉溪市平均增速仅 5.08％;德宏傣族景颇族自治州和临沧市在效率水平较低的基础上,实现了 15.8％和 13.9％的平均增速;曲靖和昭通两市则为增长最乏力的地区,八年财政支出效率仅实现 3.05％和 4.22％的平均增速;其他市(州)均处于 10％左右的财政支出效率水平。

从 2011—2018 年云南省各个市(州)各年公共产品价值分布还可看出,云南省十六个市(州)的财政支出效率在 2011—2013 年大致可分成四个板块：玉溪和昆明两个市为第一板块，曲靖市为第二板块，楚雄彝族自治州、红河哈尼族彝族自治州、西双版纳傣族自治州和大理白族自治州为第三板块，保山、丽江、临沧、普洱、昭通五个市和文山壮族苗族自治州、迪庆藏族自治州、德宏傣族景颇族自治州、怒江傈僳族自治州为第四板块。第三板块基本与全省平均水平相当。2015—2018年四个板块有所调整：昆明市为第一板块，玉溪市为第二板块，曲靖市和楚雄彝族自治州、红河哈尼族彝族自治州、西双版纳傣族自治州、大理白族自治州为第三板块，保山、丽江、临沧、普洱、昭通五个市和文山壮族苗族自治州、迪庆藏族自治州、德宏傣族景颇族自治州、怒江傈僳族自治州为第四板块。第三板块基本与全省平均水平相当。云南省市(州)财政支出效率走势呈现第一板块拉大与其他板块的差距，第二板块缩小与第三板块的差距，第三、第四板块逐渐拉近且呈现融合的趋势。

事实上，这与经济发展状况基本是一致的。在经济发展方面，省会昆明市是云南省唯一的特大型城市，GDP在2012年突破了三千亿元，2016年突破了四千亿元，2018年突破五千亿元，占全省总产值的比重呈上升走势，2018年占比接近三成。紧随其后的是曲靖市，2010年GDP突破千亿元，之后逐年增长，2018年突破两千亿元。2016年前玉溪市GDP居全省第三，2012年突破千亿元，2016年开始被2013年破千亿元的红河哈尼族彝族自治州超越；大理白族自治州和楚雄彝族自治州加紧赶超，也于2018年GDP超越千亿元。昆明、曲靖、玉溪三市的GDP加总达全省总量的一半左右，但占比表现出缩小的趋势，由2014年之前占比过半逐渐降至2018年的49%。2011年和2012年全省各市(州)公共产品价值的前三位为玉溪、昆明和曲靖，而且它们与其余13个市(州)的差距比较大；2013年后前三位调整为昆明、玉溪和曲靖，且玉溪市和曲靖市与昆明市的差距扩大而同其余 13 个市(州)的差距在缩小。2011—2018 年间公共产品价值平均值最高的是昆明市,它是第三位曲靖市的 2.87 倍,是最后一位昭通市的 13.8 倍;2012 年玉溪市的平均值为曲靖市的 2.30 倍,昭通市的 11.1 倍。

把经济发展状况与财政支出效率联系起来分析,玉溪市虽然在经济总量上由第三位降至第四位,而财政支出效率却始终处于全省第二且稳居第二的位置。这说明财政支出效率与经济总量有较大的正相关性,但这种关系不是必然,经济总量较低的地区,也可能通过财政支出结构的优化而使支出的效率高于经济总量较高的地区,反之亦然。将云南省 16 市(州)同一年度财政支出效率截面数据排成一列,运用统计软件 IBM SPSS Statistics 20 对 2011—2018 年财政支出效率序列进行两两 T 检验和方差检验,结果如表 4 - 12 所示。

表 4 - 12 云南省市(州)财政支出效率序列进行 T 检验和 Levene 方差检验结果(2011—2018 年)

年　度	均　值		t -值	df	p	有效 N		标准差		F- ratio 方差	p -值 方差
	组 1	组 2				组 1	组 2	组 1	组 2		
2011 vs. 2012	6.650 9	7.608 3	−0.370	30	0.714	16	16	6.791 5	7.794 3	0.104	0.749
2011 vs. 2013	6.650 9	8.669 8	−0.741	30	0.464	16	16	6.791 5	8.518 5	0.356	0.555
2011 vs. 2014	6.650 9	9.122 7	−0.857	30	0.398	16	16	6.791 5	9.325 3	0.458	0.504
2011 vs. 2015	6.650 9	9.893 2	−1.082	30	0.288	16	16	6.791 5	9.875 5	0.547	0.465
2011 vs. 2016	6.650 9	10.760 6	−1.321	30	0.196	16	16	6.791 5	10.424 9	0.756	0.391
2011 vs. 2017	6.650 9	11.498 4	−1.476	30	0.150	16	16	6.791 5	11.247 0	1.045	0.315
2011 vs. 2018	6.650 9	12.437 4	−1.588	30	0.123	16	16	6.791 5	12.891 6	1.498	0.230
2012 vs. 2013	7.608 3	8.669 8	−0.368	30	0.716	16	16	7.794 3	8.518 5	0.073	0.789
2012 vs. 2014	7.608 3	9.122 7	−0.498	30	0.622	16	16	7.794 3	9.325 3	0.138	0.712

年　度	均　值		t-值	df	p	有效 N		标准差		F-ratio 方差	p-值 方差
	组1	组2				组1	组2	组1	组2		
2012 vs. 2015	7.608 3	9.893 2	−0.726	30	0.473	16	16	7.794 3	9.875 5	0.200	0.658
2012 vs. 2016	7.608 3	10.760 6	−0.969	30	0.340	16	16	7.794 3	10.424 9	0.339	0.564
2012 vs. 2017	7.608 3	11.498 4	−1.137	30	0.264	16	16	7.794 3	11.247 0	0.557	0.461
2012 vs. 2018	7.608 3	12.437 4	−1.282	30	0.210	16	16	7.794 3	12.891 5	0.949	0.338
2 013 vs. 2 014	8.669 8	9.122 7	−0.143	30	0.887	16	16	8.518 5	9.325 3	0.014	0.907
2 013 vs. 2 015	8.669 8	9.893 2	−.375	30	0.710	16	16	8.518 5	9.875 5	0.041	0.841
2 013 vs. 2 016	8.669 8	10.760 6	−0.621	30	0.539	16	16	8.518 5	10.424 9	0.117	0.735
2 013 vs. 2 017	8.669 8	11.498 4	−0.802	30	0.429	16	16	8.518 5	11.247 0	0.264	0.611
2 013 vs. 2 018	8.669 8	12.437 4	−0.975	30	0.337	16	16	8.518 5	12.891 6	0.582	0.451
2 014 vs. 2 015	9.122 7	9.893 2	−0.227	30	0.822	16	16	9.325 3	9.875 5	0.007	0.933
2 014 vs. 2 016	9.122 7	10.760 6	−0.468	30	0.643	16	16	9.325 3	10.424 9	0.049	0.827
2 014 vs. 2 017	9.122 7	11.498 4	−0.650	30	0.520	16	16	9.325 3	11.247 0	0.153	0.698
2 014 vs. 2 018	9.122 7	12.437 4	−0.833	30	0.411	16	16	9.325 3	12.891 6	0.415	0.524
2 015 vs. 2 016	9.893 2	10.760 6	−0.242	30	0.811	16	16	9.875 5	10.424 9	0.018	0.894
2 015 vs. 2 017	9.893 2	11.498 4	−0.429	30	0.671	16	16	9.875 5	11.247 0	0.092	0.764
2 015 vs. 2 018	9.893 2	12.437 4	−0.627	30	0.536	16	16	9.875 5	12.891 6	0.311	0.581
2 016 vs. 2 017	10.760 6	11.498 4	−0.192	30	0.849	16	16	10.424 9	11.247 0	0.029	0.866
2 016 vs. 2 018	10.760 6	12.437 4	−0.405	30	0.689	16	16	10.424 9	12.891 6	0.187	0.669
2 017 vs. 2 018	11.498 4	12.437 4	−0.220	30	0.828	16	16	11.247 0	12.891 6	0.071	0.791

从 T 检验结果可以得出，2011—2018 年云南省十六个市（州）公共产品价值评价的财政支出效率序列在不同年度间没有显著差异，但可以看出，随着 T 检验的两个年度间时间间隔的拉大，T 检验的 p 值逐渐减小，由 2011 年与 2012 年 T 检验的 p 值为 0.714 逐渐缩小至 2011 年与 2018 年 0.123；可见，随着时间的推移，云南省十六个市（州）财政

支出效率的均值差在逐渐扩大,但样本均值的增长尚处于量变的过程,还未达到质变的临界。

从方差检验结果可得出,2011—2018 年云南省十六个市(州)财政支出效率波动性差异不显著,表明云南省市(州)财政支出效率的结构是一致的,但随着方差检验两个年度时间间隔的拉大,p 值逐渐减小,由 2011 年与 2012 年检验的 p 值为 0.749,间隔拉大到 2011 年与 2018 年的 0.230;看出不同年度间财政支出效率结构差异处于量变的过程,尚未达到质变的临界。也就是说,2011—2018 年云南省市(州)财政支出效率的生成模式没有显著差异,但变化正在逐渐发生,可能在未来的某年将出现与 2011 年一样结构存在显著差异的情况。

二、 基于公共产品价值的云南省县级财政支出效率研究

由式(4 - 1)计算出的 2011—2018 年云南省 129 个县(区、市)的公共产品价值评价财政支出效率分布,如图 4 - 34 所示①。

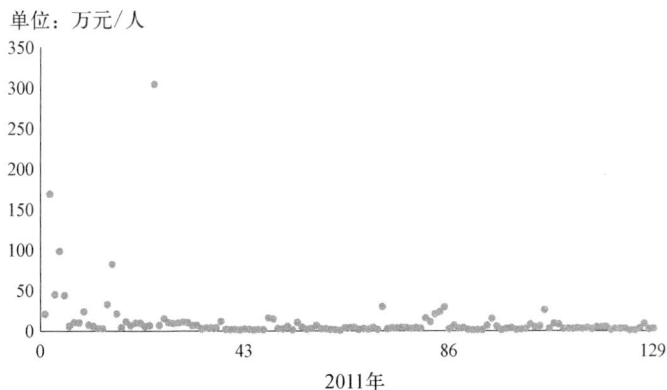

单位:万元/人

2011年

① 云南省人民政府办公厅,云南省统计局,国家统计局云南调查总队.云南领导干部手册(2012—2019)[M].昆明:云南人民出版社,2012—2019.

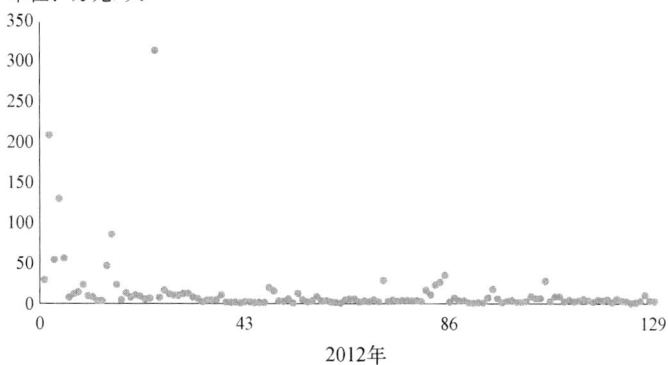

单位：万元/人

2012年

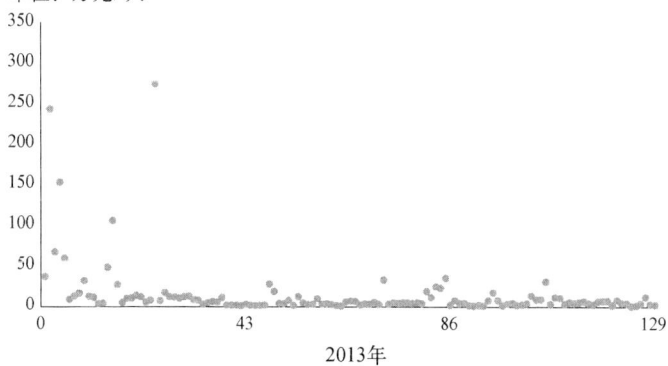

单位：万元/人

2013年

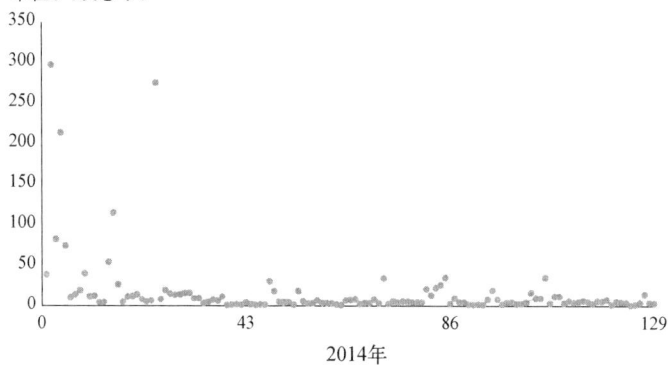

单位：万元/人

2014年

単位：万元/人

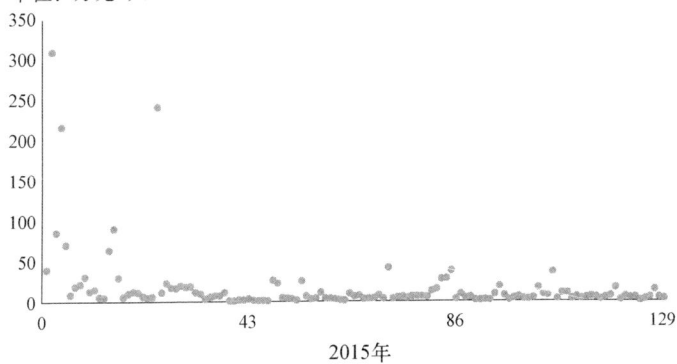

2015年

単位：万元/人

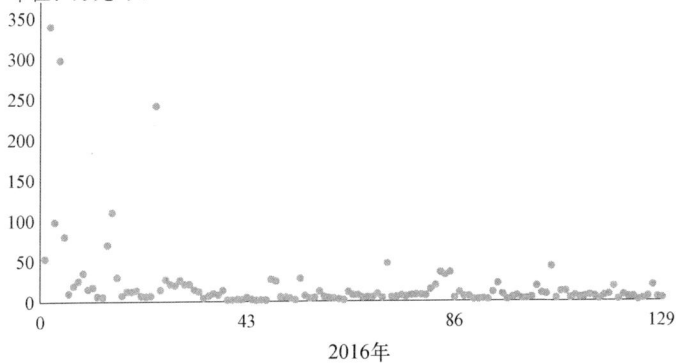

2016年

単位：万元/人

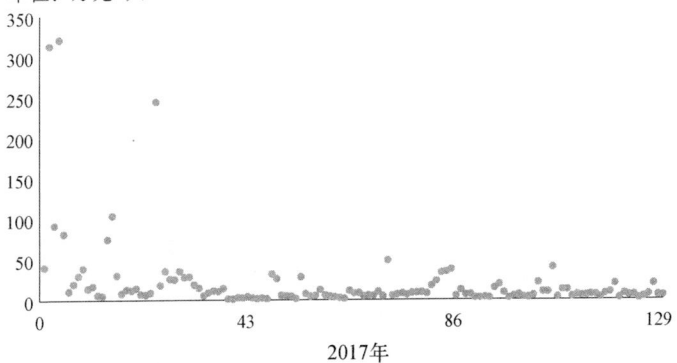

2017年

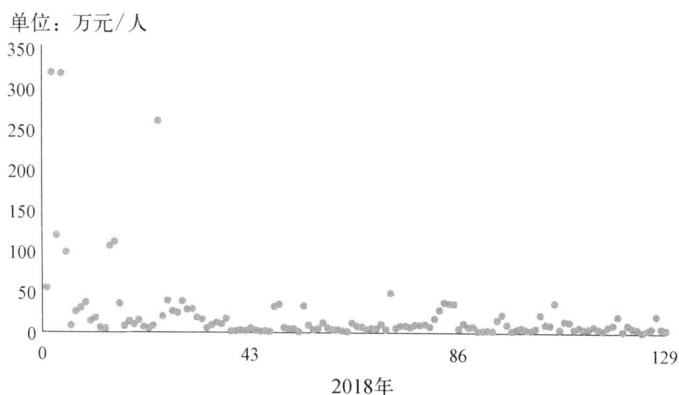

単位：万元/人

图4-34　云南省县级财政支出效率分布(2011—2018年)

从2011—2018年云南省129个县(区、市)公共产品价值评价的财政支出效率分布图可以得出与市(州)情况具有类似的结果：云南省129个县级政府各年的财政支出效率分布形态基本一致,且整体上呈现逐年提高的走势,这从云南省129个县级政府财政支出效率序列中位数动态比较(见图4-35)中也可直观看出。

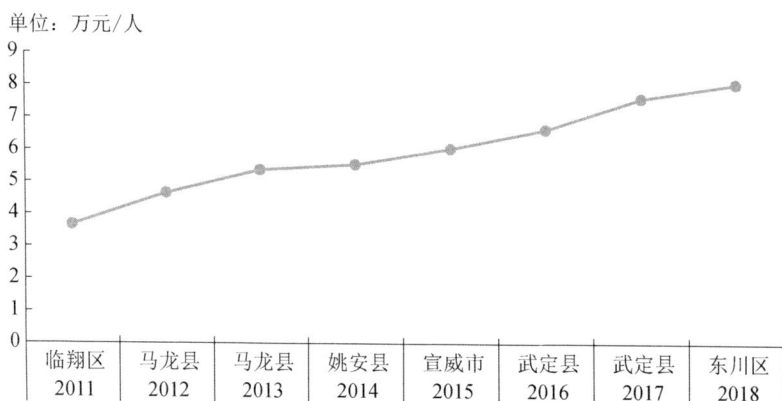

単位：万元/人

图4-35　云南省129个县级政府财政支出效率
序列中位数动态比较(2011—2018年)

云南省县级政府支出效率中位数从 2011 年(3.66 万元/人)逐年增至 2018 年的(8.05 万元/人),年均增速 11.9%。2011—2018 年,云南省 129 个县级政府财政支出效率序列中位数所对应的区域,在经济总量上居全省 16 个市(州)中偏下位置,且财政支出效率年均增速(13.9%)第二的临沧市所辖临翔区,转移到经济总量长期居全省第二位、财政支出效率年均增速(3.05%)最低的曲靖市所辖马龙县,再转移到经济总量居全省中偏上位置、财政支出效率年均增速(10.7%)也处于全省中偏上的楚雄彝族自治州所辖姚安县,再转移到曲靖市所辖深度贫困县级市宣威市,再到楚雄彝族自治州所辖、身兼国家扶贫开发重点县和深度贫困县的武定县,最终落到云南省会昆明市所辖同样身兼国家扶贫开发重点县和深度贫困县的东川区,同时东川区还是云南省确定的 44 个重点生态功能区县之一。以中位数反映序列整体的平均水平,较采用平均数反映更为客观,它可以比较有效地降低极端值对序列整体反映的效果。从逐年提升的财政支出效率值中位数所对应区域的移动特点可以看出,云南省县级政府财政支出对脱贫攻坚、生态环境保护发挥着越来越有效的作用。

从 2011—2018 年云南省 129 个县(区、市)公共产品价值评价的财政支出效率分布图可大致看出,云南省 129 个县级政府财政支出效率总体上有逐渐聚拢的态势,但各年聚拢的幅度较小。为分析云南省 129 个县级政府 2011—2018 年财政支出效率分布的动态变化聚散情况,引入刻画序列差异程度的统计指标变异系数:

$$\nu = \frac{S}{\overline{X}} \qquad (4-7)$$

式中,S 为某年度 129 个县级政府财政支出效率构成的截面序列标准差,$\overline{X}$ 为某年度 129 个县级政府财政支出效率构成的截面序列均值。序列的变异系数大表明序列的聚拢特征弱,反之则聚拢特征强。

计算云南省129个县级政府财政支出效率序列在各年变异系数如图4-36所示。从图中可看出,2011—2018年云南省129个县级政府财政支出效率序列变异系数总体上呈递减态势,除2013年(2.41)到2014年(2.48)出现微幅提升外,其他年度变异系数都是递减的,年平均减小幅度为3.39%;还可看出,2014年后变异系数缩减幅度较小且表现较平稳,反映出云南省129个县级政府财政支出效率值聚集靠拢是大趋势,但聚拢的力量还不够强。

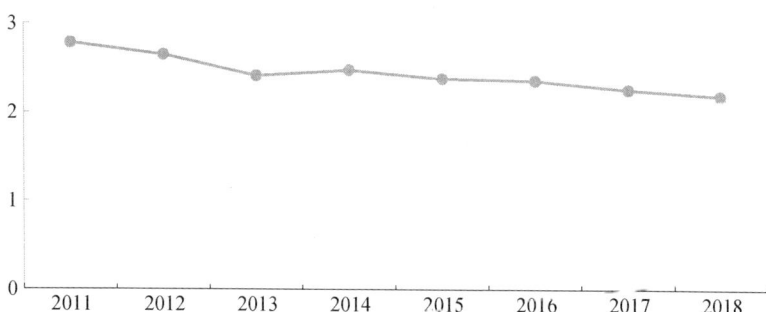

图4-36 云南省129个县级政府财政支出效率序列变异系数(2011—2018年)

从各年129个县级政府财政支出效率的分布还可看出,大致每年有十个左右的县(区、市)财政支出效率的分布游离于聚集的众多县(区、市)。云南省县级政府2011—2018年公共产品价值刻画财政支出效率的绝对量前十位和后五位如表4-13所示。

表4-13 云南省县级政府财政支出效率对比(2011—2018年)

年 度	排 序		县 级	公共产品价值/ (万元/人)	所属市 (州)
2011	前十位	1	红塔区	304.3	玉溪市
		2	五华区	168.8	昆明市
		3	官渡区	98.5	昆明市

年度	排序		县级	公共产品价值/ （万元/人）	所属市 （州）
2011	前十位	4	麒麟区	82.1	曲靖市
		5	盘龙区	44.6	昆明市
		6	西山区	43.5	昆明市
		7	安宁市	32.4	昆明市
		8	楚雄市	29.7	楚雄州
		9	弥勒县	29.1	红河州
		10	大理市	25.4	大理州
	后五位	125	绿春县	0.919	红河州
		126	贡山县	0.818	怒江州
		127	红河县	0.813	红河州
		128	福贡县	0.546	怒江州
		129	西盟县	0.407	普洱市
2012	前十位	1	红塔区	314.7	玉溪市
		2	五华区	209.5	昆明市
		3	官渡区	130.3	昆明市
		4	麒麟区	86.0	曲靖市
		5	西山区	56.2	昆明市
		6	盘龙区	54.4	昆明市
		7	安宁市	46.9	昆明市
		8	弥勒县	35.8	红河州
		9	呈贡区	29.3	昆明市
		10	楚雄市	28.8	楚雄州
	后五位	125	大关县	0.952	昭通市
		126	红河县	0.920	红河州
		127	宁蒗县	0.885	丽江市
		128	西盟县	0.605	普洱市
		129	福贡县	0.603	怒江州

年 度	排 序		县 级	公共产品价值/ （万元/人）	所属市 （州）
2013	前十位	1	红塔区	247.2	玉溪市
		2	五华区	243.0	昆明市
		3	官渡区	152.8	昆明市
		4	麒麟区	105.8	曲靖市
		5	盘龙区	67.3	昆明市
		6	西山区	59.5	昆明市
		7	安宁市	48.4	昆明市
		8	呈贡区	36.8	昆明市
		9	弥勒市	35.5	红河州
		10	楚雄市	33.1	楚雄州
	后五位	125	贡山县	1.21	怒江州
		126	绿春县	1.09	红河州
		127	红河县	1.02	红河州
		128	西盟县	0.804	普洱市
		129	福贡县	0.636	怒江州
2014	前十位	1	五华区	297.4	昆明市
		2	红塔区	275.3	玉溪市
		3	官渡区	214.2	昆明市
		4	麒麟区	115.1	曲靖市
		5	盘龙区	82.4	昆明市
		6	西山区	74.3	昆明市
		7	安宁市	54.4	昆明市
		8	宜良县	40.3	昆明市
		9	呈贡区	38.8	昆明市
		10	大理市	35.4	大理州
	后五位	125	红河县	1.31	红河州
		126	鲁甸县	1.04	昭通市

年度	排序		县级	公共产品价值/ （万元/人）	所属市 （州）
2014	后五位	127	镇雄县	0.949	昭通市
		128	西盟县	0.937	普洱市
		129	福贡县	0.654	怒江州
2015	前十位	1	五华区	309.5	昆明市
		2	红塔区	241.1	玉溪市
		3	官渡区	216.4	昆明市
		4	麒麟区	90.1	曲靖市
		5	盘龙区	85.4	昆明市
		6	西山区	70.2	昆明市
		7	安宁市	63.6	昆明市
		8	楚雄市	41.4	楚雄州
		9	呈贡区	39.5	昆明市
		10	弥勒市	38.3	红河州
	后五位	125	镇雄县	1.03	昭通市
		126	威信县	0.999	昭通市
		127	福贡县	0.927 4	怒江州
		128	鲁甸县	0.926 7	昭通市
		129	巧家县	0.774	昭通市
2016	前十位	1	五华区	321.0	昆明市
		2	官渡区	281.3	昆明市
		3	红塔区	228.0	玉溪市
		4	麒麟区	103.5	曲靖市
		5	盘龙区	92.7	昆明市
		6	西山区	75.7	昆明市
		7	安宁市	65.6	昆明市
		8	呈贡区	49.9	昆明市

年度	排序		县级	公共产品价值/（万元/人）	所属市（州）
2016	前十位	9	楚雄市	44.0	楚雄州
		10	大理市	40.3	大理州
	后五位	125	鲁甸县	1.40	昭通市
		126	西盟县	1.20	普洱市
		127	福贡县	1.14	怒江州
		128	镇雄县	1.04	昭通市
		129	威信县	0.978	昭通市
2017	前十位	1	官渡区	320.8	昆明市
		2	五华区	312.8	昆明市
		3	红塔区	224.3	玉溪市
		4	麒麟区	103.3	曲靖市
		5	盘龙区	91.7	昆明市
		6	西山区	81.2	昆明市
		7	安宁市	74.3	昆明市
		8	楚雄市	48.8	楚雄州
		9	呈贡区	40.2	昆明市
		10	大理市	39.9	大理州
	后五位	125	福贡县	1.48	怒江州
		126	威信县	1.43	昭通市
		127	西盟县	1.42	普洱市
		128	鲁甸县	1.29	昭通市
		129	巧家县	1.15	昭通市
2018	前十位	1	五华区	316.6	昆明市
		2	官渡区	315.4	昆明市
		3	红塔区	258.4	玉溪市
		4	盘龙区	118.4	昆明市

年 度	排 序		县 级	公共产品价值/ （万元/人）	所属市 （州）
2018	前十位	5	麒麟区	110.5	曲靖市
		6	安宁市	105.5	昆明市
		7	西山区	97.6	昆明市
		8	呈贡区	53.7	昆明市
		9	楚雄市	48.4	楚雄州
		10	澄江区	38.9	玉溪市
	后五位	125	镇雄县	1.49	昭通市
		126	西盟县	1.42	普洱市
		127	威信县	1.39	昭通市
		128	宁蒗县	1.31	丽江市
		129	福贡县	1.14	怒江州

2011—2018年,公共产品价值评价的财政支出效率,前三年玉溪市政府所在地的红塔区高居榜首,2014年开始易位于省会昆明市的五华区,2016年被昆明市的官渡区超越后,红塔区就只能居第三,且呈现差距拉大的趋势。红塔区是云南省最大的卷烟企业红塔集团所在地,该区的经济结构相对单一,主要依靠卷烟生产和销售拉动。但由于卷烟产业的高产值、高利润、高税收等特性,2016年年末红塔区总人口仅有51万人,却实现了612亿元的地区生产总值、32.1亿元的地方公共财政总收入和32.3亿元的地方公共预算支出,2017年前红塔区一直居人均GDP全省第一位置,而五华区和官渡区分列二、三位,从2017年开始红塔区第一的位置被官渡区取代。红塔区烟草大户的特殊位置,有效地拉高了整个玉溪市的经济总量和财政支出效率,随着烟草行业发展的进一步规范和限制,烟草业创造的增加值和财政收支所占比重降低,带来玉溪市特别是红塔区经济和财政的增长放缓。

云南省县级公共产品价值排位前十之中,除 2011 年昆明市占五席、2014 年占七席,其他六年均占六席。从绝对量可以看出,财政支出效率较高的县级分布在经济发展较好的区(市)。五华、官渡、盘龙、西山四区是昆明市的主城区,安宁市则是昆明市的工业重镇,红塔区是玉溪市政府所在地,麒麟区是曲靖市政府所在地,楚雄市是楚雄彝族自治州政府所在地,大理市是大理白族自治州政府所在地。弥勒县属红河哈尼族彝族自治州,虽不是州政府所在地,但主导产业为烟草,云南的另一个烟草企业红云红河集团就分布在昆明市的五华区与红河哈尼族彝族自治州的弥勒县;另外,弥勒县还积极发展葡萄酒生产、加工等现代工业产业,其经济及财政收支能力均不可小觑,2013 年 1 月经国务院批准撤县建市。昆明的市级行政中心于 2011 年年初从盘龙区迁至呈贡县,2011 年 7 月呈贡县经国务院批准撤县设区,受带动效应的影响,呈贡区获得了突飞猛进的发展,财政支出效率也于 2012 年开始稳居全省前十。

进一步运用统计软件 IBM SPSS Statistics 20 对 2011—2018 年云南省 129 个县(区、市)财政支出效率序列进行两两 T 检验和 Levene 方差检验,如表 4 - 14 所示。

表 4 - 14　云南省 129 县(区、市)不同年度财政支出效率序列
T 检验和 Levene 方差检验结果(2011—2018 年)

年　　度	均　　值		t -值	df	p	有效 N		标准差		F-ratio 方差	p -值 方差
	组 1	组 2				组1	组2	组 1	组 2		
2011 vs. 2012	11.581 5	13.460 3	−0.443	256	0.658	129	129	32.337 5	35.767 1	0.251	0.616
2011 vs. 2013	11.581 5	14.851 8	−0.768	256	0.443	129	129	32.337 5	35.963 4	0.575	0.449
2011 vs. 2014	11.581 5	16.683 1	−1.102	256	0.272	129	129	32.337 5	41.463 2	1.581	0.210
2011 vs. 2015	11.581 5	16.880 1	−1.165	256	0.245	129	129	32.337 5	40.283 9	1.509	0.220
2011 vs. 2016	11.581 5	18.423 4	−1.433	256	0.153	129	129	32.337 5	43.541 0	2.240	0.136

(续表)

年　度	均　值		t-值	df	p	有效 N		标准差		F-ratio方差	p-值方差
	组 1	组 2				组 1	组 2	组 1	组 2		
2011 vs. 2017	11.581 5	20.223 2	−1.752	256	0.081	129	129	32.337 5	45.748 3	3.174	0.076
2011 vs. 2018	11.581 5	21.566 8	−1.980	256	0.049	129	129	32.337 5	47.293 9	4.439	0.036
2012 vs. 2013	13.460 3	14.851 8	−0.312	256	0.756	129	129	35.767 1	35.963 4	0.059	0.808
2012 vs. 2014	13.460 3	16.683 1	−0.668	256	0.504	129	129	35.767 1	41.463 2	0.584	0.446
2012 vs. 2015	13.460 3	16.880 1	−0.721	256	0.472	129	129	35.767 1	40.283 9	0.528	0.468
2012 vs. 2016	13.460 3	18.423 4	−1.000	256	0.318	129	129	35.767 1	43.541 0	1.018	0.314
2012 vs. 2017	13.460 3	20.223 2	−1.323	256	0.187	129	129	35.767 1	45.748 3	1.685	0.195
2012 vs. 2018	13.460 3	21.566 8	−1.553	256	0.122	129	129	35.767 1	47.293 9	2.625	0.106
2 013 vs. 2 014	14.851 8	16.683 1	−0.379	256	0.705	129	129	35.963 4	41.463 2	0.291	0.590
2 013 vs. 2 015	14.851 8	16.880 1	−0.427	256	0.670	129	129	35.963 4	40.283 9	0.248	0.619
2 013 vs. 2 016	14.851 8	18.423 4	−0.718	256	0.473	129	129	35.963 4	43.541 0	0.626	0.430
2 013 vs. 2 017	14.851 8	20.223 2	−1.048	256	0.295	129	129	35.963 4	45.748 3	1.181	1.181
2 013 vs. 2 018	14.851 8	21.566 8	−1.284	256	0.200	129	129	35.963 4	47.293 9	1.995	0.159
2 014 vs. 2 015	16.683 1	16.880 1	−0.039	256	0.969	129	129	41.463 2	40.283 9	0.002	0.961
2 014 vs. 2 016	16.683 1	18.423 4	−0.329	256	0.743	129	129	41.463 2	43.541 0	0.062	0.804
2 014 vs. 2 017	16.683 1	20.223 2	−0.651	256	0.515	129	129	41.463 2	45.748 3	0.293	0.589
2 014 vs. 2 018	16.683 1	21.566 8	−0.882	256	0.379	129	129	41.463 2	47.293 9	0.733	0.393
2 015 vs. 2 016	16.880 1	18.423 4	−0.295	256	0.768	129	129	40.283 9	43.541 0	0.090	0.764
2 015 vs. 2 017	16.880 1	20.223 2	−0.623	256	0.534	129	129	40.283 9	45.748 3	0.355	0.552
2 015 vs. 2 018	16.880 1	21.566 8	−0.857	256	0.392	129	129	40.283 9	47.293 9	0.835	0.362
2 016 vs. 2 017	18.423 4	20.223 2	−0.324	256	0.746	129	129	43.541 0	45.748 3	0.085	0.771
2 016 vs. 2 018	18.423 4	21.566 8	−0.555	256	0.579	129	129	43.541 0	47.293 9	0.364	0.547
2 017 vs. 2 018	20.223 2	21.566 8	−0.232	256	0.817	129	129	45.748 3	47.293 9	0.095	0.758

从 T 检验结果可以得出,2011—2018 年云南省的 129 个县级公共产品价值评价县级财政支出效率,按 5% 统计检验显著水平,仅有 2011

年与 2018 年效率均值存在显著差异,且表现为 2018 年显著高于 2011 年,其他年度效率均值都无显著差异;若按 10％统计检验显著水平,则增加一对 2011 年效率均值显著小于 2017 年。可以看出与市(州)效率序列相同的结果:随着 T 检验的两个年度时间间隔的拉大,T 检验的 p 值逐渐减小,2011 年与 2012 年 T 检验的 p 值为 0.658,逐渐缩小至 2011 年与 2018 年的 0.049。随着时间的推移,云南省 129 个县级财政支出效率的均值在逐渐提高。

从方差检验结果可得出,云南省 129 个县(区、市)财政支出效率,按 5％统计检验显著水平,仅有 2011 年与 2018 年效率波动性存在显著差异,且表现为 2018 年显著高于 2011 年,其他年度间效率波动都无显著差异;若按 10％统计检验显著水平,则增加一对 2011 年效率波动显著小于 2017 年。同样是与市(州)效率序列相同的结果:随着方差检验的两个年度时间间隔的拉大,F 检验的 p 值逐渐减小,2011 年与 2012 年 F 检验的 p 值为 0.616,逐渐缩小至 2011 年与 2018 年 F 检验的 p 值为 0.036,随着时间的推移,云南省 129 个县级财政支出效率的波动幅度在逐渐增大。表明 2011—2018 年,云南省县级财政支出效率的结构在逐渐发生改变。也就是说,从 2011 年变动,到 2017 年开始出现县级财政支出效率的生成模式发生显著变化,按此走势,之后的年度这种差异性还会变得更加明显。

采用公共产品价值量评价财政支出效率,是从单位财政支出所创造的人均产出的角度来衡量财政支出所取得的成果。2011—2013 年玉溪市的红塔区、昆明市的五华区和官渡区居全省公共产品价值评价财政支出效率的前三位,2011 年三区分别为 304.4 万元/人、168.8 万元/人和 98.5 万元/人,到 2013 年分别为 247.2 万元/人、243.0 万元/人和 152.8 万元/人,三区的增幅分别为 −9.9％、43.9％和 55.2％。2011 年红塔区的财政支出效率是五华区的 1.8 倍,是官渡区的 3.1 倍,人均生产总值分别为 1.46 倍和 1.61 倍,而财政支出占总产出的比例红塔区是五华区和官渡的 0.81 倍和 0.52 倍。2013 年红塔区的财政支出效率是五华区的 1.13 倍、是官渡区的 1.79 倍,人均生产总值分别为1.21 倍和 1.28 倍,而红塔区的财政支出占总产出的比例是五华区的1.07 倍、官渡区的 0.71 倍。这导致了三个区经过 2011—2013 年财政支出效率差距大幅缩小,尤其是五华区增长迅速,而红塔区下降明显,以致 2014 年五华区超越红塔区位居第一。同样的运动转换不断进行,2017 年官渡区在上一年超越红塔区位居第二的基础上继续超越五华区位居榜首,但超越幅度很小,2018 年冠军又被五华区夺回,从五华和官渡二区的胶着状态可看出,还会经历调整,但红塔区位居第三的位置应会持续较长时间。

2011 年玉溪市的红塔区应用占总产出 3.39% 的财政支出引导102 071元的人均产出,而昆明市五华区运用占总产出 4.19% 的财政支出引导 70 782 元的人均产出,官渡区运用占总产出 6.51% 的财政支出引导 64 073 元的人均产出;2018 年则调整为昆明市五华区运用占总产出 4.02% 的财政支出引导 127 199 元的人均产出,官渡区运用占总产出 4.28% 的财政支出引导 134 967 元的人均产出,而玉溪市的红塔区运用占总产出 4.93% 的财政支出引导 127 437 元的人均产出。

这显然是一个政府经济职能的问题,红塔区与五华区均有重要的烟草支柱产业;两者的明显差异在于,红塔区为玉溪市的行政中心,而五华区长期作为云南省的省级行政机构聚集区;因此,五华区政府财政支出更多地向发挥政治和社会职能方面倾斜,而红塔区政府显然更倾斜于经济职能。随着云南省委机关迁至西山区以及省市级机关向其他主城区分散,五华区总部经济发挥的经济职能效果逐渐显现,于是超越了红塔区;紧接着奠定了官渡区作为全省经济巨无霸的地位,奠定了官渡区作为全省采用公共产品价值评价的财政支出效率的第一、第二位置。采用公共产品价值评价财政支出效率,主要是从政府经济职能的效率方面来测算,所以早年五华区政府的经济职能效率要低于红塔区政府。但从 2011—2019 年动态的比较可以看出,这一职能在改变,同时,云南省省级行政机构的财政支出效率在提高,也就是财政支出对省级机构引导的产出有所提高,这也从一个侧面表明 2011—2018 年云南省的省级机构行政效能有所改善。

基于县域经济考核的地方财政
支出相对效率研究

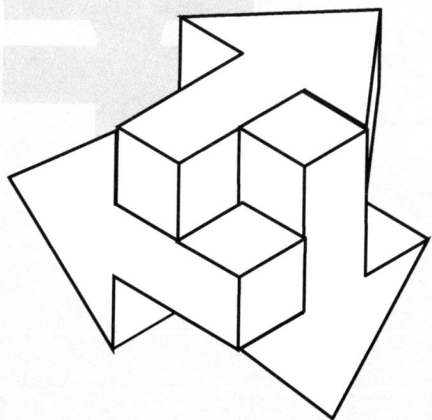

财政支出的过程本身不单是发挥职能的过程,政府还可通过财政支出来有效地弥补市场失灵,提供公共产品,满足社会需要。可以说,各级政府是通过财政的支出活动来推动本行政区域内的各项经济社会事业发展。

　　党的十一届三中全会后,我国各级财政在经济社会发展中的推动作用日益显著;1994年实施分税制改革以来,中央与地方、地方与地方间的经济关系、财政关系逐渐理顺,地方财政的独立性、系统性逐渐形成;2003年年底党的十六届三中全会通过《中共中央关于完善社会主义市场经济体制若干问题的决定》,推动了我国经济的市场化发展,财政支出在调节经济社会发展中的作用日益显著。由于市场化的发展以及地方财政体系的建立和独立性的形成,行政化手段在调节经济发展过程中所发挥的作用逐渐淡化,而经济手段调节市场的作用不断强化,依靠财政支出的经济手段这只政府有形的手,引导、调节市场这只无形的手,向提高经济效率、促进社会和谐的方向发展,已经成为各级政府发挥自身职能的重要责任。

　　郡县治,则天下安。今天,县级仍然是政治、经济和社会系统中最基础的层次和最基本的单元,是区域经济振兴的主战场。县级的经济、财政职能的发挥,效率的提高在我国经济社会发展中占有举足轻重的地位。县级财政支出涉及辖区内经济、政治、文化、社会、生态文明等方方面面,因此,要评价其财政支出的效率就需要根据侧重点,选取相应的指标进行测评,而测评的结果,也是针对该侧重点的。为了评价、激励县域经济的发展,各地都出台了相应的考核评价办法。可以说,各地的县域经济考核评价办法就是该地区县域经济发展的指挥棒,各被考核评价单位势必围绕其指标组织政府职能的发挥，因而，在财政支出方面也会向其倾斜。选择基于县域经济考核评价的指标，研究财政支出效率，无疑是对县域经济考核评价的一个有效补充。

第一节　云南省县域经济发展评价体系及考核办法简介

为科学有效地组织开展县域经济考核评价工作，引导各县（区、市）增强加快发展、争先进位的意识，更好更快地促进县域经济发展，推动云南科学发展和谐发展跨越发展，云南省委省政府于 2012 年颁布实施了《云南省县域经济发展争先进位评价体系及考核办法（试行）》[①]（以下简称《办法》）。《办法》旨在建立科学、公正、公平的县域经济发展监测考评体系，客观反映县域经济发展状况，更加突出跨越发展的要求，更加突出争先进位的导向，鼓励先进，促强扶弱，充分调动全省各县（区、市）加快发展的积极性，在新的起点上形成全省县域经济发展争先进位的良好局面。

考评坚持内容规范化原则，突出对加快发展主要经济指标的考核，注重考评内容的规范性和严格性，客观反映县域经济发展状况。坚持求真务实原则，考核过程体现民主和公开透明，力求客观、公正、可比。坚持统筹兼顾原则，注重全面和重点相结合，处理好近期和长远的关系，使监测考评更具综合性、前瞻性和导向性，突出工作实绩。坚持质量效益原则，既注重经济增长的规模和速度，又注重经济运行的质量和效益，推动和引导县域经济提质增效。坚持争先进位原则，充分发挥考

---

① 李嵩林整理. 云南省县域经济发展争先进位评价体系及考核办法. 中国县域经济报［N］.2013 - 6 - 6.

评体系的导向作用,突出激励性,形成县域经济发展争先进位格局。根据云南省实际,县域经济监测考评范围为全省 129 个县(区、市)。按《办法》确定的指标体系、计算方法,采用当年数据进行综合评分后排序,不划分类别,统一考核。

考核指标体系的选取以反映经济发展速度和质量为主,注重科学性、实用性、可操作性。选取 10 项指标进行考核,其中 6 项为综合评分指标,4 项为"一票否决"前置指标。综合评分指标包括:地区生产总值、人均地区生产总值、财政总收入、规模以上固定资产投资、城镇居民人均可支配收入、农民人均纯收入(2014 年统计口径改为"农村居民人均可支配收入");前置指标包括:生态环保、安全生产、社会稳定、党风廉政。监测考评指标体系实行动态管理,随着经济社会发展和省委、省政府工作重点的变化,适时进行修改和完善。选取的监测考评指标及权重如表 5-1 所示,随着考核经历试行、完善,逐渐发展为分类考核,从 2016 年开始 113 个县(市)仍然沿用原指标监测,另外 16 个市辖区则与 113 个县(市)中的重点开发区合计 55 个县(区、市)再形成指标更为丰富的《重点开发区和市辖区考核指标》,最初确定的表 5-1 所列 6 个指标均在考核中占据重要位置。

表 5-1 云南省县域经济考评指标体系

指标类别	指 标 名 称	指标权重
综合评分指标	地区生产总值	25
	人均地区生产总值	10
	财政总收入	20
	规模以上固定资产投资	15
	城镇居民人均可支配收入	15
	农民人均纯收入(农民人均现金收入)	15
合 计		100

指标类别	指 标 名 称	指标权重
"一票否决" 前置指标	生态环保	
	安全生产	
	社会稳定	
	党风廉政	

表 5-1 中所示综合评分指标和"一票否决"前置指标可作具体解释。根据各项指标重要程度,对选取的 6 项综合评分指标分别赋予不同的权重。考虑到各县(区、市)的发展基础、发展差距,指标权重分配总体采用平均并有所侧重的方法,权重合计为 100。其中,地区生产总值是反映经济发展综合实力的核心指标,是实现跨越发展的关键指标,赋予较大的权重 25％,财政总收入权重为 20％,人均地区生产总值权重为 10％,其余的 3 项指标规模以上固定资产投资、城镇居民人均可支配收入和农民人均纯收入权重各为 15％。前置指标不直接参与综合评分值的计算,但这些指标对科学、全面评价县域经济发展具有重要意义。生态环保主要反映县域经济社会可持续发展的能力,经济、生态、环境和资源协调发展情况;安全生产和社会稳定直接关系社会和谐稳定、人民安居乐业、经济社会发展环境等;党风廉政指标主要反映党风廉政、惩防体系建设开展的情况,是干部考核的重要指标。

云南省县域经济考评,以发展速度和发展质量为激励目标,以激励和加快经济发展为政策导向,完善激励约束机制,鼓励争先进位,对促进全省经济又好又快发展做出贡献的县(区、市)领导班子给予奖励,把县域经济发展的成效作为领导干部考核任用的重要依据。考核以 2011 年为基期,自 2012 年起,每年一考核,两年为一周期,2011 年为试运行,2012 年为正式执行。省委、省政府成立县域办,对全省 129 个县

（区、市）进行考核。

《办法》出台和实施后，公布了全省 129 个县（区、市）2011—2018 年考核的结果，并对县级各单位在各年的排位对外公布。通过考核排名，对全省各县（区、市）产生了巨大的震动。研究基于云南省县域经济考核评价指标体系的财政支出效率，既可以从县域经济考核目标的视角测评各县（区、市）政府围绕考核推动经济社会发展的财政支出效率，也可通过财政支出效率的测算结果，分析县域经济考核所取得的成果。

第二节　地方财政支出相对效率评价方法

评价事物、工作往往是一个比较的过程，要么是纵向与自己的过去比，要么是横向与同期的其他单位比，在比的过程中，位次是首要的，也就是获得被评价单元的相对成绩，比获得其在某方面指标的绝对数量更重要。前一章，基于公共产品价值作为测算财政支出效率的评价指标，是以一级政府财政支出对区域内人均总产出的贡献量衡量财政支出的成果，来反映该地区财政支出的效率。这是传统唯 GDP 论的评价成果，也是单目标的评价方法。通过上面的研究可以看出，基本上公共产品价值量的高低是 GDP 成果在财政支出成果上的反映。客观地讲，虽然唯 GDP 论在反映一个区域内的经济社会成果上存在较大的片面性，但涉及数十个职能部门工作，综合上百个统计指标的 GDP 核算方法，应该还是目前最为有效的反映区域经济成果的方法。

一、地方财政支出相对效率评价方法选取与方法简介

随着各级政府对考核目标设定覆盖面的拓宽，对经济社会发展全

面性要求的提高,考核评价政府财政支出效率时,在 GDP 成果反映的基础上,还需要根据考核的要求加入其他的评价指标,采用多目标评价财政支出的成果。多目标的评价中,由于寻找投入和产出之间的对应关系存在较大的主观性,而未必能有效地反映被评价者的成果。因而,在多目标评价体系中,采用非参数方法评价目标的相对效率,倍受理论界的关注。数据包络分析方法的提出和发展,无疑对多目标的相对效率评价具有深远的理论意义和现实作用。

数据包络分析(Data Envelopment Analysis,DEA)是著名运筹学家 Charnes A 和 Cooper W W 等学者以"相对效率评价"概念为基础发展起来的一种新的行之有效的系统分析方法。自 1978 年第一个 DEA 模型——C^2R 模型(也称 CCR 模型)建立以来,有关的理论研究不断深入,应用领域日益广泛。C^2R 模型是 Charnes A、Cooper W W 和 Rhodes E 于 1978 年发表在 *European Journal of Operational Research* 杂志上的文章 *Measuring the Efficiency of Decision Making Units* 中首次构建的 DEA 模型,四十多年来,DEA 模型的理论和应用均有不同程度的发展,但无论如何发展,均是基于由这三名著名科学家名字命名的 C^2R 模型(也称为 CCR 模型)来开展的。因此,可以说 C^2R 模型是 DEA 模型的基础,由 C^2R 模型即可刻画出数据包络分析的本质。该模型可表述如下:

对于某个问题,需要评价的 n 个决策单元记为:DMU_1、DMU_2、$\cdots$、DMU_n,假设评价的指标由 $m+s$ 个项组成,其中包括 m 项输入指标和 s 个输出指标。根据统计资料列出的各决策单元,输入和输出给定的数据,如图 5-1 所示。

其中,x_{ij} 为第 i 项指标对第 j 个决策单元 DMU_j 的输入量,$x_{ij} > 0$;y_{rj} 为第 r 项指标对第 j 个决策单元 DMU_j 的输出量,$y_{rj} > 0$;$i=1$,2,$\cdots$,m,$j=1$,2,$\cdots$,n,$r=1$,2,$\cdots$,s。表中,v_i 对应着第 i 项输

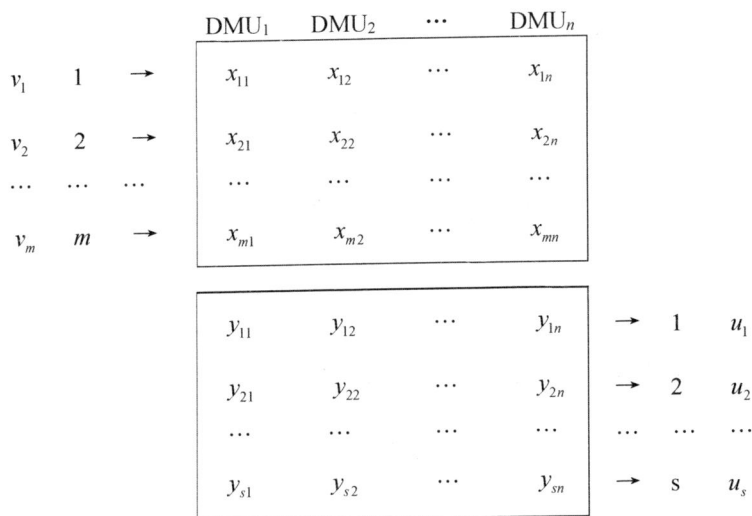

图 5-1　DEA 模型指标数据输入、输出形式

入的度量，u_r 对应着第 r 项输出的度量，v_i 和 u_r 为变量，按一定的权重分配到各个决策单元，$i=1,2,\cdots,m$，$j=1,2,\cdots,n$，$r=1,2,\cdots,s$。记

$$x_j=\begin{bmatrix}x_{1j} & x_{2j}\cdots x_{mj}\end{bmatrix}^\mathrm{T},\ y_j=\begin{bmatrix}y_{1j} & y_{2j}\cdots y_{sj}\end{bmatrix}^\mathrm{T},\ j=1,2,\cdots,n$$

$$v=\begin{bmatrix}v_1 & v_2\cdots v_m\end{bmatrix}^\mathrm{T},\ u=\begin{bmatrix}u_1 & u_2\cdots u_s\end{bmatrix}^\mathrm{T}$$

对于每个决策单元都有相应的效率评价指数：

$$h_j=\frac{u^\mathrm{T}y_j}{v^\mathrm{T}x_j},\ j=1,2,\cdots,n \tag{5-1}$$

操作上总可以适当选取权系数向量 v 和 u，使得

$$h_j\leqslant 1,\ j=1,2,\cdots,n \tag{5-2}$$

考察第 j_0 个决策单元 DMU_{j_0} 的效率，为此，将第 j_0 个决策单元的效率评价指数 h_{j_0} 为目标，以 $h_j\leqslant 1,j=1,2,\cdots,n$ 为约束，构成如下的

最优化 C^2R 模型

$$(\overline{P})\begin{cases} \max \dfrac{u^\top y_{j_0}}{v^\top x_{j_0}} = V_{\overline{P}} \\[2mm] \dfrac{u^\top y_j}{v^\top x_j} \leqslant 1, \; j=1,\,2,\,\cdots,\,n \\[2mm] u \geqslant 0 \\[1mm] v \geqslant 0 \end{cases} \tag{5-3}$$

对规划 $(\overline{P})$ 若存在最优解 v_0,u_0 满足

$$V_{\overline{P}} = \frac{u_0^\top y_{j_0}}{v_0^\top x_{j_0}} = 1 \tag{5-4}$$

则 DMU_{j_0} 为弱 DEA 有效的单元。

对规划 $(\overline{P})$ 若存在最优解 $v_0 > 0,u_0 > 0$ 满足

$$V_{\overline{P}} = \frac{u_0^\top y_{j_0}}{v_0^\top x_{j_0}} = 1 \tag{5-5}$$

则 DMU_{j_0} 为 DEA 有效的单元。

可以得出，DMU_{j_0} 为 DEA 的有效单元，也是弱 DEA 的有效单元。通过矩阵变换，可以得出决策单元的弱 DEA 有效性和 DEA 有效性与输入量 x_{ij} 及输出量 y_{ij} 量纲的选取无关。进一步，可以得出分式规划 $(\overline{P})$ 与线性规划 (P) 是等价的。

$$(P)\begin{cases} \max u^\top y_{j_0} = V_P \\[2mm] \omega^\top x_j - \mu^\top y_j \geqslant 0, \; j=1,\,2,\,\cdots,\,n \\[2mm] \omega^\top x_0 = 1 \\[1mm] u \geqslant 0,\; v \geqslant 0 \end{cases} \tag{5-6}$$

对应着线性规划 (P) 的对偶规划 (D) 为

$$(D)\begin{cases} \min \theta = V_D \\ \sum_{j=1}^{n} x_j \lambda_j \geqslant \theta x_{j_0} \\ \sum_{j=1}^{n} y_j \lambda_j \geqslant y_{j_0} \\ \lambda_j \geqslant 0 \\ j = 1, 2, \cdots, n \\ \theta \text{ 无限制} \end{cases} \qquad (5-7)$$

可以得出,线性规划(P)和其对偶规划为(D)都存在最优解,并且它们的最优值满足

$$V_P = V_D \leqslant 1 \qquad (5-8)$$

同样的,对于对偶规划(D),如果任意最优解 λ_j,$j = 1, 2, \cdots, n$,θ_0 都使得 $V_D = \theta_0 = 1$,并且

$$\begin{cases} \sum_{j=1}^{n} x_j \lambda_{j_0} = \theta_0 x_{j_0} \\ \sum_{j=1}^{n} y_j \lambda_{j_0} \geqslant y_{j_0} \end{cases} \qquad (5-9)$$

则决策单元 DMU_{j_0} 为 DEA 有效。可以看出,只有在一个输入($m=1$)和一个输出($s=1$)的情况下,DEA 有效与弱 DEA 有效才是等价的。

从 C^2R 模型可以看出,运用 DEA 方法进行多指标评价的好处,在于各个评价对象的相对有效性是在对大量原始数据进行定量分析的基础上得来的,与固定变量权重不同,DEA 用的是可变权重,并且对每个决策单元都选择最有利的权重。所谓最有利,是指对每个决策单元,都选择了能够使它在现有条件下,产出投入比最大的权重组合,这样能有效地避免主观确定权重的不足。另外,由于在多目标评价体系中不同

的输入和输出的单位不一定是统一的,采用数据包络分析方法,有效性与量纲无关,因而,对输入、输出指标可作量纲处理,也可不作量纲处理。

经济学中的帕累托最优法则(Pareto Optimality),是指资源分配的一种状态:在不使任何人境况变坏的情况下,不可能再使某些人的处境变得更好。数据包络分析遵循帕累托最优法则,当决策单元达到有效率时:① 不增加投入的资源或者不减少其他产出项的产量,任何产出无法增加产量;同样,② 不减少产出的产量或者增加其他投入项的投入资源,任何投入项的投入资源是不可减少的。数据包络分析并未预设各项投入与产出之间的关系,而是由相对比较的观念决定各决策单元的效率值。DEA 模型计算出各个决策单元的相对效率,以之评价效率的高低,不仅得出了各个决策单元的效率值,还可以指出各决策单元应该如何调整其投入与产出项,以达到高效率的目标。C^2R 模型假设投入与产出之间的关系为固定规模报酬,其评估方法是对各个决策单元进行评估,将被评估的各项产出与投入的生产因子分别以线性组合的比值(产出/投入)为其效率值,定义最大效率值为 1,为有效率单元;否则,为无效率单元。

二、 地方财政支出相对效率评价模型构建

云南省出台的县域经济发展争先进位评价体系及考核试行办法,将地区生产总值、人均地区生产总值、财政总收入、规模以上固定资产投资、城镇居民人均可支配收入、农民人均纯收入(2014 年开始统计口径改为"农村常住居民人均可支配收入")六个综合评分指标量化,作为考核的定量标准;另外还增加了四个"一票否决"前置指标:生态环保、安全生产、社会稳定、党风廉政。该办法在考核县级的经济社会发展成绩上取得了较大的进步,一方面,考核面较丰富,不仅包含经济发展的

重要指标,也包含了反映民生的主要指标,还包含生态环境、社会稳定的考核要求;另一方面,考核进行了必要的量化,而且对反映发展的指标赋予了必要的权重,以标明各指标在发展中的相对重要程度。通过考核中对不同指标权重分配的不同,指出了政府对相应指标投入多少的相对要求,这种指挥棒效应必将逐渐显现。考核对 2011 年工作进行试评价,对 2012 年之后的工作正式评价并表彰,同时也通过比较两年的成绩直观检查考核的效果。

基于云南省县域经济考核评价的综合评分指标体系,通过财政支出分配到各指标对发展的推动作用,构建数据包络分析的 C^2R 模型,研究各地财政支出的相对效率,对其评价并提出各指标的改进策略。

在基于县域经济考核的地方财政支出相对效率 C^2R 模型的构建中,选取地方公共财政预算支出为投入变量,选取县域经济考核中的六个综合评分指标:地区生产总值、人均地区生产总值、财政总收入、规模以上固定资产投资、城镇居民人均可支配收入、农民人均纯收入(2014 年开始统计口径为农村居民人均可支配收入)为产出变量。由于 C^2R 模型中相对效率的有效性与量纲无关,针对六个综合评分指标单位不相同的情况,模型中对投入、产出数据采取归一化处理,各个指标分配到所有评价单元的值介于 0 到 1 之间,且对每一个指标,所有评价单元的值加总为 1。考虑到,考核中对六个综合评分指标赋予不同的权重,可认为针对产出变量六个指标的投入有一定的侧重。因此,在建模时,赋予地方公共财政预算支出 100 的权重作为投入变量,对六个综合评分指标分别按照考核时赋予的权重,赋予:地区生产总值 25、人均地区生产总值 10、财政总收入 20、规模以上固定资产投资 15、城镇居民人均可支配收入 15、农民人均纯收入(2014 开始统计口径改为"农村常住居民人均可支配收入")15 的权重作为产出变量。

经过归一化处理,并赋予相应权重后的投入、产出变量表示如表5‑2所示。

表5‑2　市县级财政支出相对效率投入产出指标

变　量	指　　　　　标	符号	权重
投入	地方公共财政预算支出	E	100
产出1	地区生产总值	GDP	25
产出2	人均地区生产总值	AGDP	10
产出3	地方财政总收入	R	20
产出4	规模以上固定资产投资	IFA	15
产出5	城镇居民人均可支配收入	IU	15
产出6	农民人均纯收入(2014年开始统计口径改为农村常住居民人均可支配收入)	IR	15

在财政支出相对效率评价中,考评的是在一定投入的情况下产出的效率。因此,采用产出导向型(output)的C^2R模型,即在地方公共财政预算支出给定的条件下,通过提升地区生产总值、人均地区生产总值、财政总收入、规模以上固定资产投资、城镇居民人均可支配收入、农民人均纯收入等产出来提高财政支出的效率。

在相对效率评价结果中,效率值为1的表明该单元是有效率的,效率值小于1的表明该单元无效率。在对被评价单元相对效率进行排序时,无效单元采用效率值的大小排序,对有效单元,因为效率值均为1,用效率值大小排序的方法失效。本文的研究中,选用标杆排序法对有效单元进行排序,对有效单元,按被无效单元作为标杆参考次数的多少排序,被无效单元参考次数多的有效单元排序靠前。

市(州)是我国介于省和县级之间的一级地方行政机构,目前云南省下辖八个市和八个自治州,每个市或州下辖若干县级,所辖县域多则十数个,少则三五个。县域有三种建制:① 县,有普通的县和民族自治县两种;② 市,在地级市或自治州下辖的县级市,与县相比其主要特点是工业化和城镇化程度较高;③ 区,在地级市或自治州下辖的县级区。区与县、市存在一定的差别,具体地讲,区带有一定的所属市(州)派出机构的成分,但它与早先的地区不同,区在行政划分上是独立的一级机构,但业务上与所属市(州)的紧密程度较高,例如,公安、自然资源等区级部门大多以所属市(州)派出分局的形式存在。研究将基于云南省县域经济考评公布数据,分别对全省市(州)财政支出相对效率和县(区、市)财政支出相对效率进行评价分析。

第三节　云南省市(州)财政支出相对效率评价分析

一、云南省市(州)财政支出相对效率评价和各变量目标值分析

构建两阶段产出导向型(output)的 C^2R 评价模型,采用 MaxDEA Pro 软件计算云南省 16 个市(州)2011—2018 年财政支出相对效率结果、排名和各投入变量、产出变量目标值,结果如表 5 - 3～表 5 - 10 所示[表中第四列"排名"栏中(*)为该有效单元被无效单元作为参考标杆的次数][1]。

表 5 - 3　2011 年云南省 16 个市(州)财政
支出相对效率评价结果　　　　单位:%

编号	市(州)	效率	排名	E目标值	GDP目标值	AGDP目标值	R目标值	IFA目标值	IU目标值	IR目标值
1	昆明市	1.000	2(10)	18.750	7.049 4	1.354 5	6.774 4	5.058 5	1.239 6	1.434 8
2	曲靖市	0.942	7	8.886 2	3.398 7	1.201 8	3.735 3	1.809 3	1.038 8	1.245 6

---

① 云南省人民政府办公厅,云南省统计局,国家统计局云南调查总队.云南领导干部手册[M].昆明:云南人民出版社,2012—2019.

编号	市(州)	效率	排名	E目标值	GDP目标值	AGDP目标值	R目标值	IFA目标值	IU目标值	IR目标值
3	玉溪市	1.000	3(9)	5.927 7	2.462 2	1.322 5	3.222 4	0.619 4	1.045 5	1.359 0
4	保山市	0.766	9	3.458 7	0.908 0	0.812 6	0.971 7	0.438 8	0.915 8	0.911 8
5	昭通市	0.573	16	4.339 0	1.306 3	0.725 8	1.322 8	0.843 0	0.794 2	0.743 3
6	丽江市	1.000	5(2)	3.459 0	0.501 4	0.498 1	0.378 2	0.604 9	0.892 3	0.877 1
7	普洱市	0.605	14	3.744 8	0.846 0	0.575 1	0.668 6	0.685 7	0.839 5	0.891 1
8	临沧市	0.601	15	3.283 5	0.765 3	0.581 6	0.563 7	0.548 6	0.799 0	0.880 0
9	楚雄州	0.850	8	4.574 5	1.355 3	0.947 1	1.495 4	0.709 3	1.003 2	0.966 8
10	红河州	0.692	11	6.262 0	2.192 8	0.986 5	2.390 9	1.190 8	0.947 4	1.015 4
11	文山州	0.647	13	3.950 3	1.127 5	0.882 2	1.266 6	0.559 2	0.941 7	0.899 1
12	西双版纳州	1.000	4(4)	2.849 0	0.555 0	0.605 4	0.267 8	0.325 1	0.884 1	1.094 2
13	大理州	0.743	10	5.035 4	1.595 6	0.964 7	1.765 2	0.830 6	0.988 4	0.987 2
14	德宏州	0.686	12	2.689 5	0.484 0	0.691 5	0.391 6	0.315 2	0.885 7	0.841 4
15	怒江州	0.973	6	1.762 4	0.181 5	0.523 0	0.111 3	0.209 7	0.683 8	0.527 0
16	迪庆州	1.000	1(11)	2.806 2	0.270 8	0.837 0	0.149 1	0.334 8	1.101 1	0.843 2
	平均值	0.817								

表 5-4　2012 年云南省 16 个市(州)财政
支出相对效率评价结果　　　单位：%

编号	市(州)	效率	排名	E目标值	GDP目标值	AGDP目标值	R目标值	IFA目标值	IU目标值	IR目标值
1	昆明市	1.000	2(10)	18.265	7.144 3	1.373 1	6.625 9	4.898 4	1.236 5	1.405 4
2	曲靖市	0.866	7	8.485 0	3.322 1	1.196 7	3.639 1	1.723 5	1.059 3	1.236 5
3	玉溪市	1.000	3(8)	5.624 5	2.373 0	1.277 5	3.230 4	0.599 8	1.047 6	1.333 3
4	保山市	0.693	12	3.410 8	0.925 2	0.821 8	0.982 2	0.465 1	0.926 2	0.931 8
5	昭通市	0.496	16	4.278 8	1.318 2	0.730 0	1.255 8	0.881 1	0.803 2	0.738 7
6	丽江市	0.946	6	3.507 7	0.825 5	0.716 2	0.626 7	0.617 4	0.912 2	0.890 4

编号	市(州)	效率	排名	E目标值	GDP目标值	AGDP目标值	R目标值	IFA目标值	IU目标值	IR目标值
7	普洱市	0.650	14	3.841 5	1.030 4	0.668 8	0.819 7	0.733 2	0.845 9	0.877 5
8	临沧市	0.632	15	3.526 8	0.928 3	0.610 6	0.705 1	0.633 4	0.803 3	0.901 6
9	楚雄州	0.803	8	4.411 3	1.352 4	0.940 0	1.467 7	0.726 1	0.994 1	0.957 0
10	红河州	0.699	11	6.029 1	2.148 3	0.986 5	2.301 8	1.171 7	0.965 7	1.010 7
11	文山州	0.653	13	3.805 9	1.134 2	0.871 8	1.262 1	0.579 1	0.925 1	0.887 6
12	西双版纳州	1.000	4(5)	2.802 5	0.552 0	0.602 8	0.287 9	0.334 7	0.877 4	1.079 2
13	大理州	0.703	10	4.896 3	1.594 6	0.950 8	1.719 3	0.849 3	0.986 6	0.994 4
14	德宏州	0.721	9	2.559 1	0.476 9	0.682 5	0.366 5	0.329 9	0.865 3	0.832 6
15	怒江州	0.961	5	1.682 7	0.180 7	0.552 0	0.090 0	0.214 6	0.696 7	0.551 1
16	迪庆州	1.000	1(11)	2.542 2	0.269 6	0.835 1	0.130 4	0.324 5	1.055 0	0.833 6
平均值		0.801								

表5-5　2013年云南省16个市(州)财政
支出相对效率评价结果　　　　单位：％

编号	市(州)	效率	排名	E目标值	GDP目标值	AGDP目标值	R目标值	IFA目标值	IU目标值	IR目标值
1	昆明市	1.000	1(11)	18.170	7.132 8	1.363 5	6.730 4	4.763 4	1.233 6	1.386 6
2	曲靖市	0.921	7	8.489 0	3.308 0	1.171 1	3.625 0	1.658 7	1.055 5	1.284 7
3	玉溪市	1.000	3(6)	5.778 3	2.302 5	1.235 8	3.042 8	0.639 7	1.056 1	1.334 6
4	保山市	0.713	10	3.326 9	0.939 3	0.739 8	0.794 7	0.468 5	0.937 8	1.145 1
5	昭通市	0.532	16	4.309 0	1.379 1	0.642 9	1.123 6	0.891 3	0.814 6	0.975 1
6	丽江市	0.998	6	3.504 1	0.965 2	0.682 7	0.677 4	0.605 6	0.923 8	1.116 3
7	普洱市	0.586	15	3.667 3	1.089 5	0.633 3	0.828 9	0.694 3	0.834 0	1.004 1
8	临沧市	0.635	13	3.570 6	1.063 4	0.613 9	0.811 1	0.678 0	0.807 6	0.972 2
9	楚雄州	0.803	9	4.302 9	1.321 0	0.804 5	1.143 8	0.734 1	0.997 8	1.210 9

编号	市（州）	效率	排名	E目标值	GDP目标值	AGDP目标值	R目标值	IFA目标值	IU目标值	IR目标值
10	红河州	0.641	12	6.176 7	2.144 8	0.846 0	1.962 2	1.302 2	0.969 9	1.161 2
11	文山州	0.619	14	3.754 3	1.155 7	0.758 9	1.063 9	0.578 1	0.917 1	1.119 3
12	西双版纳州	1.000	1(11)	2.520 7	0.568 7	0.619 5	0.297 4	0.339 8	0.874 2	1.062 7
13	大理州	0.698	11	4.827 7	1.588 9	0.846 9	1.499 2	0.847 4	0.987 1	1.199 4
14	德宏州	0.813	8	2.512 9	0.577 0	0.607 9	0.312 1	0.345 8	0.855 3	1.039 4
15	怒江州	1.000	4(0)	1.715 1	0.179 2	0.417 1	0.092 5	0.134 7	0.696 0	0.486 1
16	迪庆州	1.000	4(0)	3.376 5	0.274 2	0.847 5	0.134 0	0.318 5	1.039 9	0.833 0
	平均值	0.810								

表 5-6 2014 年云南省 16 个市（州）财政
支出相对效率评价结果　　　　　单位：％

编号	市（州）	效率	排名	E目标值	GDP目标值	AGDP目标值	R目标值	IFA目标值	IU目标值	IR目标值
1	昆明市	1.000	5(0)	16.657	7.174 0	1.380 5	6.925 2	2.108 5	1.262 7	1.283 5
2	曲靖市	1.000	1(9)	9.376 0	2.991 8	0.634 4	2.128 1	1.912 1	1.009 6	1.054 2
3	玉溪市	1.000	3(3)	5.816 6	2.289 1	1.239 7	3.083 3	0.748 1	1.098 4	1.234 3
4	保山市	0.991	7	4.566 4	1.289 9	0.681 8	0.817 4	0.816 8	0.953 8	1.173 6
5	昭通市	0.905	9	8.405 5	2.682 2	0.568 8	1.907 8	1.714 2	0.905 1	0.945 1
6	丽江市	0.807	12	2.899 2	0.698 0	0.732 6	0.447 8	0.405 7	0.958 4	1.193 1
7	普洱市	0.714	16	4.491 9	1.300 9	0.599 6	0.846 0	0.825 4	0.849 7	1.027 9
8	临沧市	0.786	13	4.286 1	1.249 6	0.553 4	0.818 1	0.793 3	0.787 9	0.948 1
9	楚雄州	0.856	11	4.926 3	1.448 7	0.737 1	1.041 7	0.868 1	0.989 8	1.203 5
10	红河州	0.775	15	7.501 9	2.377 5	0.664 0	1.760 6	1.470 1	0.963 4	1.059 5
11	文山州	0.969	8	5.905 6	1.795 2	0.598 6	1.223 5	1.143 3	0.882 5	1.016 3
12	西双版纳州	1.000	1(9)	2.527 2	0.591 3	0.650 7	0.291 8	0.368 2	0.866 6	1.133 6
13	大理州	0.870	10	5.944 4	1.765 4	0.695 4	1.177 0	1.122 3	1.003 4	1.187 4

编号	市(州)	效率	排名	E目标值	GDP目标值	AGDP目标值	R目标值	IFA目标值	IU目标值	IR目标值
14	德宏州	0.781	14	2.667 2	0.644 0	0.642 3	0.334 0	0.402 2	0.859 6	1.117 7
15	怒江州	1.000	4(1)	1.777 7	0.193 5	0.455 1	0.098 4	0.172 2	0.696 7	0.532 0
16	迪庆州	1.000	5(0)	2.837 5	0.284 4	0.888 3	0.134 8	0.129 5	1.009 5	0.726 2
平均值		0.903								

表5-7 2015年云南省16个市(州)财政
支出相对效率评价结果   单位：%

编号	市(州)	效率	排名	E目标值	GDP目标值	AGDP目标值	R目标值	IFA目标值	IU目标值	IR目标值
1	昆明市	1.000	2(9)	15.851	7.154 4	1.333 7	6.718 1	4.101 0	1.260 8	1.278 9
2	曲靖市	0.781	11	7.297 8	2.939 4	0.946 1	2.852 3	1.616 5	1.006 2	1.156 2
3	玉溪市	1.000	3(8)	5.750 8	2.243 9	1.180 7	3.170 1	0.782 7	1.100 2	1.226 7
4	保山市	0.721	12	3.565 5	0.995 2	0.760 4	0.790 1	0.588 4	0.952 3	1.208 2
5	昭通市	0.367	16	3.827 9	1.277 2	0.682 2	1.152 7	0.718 9	0.808 4	0.996 3
6	丽江市	0.808	9	2.998 0	0.636 6	0.712 8	0.451 0	0.377 4	0.958 1	1.053 6
7	普洱市	0.573	15	3.234 6	0.926 8	0.688 3	0.788 3	0.527 3	0.847 7	1.069 1
8	临沧市	0.782	10	4.080 5	1.396 9	0.642 0	1.115 2	0.854 9	0.788 1	0.977 1
9	楚雄州	0.817	7	4.549 8	1.447 2	0.790 0	1.091 1	0.903 4	0.993 7	1.250 3
10	红河州	0.856	6	8.138 7	3.368 1	0.889 8	3.027 8	1.967 8	0.965 5	1.101 3
11	文山州	0.605	14	3.783 9	1.208 1	0.754 4	1.179 2	0.634 3	0.882 0	1.087 8
12	西双版纳州	1.000	1(10)	2.721 4	0.605 7	0.647 1	0.293 7	0.423 0	0.865 3	1.126 5
13	大理州	0.657	13	4.693 4	1.622 9	0.920 9	1.816 3	0.761 3	1.005 5	1.205 4
14	德宏州	0.814	8	2.610 6	0.527 1	0.625 8	0.326 5	0.329 1	0.854 4	0.943 6
15	怒江州	1.000	4(2)	1.849 4	0.204 0	0.467 1	0.095 7	0.114 5	0.705 8	0.535 4
16	迪庆州	1.000	5(0)	2.845 0	0.290 5	0.884 0	0.144 6	0.334 3	1.006 1	0.725 0
平均值		0.799								

表 5-8 2016年云南省16个市(州)财政
支出相对效率评价结果　　　　单位：%

编号	市(州)	效率	排名	E目标值	GDP目标值	AGDP目标值	R目标值	IFA目标值	IU目标值	IR目标值
1	昆明市	1.000	2(7)	16.436	7.1712	1.3331	6.9711	3.8095	1.2558	1.2781
2	曲靖市	0.849	10	8.1157	2.9310	0.8563	2.6348	1.7434	1.0078	1.1519
3	玉溪市	1.000	3(6)	5.5713	2.1720	1.1426	2.8159	0.8685	1.0998	1.2183
4	保山市	0.760	12	3.8610	1.0126	0.7278	0.6934	0.6485	0.9503	1.2121
5	昭通市	0.404	16	3.9588	1.2656	0.6611	1.0581	0.7185	0.8082	1.0081
6	丽江市	0.851	9	3.0502	0.5637	0.7603	0.4580	0.3359	0.9605	0.8907
7	普洱市	0.554	15	3.2513	0.9389	0.7114	0.8851	0.4875	0.8475	1.0543
8	临沧市	0.882	8	4.4934	1.0576	0.5481	0.7415	0.8912	0.7886	0.9297
9	楚雄州	0.921	7	5.1715	1.4024	0.7492	1.0488	0.9810	0.9981	1.2204
10	红河州	1.000	4(4)	9.0437	2.2136	0.5912	1.7404	2.0473	0.9688	0.9619
11	文山州	0.586	14	3.8110	1.2178	0.7681	1.2282	0.6097	0.8811	1.0742
12	西双版纳州	1.000	1(10)	2.8008	0.6082	0.6488	0.3135	0.4034	0.8625	1.1246
13	大理州	0.656	13	4.6147	1.6084	0.9384	1.8382	0.7294	1.0039	1.1818
14	德宏州	0.847	11	2.7158	0.5356	0.6313	0.3317	0.3277	0.8526	0.9554
15	怒江州	1.000	5(2)	1.9900	0.2090	0.4795	0.1035	0.1175	0.7083	0.5394
16	迪庆州	1.000	6(1)	2.8331	0.2924	0.8899	0.1654	0.3066	1.0063	0.7215
	平均值	0.832								

表 5-9 2017年云南省16个市(州)财政
支出相对效率评价结果　　　　单位：%

编号	市(州)	效率	排名	E目标值	GDP目标值	AGDP目标值	R目标值	IFA目标值	IU目标值	IR目标值
1	昆明市	1.000	2(6)	16.794	7.3424	1.3642	7.3221	3.4503	1.2549	1.2748
2	曲靖市	0.893	8	8.5536	2.8680	0.7909	2.5130	1.8362	1.0071	1.0977
3	玉溪市	1.000	2(6)	5.6735	2.1376	1.1283	2.6668	0.8841	1.1001	1.2152

编号	市(州)	效率	排名	E目标值	GDP目标值	AGDP目标值	R目标值	IFA目标值	IU目标值	IR目标值
4	保山市	0.761	12	3.921 9	1.026 1	0.697 8	0.676 5	0.721 3	0.951 4	1.193 5
5	昭通市	0.440	16	3.963 1	1.256 1	0.629 2	1.002 0	0.734 0	0.806 2	1.001 0
6	丽江市	0.827	10	2.878 6	0.564 5	0.704 1	0.378 4	0.329 0	0.958 9	0.985 3
7	普洱市	0.537	14	3.161 2	0.941 7	0.693 2	0.831 7	0.500 1	0.847 0	1.058 2
8	临沧市	0.852	9	4.482 1	1.117 7	0.539 4	0.759 7	0.957 2	0.790 3	0.920 6
9	楚雄州	0.971	7	5.227 4	1.414 4	0.721 5	1.028 0	1.055 5	0.998 3	1.195 9
10	红河州	1.000	4(5)	8.718 3	2.232 1	0.596 4	1.665 4	2.072 6	0.971 7	0.963 8
11	文山州	0.535	15	3.723 9	1.188 4	0.729 9	1.062 1	0.620 1	0.883 0	1.095 9
12	西双版纳州	1.000	1(10)	2.549 1	0.593 8	0.633 7	0.296 5	0.392 1	0.857 9	1.120 8
13	大理州	0.622	13	4.554 1	1.578 8	0.925 9	1.752 4	0.721 5	1.002 3	1.178 0
14	德宏州	0.788	11	2.575 1	0.538 1	0.629 8	0.348 5	0.321 2	0.852 0	0.934 4
15	怒江州	1.000	5(2)	1.940 9	0.213 6	0.491 5	0.103 2	0.124 1	0.714 3	0.546 4
16	迪庆州	1.000	6(0)	3.028 6	0.300 4	0.917 4	0.130 0	0.298 1	1.004 6	0.723 7
	平均值	0.827								

表5-10 2018年云南省16个市(州)财政
支出相对效率评价结果　　　　单位：%

编号	市(州)	效率	排名	E目标值	GDP目标值	AGDP目标值	R目标值	IFA目标值	IU目标值	IR目标值
1	昆明市	1.000	2(4)	15.217	7.328 8	1.351 1	7.780 6	3.262 1	1.254 6	1.269 1
2	曲靖市	0.815	10	7.821 4	2.833 8	0.800 1	2.608 2	1.671 9	1.004 7	1.056 0
3	玉溪市	1.000	2(4)	5.586 1	2.101 5	1.108 0	2.448 2	0.881 9	1.098 8	1.215 3
4	保山市	0.801	11	4.209 0	1.049 5	0.659 6	0.672 5	0.798 3	0.952 5	1.051 5
5	昭通市	0.428	16	3.956 8	1.252 0	0.607 7	1.031 8	0.734 8	0.806 5	0.936 5
6	丽江市	0.882	8	2.965 9	0.688 8	0.706 9	0.400 5	0.405 1	0.960 3	1.245 8
7	普洱市	0.556	14	3.280 5	0.932 5	0.634 1	0.692 5	0.531 1	0.848 9	1.062 7

编号	市(州)	效率	排名	E目标值	GDP目标值	AGDP目标值	R目标值	IFA目标值	IU目标值	IR目标值
8	临沧市	0.923	7	4.958 6	1.206 5	0.536 4	0.787 8	1.068 0	0.801 1	0.916 5
9	楚雄州	1.000	4(3)	5.547 9	1.441 8	0.659 8	0.980 8	1.188 1	0.996 8	0.936 2
10	红河州	1.000	5(2)	9.017 3	2.243 3	0.596 2	1.538 0	2.171 3	0.974 7	0.965 4
11	文山州	0.542	15	3.740 1	1.209 1	0.692 0	1.027 8	0.614 6	0.882 6	1.110 4
12	西双版纳州	1.000	1(10)	2.600 1	0.588 1	0.624 1	0.317 8	0.352 8	0.855 8	1.114 4
13	大理州	0.615	13	4.530 3	1.579 9	0.933 2	1.723 4	0.696 8	1.001 0	1.160 7
14	德宏州	0.870	9	2.625 6	0.610 9	0.625 5	0.357 0	0.358 8	0.849 1	1.101 2
15	怒江州	0.780	12	2.177 6	0.492 5	0.522 7	0.266 2	0.295 5	0.716 7	0.933 3
16	迪庆州	1.000	6(0)	3.218 8	0.306 2	0.931 6	0.125 5	0.298 5	1.004 3	0.726 3
	平均值	0.826								

从各市（州）财政支出相对效率评价结果看，2011—2018年昆明市、玉溪市和西双版纳傣族自治州、迪庆藏族自治州两市两州全为强有效，2013—2017年怒江傈僳族自治州为强有效，2016—2018年红河哈尼族彝族自治州为强有效，曲靖市仅2014年强有效，其余九市（州）各年均未达到有效。由于都达到强有效，财政支出相对效率值都为1，在相对效率排序时以被作为参考标杆的次数多者排前。从这八年地方财政支出相对效率全为强有效的四个市（州）看，西双版纳傣族自治州相对效率六年排名第一、两年排名第四，排名平均数1.75；昆明市相对效率一年排名第一、六年第二、一年第五，排名平均数2.25；玉溪市相对效率两年排名第二、六年第三，排名平均数2.75；迪庆藏族自治州相对效率两年排名第一、一年第四、两年第五、三年第六，排名平均数4.25。可看出，2011—2018年间，西双版纳傣族自治州、昆明市、玉溪市、迪庆藏族自治州为财政支出相对效率前四位的市（州）。昭通市相对效率七年

排名末位、一年第九,排名平均数 15.125;普洱市相对效率四年排名第十四、三年第十五、一年第十六,排名平均数14.625;大理白族自治州相对效率三年排名第十、一年第十一、四年第十三,排名平均数 11.625;临沧市相对效率排名第七、八、九、十名各一年,排名十三和排名十五各两年,排名平均数 11.25。2011—2018 年,临沧市、大理白族自治州、普洱市和昭通市地方财政支出相对效率整体上居全省十六市(州)的后四位。

从财政支出相对效率有效的单元看,昆明、玉溪两市和西双版纳、迪庆两州 2011—2018 年均为强有效,但各年排名因作为标杆的次数排序不同而发生变化。2011—2018 年昆明市被无效单元作为参考标杆的次数分别为 10、10、11、0、9、7、6 和 4 次,玉溪市被无效单元作为参考标杆的次数分别为 9、8、6、3、8、6、6 和 4 次,西双版纳傣族自治州被无效单元作为参考标杆的次数分别为 4、5、11、9 次和连续四年的 10 次,迪庆藏族自治州被无效单元作为参考标杆的次数分别为 11、11、0、0、0、1、0 和 0 次。

从 2011—2018 年云南省市(州)财政支出相对效率的比较看,八年都为强有效的两市两州之外的非全有效 12 市(州),除 2014 年大多表现异常高之外,保山市、临沧市、楚雄彝族自治州、红河哈尼族彝族自治州、德宏傣族景颇族自治州基本呈相对效率上升趋势,曲靖市、昭通市、普洱市、文山壮族苗族自治州、大理白族自治州基本呈相对效率下降态势,怒江傈僳族自治州除 2018 年(0.780)效率较低外,其余年度都是 1 或接近于 1,昭通市则在较低的相对效率水平徘徊。非全有效 12 市(州)中,2011—2018 年,怒江傈僳族自治州的平均财政支出相对效率值(0.964)最高、昭通市(0.518)最低,后者仅为前者的一半多,这表明在未达到有效的市(州)中不同区域的财政支出效率分布还存在较大的不均衡性,也就是改进的空间还比较大。2011—2018 年,云南省 16 个市

（州）财政支出相对效率各年平均值最低值在 2015 年（0.799），最高值在 2014 年（0.903），总体上，云南省市（州）级的财政支出效率处在较高的水平。

从 2011—2018 年云南省 16 市（州）财政支出相对效率排序看，西双版纳傣族自治州从 2013 年迈上第一后，连续六年保持在首位，属于地方财政支出相对效率动态表现最好的地区；迪庆藏族自治州则由 2011 年和 2012 年的第一位逐渐后移至第四位，2014 年与昆明市同居第五位，2016 年开始连续三年居第六位；两者都是在强有效的基础上，排位有变化；昆明市和玉溪市则保持相对稳定的第二和第三的位置。曲靖市作为全省第二大经济体，除 2014 年达到强有效之外，与大理白族自治州和丽江市呈现位次后移的调整态势，昭通市、普洱市和文山壮族苗族自治州稳定在最后三位，红河哈尼族彝族自治州、楚雄彝族自治州和临沧市则表现出较明显的位次提升态势。总体上可以看出，云南省市（州）财政支出相对效率的波动性不大，表明财政支出效率在短时间内不会得到明显的提高，或者发生显著的下降。

由产出导向型 C^2R 模型得出的一个投入指标和六个产出指标的有效目标值，指出改进的方向是作为投入变量的地方公共财政预算支出（E）希望尽量小，因此该变量的目标值总是不超过实际值；而作为产出变量的地区生产总值（GDP）、人均地区生产总值（AGDP）、地方财政总收入（R）、规模以上固定资产投资（IFA）、城镇居民人均可支配收入（IU）和农村居民人均可支配收入（IR）（2014 年前统计口径为"农民人均纯收入"）总希望尽量大，因此它们的目标值总是不小于其实际值。从表 5-3～表 5-10 还可以看出 2011—2018 年云南省各市（州）投入和产出变量目标值的变动态势和均衡走势。

2011—2015 年，昆明市地方公共财政预算支出（E）目标值持续减少，紧接着两年微幅回升后，2018 年大幅下降，总体上呈减少态势，八年平均减幅为 2.9%。六个产出变量的目标值中,规模以上固定资产投资(IFA)在 2014 年出现大幅变动,由上年大幅下降后,次年又大幅回升,其他年度均减少,年平均降幅为 6.1%。其余五个产出变量目标值八年间变动幅度都很小,地区生产总值(GDP)、地方财政总收入(R)和城镇居民人均可支配收入(IU)微幅提升,年平均增幅分别为 0.56%、2.0% 和 0.17%;人均地区生产总值(AGDP)和农村居民人均可支配收入(IR)微幅减少,年平均减少幅度分别为 0.04% 和 1.7%。相比较而言,2011—2018 年昆明市产出变量目标值地方财政总收入(R)表现出较明显的增长,规模以上固定资产投资(IFA)和农村居民人均可支配收入(IR)表现出较明显地减少。

玉溪市评价财政支出相对效率的一个投入变量和六个产出变量目标值均表现出较平稳的变动。规模以上固定资产投资(IFA)和城镇居民人均可支配收入(IU)呈增长态势,年均增长 5.2% 和 0.7%;其余的四个产出变量和一个投入变量均呈减少态势,地区生产总值(GDP)、人均地区生产总值(AGDP)、地方财政总收入(R)、农村居民人均可支配收入(IR)和地方公共财政预算支出(E)目标值年均减少幅度分别为 2.2%、2.5%、3.8%、1.6% 和 0.8%。从中可看出,2011—2018 年玉溪市规模以上固定资产投资(IFA)的产出需求增长最快,而地方财政总收入(R)产出需求的减少最快;同时也表现出该市评价财政支出相对效率的投入和产出变量平稳变动。

西双版纳傣族自治州评价财政支出相对效率的一个投入变量地方公共财政预算支出(E)目标值动态调整幅度较大,2011—2016 年成 U 形走势,2017 年较大幅度下降后小幅提升;六个产出变量的走势都较平稳。投入变量地方公共财政预算支出(E)和产出变量城镇居民人均可支配收入(IU)目标值呈较小幅度的减少态势,两变量年均减少幅度分别为 1.3% 和 0.46%;另外五个产出变量地区生产总值(GDP)、人均地区生产总值（AGDP）、地方财政总收入（R）、规模以上固定资产投资（IFA）和农村居民人均可支配收入（IR）目标值呈小幅增加态势，年均增幅分别为 0.83％、0.44％、2.5％、1.2％ 和 0.26％。从中可看出，2011—2018 年西双版纳傣族自治州地方财政总收入（R）的产出需求增长较快，其他产出变量的产出需求变动和投入变量的投入需求减少都较缓。

迪庆藏族自治州评价财政支出相对效率的一个投入变量地方公共财政预算支出（E）目标值 2014 年动态调整幅度较大，产出变量规模以上固定资产投资（IFA）在 2014 年调整幅度较大，其余各变量目标值均表现平稳。投入变量地方公共财政预算支出（E）、产出变量地区生产总值（GDP）和人均地区生产总值（AGDP）呈增长态势，年均增幅分别为 2.0％ 和 1.8％、1.5％；产出变量地方财政总收入（R）、规模以上固定资产投资（IFA）、城镇居民人均可支配收入（IU）和农村居民人均可支配收入（IR）目标值呈减少态势，年均减少幅度分别为 2.4％、1.6％、1.3％ 和 2.1％。从中可看出，2011—2018 年迪庆藏族自治州投入变量地方公共财政预算支出（E）投入需求的增长相对较快，产出变量地方财政总收入（R）和农村居民人均可支配收入（IR）产出需求的减少相对较快。

曲靖市评价财政支出相对效率的一个投入变量和六个产出变量目标值均表现出调整下降的态势。地方公共财政预算支出（E）、地区生产总值（GDP）、人均地区生产总值（AGDP）、地方财政总收入（R）、规模以上固定资产投资（IFA）、城镇居民人均可支配收入（IU）、农村居民人均可支配收入（IR）目标值年均分别减少 1.8％、2.6％、5.6％、5.0％、1.1％、0.5％、2.3％。其中，人均地区生产总值（AGDP）和地方财政总收入（R）目标值降幅最明显，而地方公共财政预算支出（E）和地方财政总收入（R）、规模以上固定资产投资（IFA）目标值调整的波动性较大。

保山市评价财政支出相对效率的一个投入变量地方公共财政预算支出(E)的目标值在 2011—2013 年微幅下降,2014 年大幅提升,2015 年大幅下降后缓慢提升至 2018 年,2011—2018 年总体上呈增长态势,年均增长幅度为 2.8%。六个产出变量目标值除在 2014 年出现较大调整之外,其他年度均比较平稳,且产出的变量目标值较集中。人均地区生产总值(AGDP)和地方财政总收入(R)目标值表现为减少态势,年均减少幅度为 2.9% 和 5.1%;其余四个产出变量地区生产总值(GDP)、规模以上固定资产投资(IFA)、城镇居民人均可支配收入(IU)和农村居民人均可支配收入(IR)呈增长态势,年均增幅分别为 2.1%、8.9%、0.56% 和 2.1%。

昭通市评价财政支出相对效率的投入变量和产出变量目标值在 2014 年出现较大调整外,其他年度均表现平稳。整体上,一个投入变量地方公共财政预算支出(E)和四个产出变量地区生产总值(GDP)、人均地区生产总值(AGDP)、地方财政总收入(R)和规模以上固定资产投资(IFA)目标值整体提升,年均增幅分别为 1.3%、0.6%、2.5%、3.5% 和 1.9%。另外两个产出变量城镇居民人均可支配收入(IU)和农村居民人均可支配收入(IR)呈增长态势,年均增幅分别为 0.2% 和 3.4%。从中看出,昭通市 2011—2018 年地方财政总收入(R)和农村居民人均可支配收入(IR)产出增长的需求最快;2014 年各变量目标值出现极大增幅后回落,其中投入变量地方公共财政预算支出(E)目标值的调整幅度最大。

丽江市评价财政支出相对效率的一个投入变量地方公共财政预算支出(E)和一个产出变量规模以上固定资产投资(IFA)目标值整体表现出下降的态势,两变量年平均减少的幅度为 2.2% 和 5.6%。另外五个产出变量均表现增长态势,地区生产总值(GDP)、人均地区生产总值(AGDP)、地方财政总收入(R)、城镇居民人均可支配收入(IU)和农村居民人均可支配收入(IR)年均增长幅度分别为 4.6％、5.1％、0.8％、1.1％和 5.1％。丽江市 2011—2018 年间规模以上固定资产投资(IFA)产出减少的需求最快,人均地区生产总值(AGDP)和农村居民人均可支配收入(IR)产出增长的需求最快。

普洱市评价财政支出相对效率的投入变量和产出变量目标值,除在 2014 年出现较大调整外,其他年度均表现平稳。投入变量地方公共财政预算支出(E)和一个产出变量规模以上固定资产投资(IFA)目标值整体表现出下降的态势,两变量年平均减少的幅度为 1.9％和 3.6％。另外五个产出变量均表现为增长态势,地区生产总值(GDP)、人均地区生产总值(AGDP)、地方财政总收入(R)、城镇居民人均可支配收入(IU)和农村居民人均可支配收入(IR)年均增长幅度分别为 1.4％、1.4％、0.50％、0.16％和 2.5％。普洱市 2011—2018 年产出变量规模以上固定资产投资(IFA)产出需求的减少较快、农村居民人均可支配收入(IR)产出需求的增长较快。

临沧市评价财政支出相对效率的一个投入变量和六个产出变量目标值在 2015 年出现较大调整外,其他年度均表现较平稳,其中的六个产出变量目标值较为接近集中。产出变量人均地区生产总值(AGDP)表现出微幅减少,年均减少幅度为 1.1％;投入变量地方公共财政预算支出(E)和其余五个产出变量地区生产总值(GDP)、地方财政总收入(R)、规模以上固定资产投资(IFA)、城镇居民人均可支配收入(IU)和农村居民人均可支配收入(IR)目标值呈增长态势,年均增幅分别为 6.1％、6.7％、4.9％、10.0％、0.04％和 0.58％。可看出,在 2011—2018 年财政支出相对效率有效评价的动态过程中,临沧市产出变量规模以上固定资产投资(IFA)的产出需求的增长极快,地区生产总值(GDP)产出需求的增长较快,投入变量供给需求的增长也较快。

楚雄彝族自治州评价财政支出相对效率的投入变量地方公共财政

预算支出（E）目标值在 2011—2018 年期间调整幅度较大,六个产出变量目标值总体上以较小的幅度调整。投入变量地方公共财政预算支出（E）和两个产出变量地区生产总值（GDP）、规模以上固定资产投资（IFA）目标值呈增加态势,年均增幅分别为 2.8％、0.89％和 7.6％;其余四个产出变量人均地区生产总值（AGDP）、地方财政总收入（R）、城镇居民人均可支配收入（IU）和农村居民人均可支配收入（IR）目标值呈减小态势,年均减少幅度分别为 5.0％、5.8％、0.09％和 0.46％。可看出,在 2011—2018 年财政支出相对效率有效评价的动态过程中楚雄彝族自治州产出变量规模以上固定资产投资（IFA）产出需求的增长极快,而地方财政总收入（R）和人均地区生产总值（AGDP）产出需求的减少较快。

红河哈尼族彝族自治州评价财政支出相对效率的投入变量地方公共财政预算支出（E）目标值表现明显的递增态势,产出变量地区生产总值（GDP）和地方财政总收入（R）目标值在 2015 年有较大调整。三个产出变量人均地区生产总值（AGDP）、地方财政总收入（R）和农村居民人均可支配收入（IR）目标值呈减小态势,年均减少幅度分别为 6.9％、6.1％和 0.72％。其余三个产出变量地区生产总值（GDP）、规模以上固定资产投资（IFA）、城镇居民人均可支配收入（IU）和投入变量地方公共财政预算支出（E）目标值呈增加态势,年均增幅分别为 0.33％、9.0％、0.41％和 5.3％。可看出,在 2011—2018 年财政支出相对效率有效评价的动态过程中,红河哈尼族彝族自治州产出变量规模以上固定资产投资（IFA）产出需求的增长极快,投入变量地方公共财政预算支出（E）投入需求的增长较快,人均地区生产总值（AGDP）和地方财政总收入（R）产出需求的减少较快。

文山壮族苗族自治州评价财政支出相对效率的投入变量和产出变量目标值,除在 2014 年出现较大调整外,其他年度均表现平稳。三个产出变量地区生产总值（GDP）、规模以上固定资产投资（IFA）和农村居民人均可支配收入（IR）目标值呈增长态势，年均增幅分别为1.0％、1.4％和3.1％；另外三个产出变量人均地区生产总值（AGDP）、地方财政总收入（R）、城镇居民人均可支配收入（IU）和投入变量地方公共财政预算支出（E）目标值呈减少态势，年均减少幅度分别为3.4％、2.9％、0.92％和0.78％。可看出，在2011—2018年财政支出相对效率有效评价的动态过程中，文山壮族苗族自治州产出变量农村居民人均可支配收入（IR）产出需求的增长较快，产出变量人均地区生产总值（AGDP）和地方财政总收入（R）产出需求的减少较快。

大理白族自治州评价财政支出相对效率的投入变量和产出变量目标值，除在2014年出现较大调整外，其他年度均表现平稳。产出变量城镇居民人均可支配收入（IU）和农村居民人均可支配收入（IR）目标值呈增长态势，年均增幅分别为0.18％和2.3％；另外四个产出变量地区生产总值（GDP）、人均地区生产总值（AGDP）、地方财政总收入（R）、规模以上固定资产投资（IFA）和一个投入变量地方公共财政预算支出（E）目标值呈减少态势，年均减少幅度分别为0.14％、0.47％、0.34％、2.5％和1.5％。可看出，在2011—2018年财政支出相对效率有效评价的动态过程中，大理白族自治州产出变量农村居民人均可支配收入（IR）产出需求的增长较快，规模以上固定资产投资（IFA）产出需求的减少较快。

德宏傣族景颇族自治州评价财政支出相对效率的投入变量和产出变量目标值调整的波动幅度较大。三个投入变量地区生产总值（GDP）、规模以上固定资产投资（IFA）和农村居民人均可支配收入（IR）目标值呈增长态势，年均增幅分别为3.4％、1.9％和3.9％；另外三个产出变量人均地区生产总值（AGDP）、地方财政总收入（R）、城镇居民人均可支配收入（IU）和一个投入变量地方公共财政预算支出（E）目标值呈减少态势,年均减少幅度分别为 1.4％、1.3％、0.60％和 0.34％。可看出,在 2011—2018 年财政支出相对效率有效评价的动态过程中,德宏傣族景颇族自治州产出变量农村居民人均可支配收入(IR)和地区生产总值(GDP)产出需求的增长较快。

怒江傈僳族自治州评价财政支出相对效率的投入变量和产出变量目标值除 2018 年显著提高外,其他各年度表现平稳。除产出变量人均地区生产总值(AGDP)以年均 0.007％微小幅度减少外,另外五个产出变量和投入变量都呈增长态势,地区生产总值(GDP)、地方财政总收入(R)、规模以上固定资产投资(IFA)、城镇居民人均可支配收入(IU)、农村居民人均可支配收入(IR)和地方公共财政预算支出(E)目标值年均增幅分别为 15.3％、13.3％、5.0％、0.67％、8.5％和 3.1％。可看出,在 2011—2018 年财政支出相对效率有效评价的动态过程中,怒江傈僳族自治州产出变量地区生产总值(GDP)、地方财政总收入(R)和农村居民人均可支配收入(IR)产出需求的增长在 16 市(州)中最快。

二、 云南省市(州)财政支出相对效率评价各变量改进策略分析

投入、产出变量的改进策略是指,如果将现有的变量按目标值投入和产出,则最大限度地可使各评价单元达到有效或者接近有效,投入和产出的实际值与目标值之间的差距反映各变量距离评价单元达到有效的差距,用这个差距值除以实际值可以较好反映不足与实际值的关系,该数绝对值越大,表明该变量需要改进的空间越大。通过比较目标值与实际投入、产出数据,可以得出各市(州)一个投入变量、六个产出变量距离有效目标的差距,也可分析出需要改进的方向和力度。采用统一的计算公式来计算投入和产出变量的改进策略:

$$r = \frac{A - V}{V} \qquad (5-10)$$

式中，r 为一个投入或产出变量需改进的差距率，用以度量实施改进策略的方向；A 为该变量的目标值，V 为该变量的实际值。

研究中采用产出导向型（output）二阶段 C^2R 模型，目标优化的路径是在投入尽量小的情况下产出尽量大，因此，对投入变量而言，目标值不超过实际值（评价单元达到有效时相等），也就是式（5-10）中 $A-V \leqslant 0$，即 $r \leqslant 0$；对产出变量而言，目标值不小于实际值（评价单元达到有效时相等），也就是式（5-10）中 $A-V \geqslant 0$，即 $r \geqslant 0$。通过改进投入来提高效率的路径是减少投入量，因而，改进策略给出的投入变量 E 的 r 取值不超过 0，而改进策略针对六个产出变量 GDP、AGDP、R、IFA、IU 和 IR 的 r 值都不小于 0。

表 5-11～表 5-18 给出由式（5-10）计算的 2011—2018 年云南省 16 个市（州）一个投入变量和六个产出变量、地方公共财政预算支出（E）：地区生产总值（GDP）、人均地区生产总值（AGDP）、地方财政总收入（R）、规模以上固定资产投资（IFA）、城镇居民人均可支配收入（IU）、农村居民人均可支配收入（IR）（2014 年前为农民人均纯收入）的改进策略。

表 5-11　2011 年云南省 16 个市（州）财政
支出相对效率评价改进策略　　　　　单位：%

市（州）	E 改进策略	GDP 改进策略	AGDP 改进策略	R 改进策略	IFA 改进策略	IU 改进策略	IR 改进策略
昆明市	0.000	0.000	0.000	0.000	0.000	0.000	0.000
曲靖市	−5.780	0.000	67.350	57.291	0.000	0.000	20.433
玉溪市	0.000	0.000	0.000	0.000	0.000	0.000	0.000
保山市	−23.440	0.000	81.330	116.433	0.000	0.000	0.000
昭通市	−42.663	0.000	134.397	63.234	0.000	0.000	9.849
丽江市	0.000	0.000	0.000	0.000	0.000	0.000	0.000

市(州)	E改进策略	GDP改进策略	AGDP改进策略	R改进策略	IFA改进策略	IU改进策略	IR改进策略
普洱市	−39.469	0.000	39.768	11.249	0.000	0.000	0.000
临沧市	−39.936	0.000	49.312	55.367	0.000	0.000	0.000
楚雄州	−14.985	0.000	51.693	54.972	0.000	0.000	1.719
红河州	−30.801	0.000	63.723	30.519	0.000	0.000	6.307
文山州	−35.278	0.000	122.552	174.119	0.000	0.000	13.280
西双版纳州	0.000	0.000	0.000	0.000	0.000	0.000	0.000
大理州	−25.675	0.000	68.885	85.604	0.000	0.000	1.541
德宏州	−31.354	0.000	40.020	32.553	0.000	0.000	0.000
怒江州	−2.718	0.000	25.274	6.116	65.018	0.000	8.621
迪庆州	0.000	0.000	0.000	0.000	0.000	0.000	0.000
无效平均值	−26.554	0.000	67.664	62.496	65.018	0.000	8.821
平均值	−18.256	0.000	46.519	42.966	4.064	0.000	3.859

表5-12 2012年云南省16个市(州)财政
支出相对效率评价改进策略　　　　单位：%

市(州)	E改进策略	GDP改进策略	AGDP改进策略	R改进策略	IFA改进策略	IU改进策略	IR改进策略
昆明市	0.000	0.000	0.000	0.000	0.000	0.000	0.000
曲靖市	−13.412	0.000	70.383	56.108	0.000	0.000	18.887
玉溪市	0.000	0.000	0.000	0.000	0.000	0.000	0.000
保山市	−30.683	0.000	79.793	109.266	0.000	0.000	0.000
昭通市	−50.379	0.000	133.603	56.922	0.000	0.000	8.450
丽江市	−5.444	63.923	43.017	37.964	0.000	0.000	0.000
普洱市	−35.021	18.387	57.713	36.769	0.000	0.000	0.000
临沧市	−36.827	10.846	43.102	68.440	0.000	0.000	0.000
楚雄州	−19.684	0.000	50.648	47.464	0.000	0.000	1.050
红河州	−30.079	0.000	66.940	31.545	0.000	0.000	5.748

市（州）	E改进策略	GDP改进策略	AGDP改进策略	R改进策略	IFA改进策略	IU改进策略	IR改进策略
文山州	−34.745	0.000	118.211	152.055	0.000	0.000	9.366
西双版纳州	0.000	0.000	0.000	0.000	0.000	0.000	0.000
大理州	−29.741	0.000	66.120	72.113	0.000	0.000	0.000
德宏州	−27.929	0.000	40.126	15.274	0.000	0.000	0.000
怒江州	−3.924	1.635	33.266	0.000	61.481	0.000	13.702
迪庆州	0.000	0.000	0.000	0.000	0.000	0.000	0.000
无效平均值	−26.489	23.698	66.910	62.174	61.481	0.000	9.534
平均值	−19.867	5.924	50.183	42.745	3.843	0.000	3.575

表 5‑13 　2013 年云南省 16 个市（州）财政
支出相对效率评价改进策略　　　单位：％

市（州）	E改进策略	GDP改进策略	AGDP改进策略	R改进策略	IFA改进策略	IU改进策略	IR改进策略
昆明市	0.000	0.000	0.000	0.000	0.000	0.000	0.000
曲靖市	−7.938	0.000	68.215	59.495	0.000	0.000	25.225
玉溪市	0.000	0.000	0.000	0.000	0.000	0.000	0.000
保山市	−28.651	0.000	60.080	58.440	0.000	0.000	22.033
昭通市	−46.831	4.037	105.847	34.823	0.000	0.000	41.640
丽江市	−0.209	85.745	32.663	35.301	0.000	0.000	23.653
普洱市	−41.360	22.633	46.726	39.434	0.000	0.000	14.335
临沧市	−36.520	22.371	39.292	90.202	0.000	0.000	7.176
楚雄州	−19.655	0.000	32.250	12.547	0.000	0.000	27.387
红河州	−35.913	0.000	44.023	16.512	0.000	0.000	21.946
文山州	−38.080	0.000	86.778	109.621	0.000	0.000	37.096
西双版纳州	0.000	0.000	0.000	0.000	0.000	0.000	0.000
大理州	−30.187	0.000	48.933	42.315	0.000	0.000	20.129
德宏州	−18.664	19.648	24.455	0.000	0.000	0.000	23.948

市(州)	E改进策略	GDP改进策略	AGDP改进策略	R改进策略	IFA改进策略	IU改进策略	IR改进策略
怒江州	0.000	0.000	0.000	0.000	0.000	0.000	0.000
迪庆州	0.000	0.000	0.000	0.000	0.000	0.000	0.000
无效平均值	−27.637	30.887	53.569	49.869	0.000	0.000	24.052
平均值	−19.000	9.652	36.829	31.168	0.000	0.000	16.536

表 5 - 14 2014 年云南省 16 个市(州)财政
支出相对效率评价改进策略　　　单位：%

市(州)	E改进策略	GDP改进策略	AGDP改进策略	R改进策略	IFA改进策略	IU改进策略	IR改进策略
昆明市	0.000	0.000	0.000	0.000	0.000	0.000	0.000
曲靖市	0.000	0.000	0.000	0.000	0.000	0.000	0.000
玉溪市	0.000	0.000	0.000	0.000	0.000	0.000	0.000
保山市	−0.907	32.702	41.360	66.900	0.000	0.000	24.291
昭通市	−9.462	107.342	85.648	120.213	0.000	11.996	17.480
丽江市	−19.293	33.960	40.745	0.000	0.000	0.000	34.144
普洱市	−28.644	41.167	32.510	73.264	0.000	0.000	16.996
临沧市	−21.439	39.049	20.472	109.303	0.000	0.000	6.370
楚雄州	−14.402	6.254	89.001	0.000	0.000	0.000	28.398
红河州	−22.453	9.176	10.517	0.000	0.000	0.000	10.757
文山州	−3.106	50.867	41.697	123.588	0.000	0.000	17.291
西双版纳州	0.000	0.000	0.000	0.000	0.000	0.000	0.000
大理州	−13.017	9.774	19.743	18.704	0.000	0.000	20.888
德宏州	−21.901	21.553	19.711	6.244	0.000	0.000	26.212
怒江州	0.000	0.000	0.000	0.000	0.000	0.000	0.000
迪庆州	0.000	0.000	0.000	0.000	0.000	0.000	0.000
无效平均值	−15.462	35.184	40.140	74.031	0.000	11.996	20.283
平均值	−9.664	21.990	25.088	32.389	0.000	0.750	12.677

表 5-15　2015 年云南省 16 个市(州)财政
支出相对效率评价改进策略　　　单位：%

市(州)	E改进策略	GDP改进策略	AGDP改进策略	R改进策略	IFA改进策略	IU改进策略	IR改进策略
昆明市	0.000	0.000	0.000	0.000	0.000	0.000	0.000
曲靖市	−21.948	0.000	56.478	38.696	0.000	0.000	9.472
玉溪市	0.000	0.000	0.000	0.000	0.000	0.000	0.000
保山市	−27.942	0.000	58.603	51.524	0.000	0.000	26.123
昭通市	−63.327	0.000	132.988	27.559	0.000	0.000	23.616
丽江市	−19.183	21.921	40.640	0.000	0.000	0.000	18.980
普洱市	−42.676	0.000	55.698	58.970	0.000	0.000	20.883
临沧市	−21.756	54.298	43.043	195.439	0.000	0.000	8.442
楚雄州	−18.298	5.201	26.463	2.056	0.000	0.000	34.352
红河州	−14.392	52.982	51.074	69.788	0.000	0.000	14.605
文山州	−39.477	0.000	81.298	112.583	0.000	0.000	26.430
西双版纳州	0.000	0.000	0.000	0.000	0.000	0.000	0.000
大理州	−34.311	0.000	61.798	74.932	0.000	0.000	23.046
德宏州	−18.601	0.000	21.757	0.000	11.827	0.000	6.655
怒江州	0.000	0.000	0.000	0.000	0.000	0.000	0.000
迪庆州	0.000	0.000	0.000	0.000	0.000	0.000	0.000
无效平均值	−29.264	33.600	57.258	70.172	11.827	0.000	19.328
平均值	−20.119	8.400	39.365	39.472	0.739	0.000	13.288

表 5-16　2016 年云南省 16 个市(州)财政
支出相对效率评价改进策略　　　单位：%

市(州)	E改进策略	GDP改进策略	AGDP改进策略	R改进策略	IFA改进策略	IU改进策略	IR改进策略
昆明市	0.000	0.000	0.000	0.000	0.000	0.000	0.000
曲靖市	−15.052	0.000	42.332	35.564	0.000	0.000	9.015
玉溪市	0.000	0.000	0.000	0.000	0.000	0.000	0.000

市（州）	E改进策略	GDP改进策略	AGDP改进策略	R改进策略	IFA改进策略	IU改进策略	IR改进策略
保山市	−23.953	0.000	49.353	19.121	0.000	0.000	26.321
昭通市	−59.562	0.000	128.613	13.906	0.000	0.000	24.551
丽江市	−14.869	10.049	52.798	0.000	0.000	0.000	0.000
普洱市	−44.580	0.000	58.771	60.597	0.000	0.000	19.475
临沧市	−11.803	16.097	21.436	89.765	0.000	0.000	2.450
楚雄州	−7.910	0.105	17.589	0.000	0.000	0.000	30.579
红河州	0.000	0.000	0.000	0.000	0.000	0.000	0.000
文山州	−41.366	0.000	82.956	103.560	0.000	0.000	25.582
西双版纳州	0.000	0.000	0.000	0.000	0.000	0.000	0.000
大理州	−34.441	0.000	66.409	74.731	0.000	0.000	20.783
德宏州	−15.277	0.000	21.703	0.000	8.585	0.000	8.389
怒江州	0.000	0.000	0.000	0.000	0.000	0.000	0.000
迪庆州	0.000	0.000	0.000	0.000	0.000	0.000	0.000
无效平均值	−26.881	8.750	54.196	56.749	8.585	0.000	18.572
平均值	−16.801	1.641	33.873	24.828	0.537	0.000	10.447

表5-17　2017年云南省16个市（州）财政
支出相对效率评价改进策略　　　单位：%

市（州）	E改进策略	GDP改进策略	AGDP改进策略	R改进策略	IFA改进策略	IU改进策略	IR改进策略
昆明市	0.000	0.000	0.000	0.000	0.000	0.000	0.000
曲靖市	−10.701	0.000	34.097	32.264	0.000	0.000	3.967
玉溪市	0.000	0.000	0.000	0.000	0.000	0.000	0.000
保山市	−23.878	0.000	41.167	10.876	0.000	0.000	24.255
昭通市	−56.030	0.000	119.748	3.851	0.000	0.000	23.983
丽江市	−17.292	14.953	47.084	0.000	0.000	0.000	11.205
普洱市	−46.262	0.000	53.770	51.394	0.000	0.000	19.888

市(州)	E改进策略	GDP改进策略	AGDP改进策略	R改进策略	IFA改进策略	IU改进策略	IR改进策略
临沧市	−14.766	27.391	23.573	99.933	0.000	0.000	0.789
楚雄州	−2.887	0.000	11.423	0.000	0.000	0.000	27.934
红河州	0.000	0.000	0.000	0.000	0.000	0.000	0.000
文山州	−46.499	0.000	77.555	77.126	0.000	0.000	28.218
西双版纳州	0.000	0.000	0.000	0.000	0.000	0.000	0.000
大理州	−37.784	0.000	66.965	65.743	0.000	0.000	20.261
德宏州	−21.169	0.000	21.357	0.000	5.719	0.000	6.085
怒江州	0.000	0.000	0.000	0.000	0.000	0.000	0.000
迪庆州	0.000	0.000	0.000	0.000	0.000	0.000	0.000
无效平均值	−27.727	21.172	49.674	48.741	5.719	0.000	16.659
平均值	−17.329	2.646	31.046	21.324	0.357	0.000	10.412

表5‐18　2018年云南省16个市(州)财政
支出相对效率评价改进策略　　单位：%

市(州)	E改进策略	GDP改进策略	AGDP改进策略	R改进策略	IFA改进策略	IU改进策略	IR改进策略
昆明市	0.000	0.000	0.000	0.000	0.000	0.000	0.000
曲靖市	−18.495	0.000	37.924	42.929	0.000	0.000	0.000
玉溪市	0.000	0.000	0.000	0.000	0.000	0.000	0.000
保山市	−19.895	1.020	32.388	13.762	0.000	0.000	9.401
昭通市	−57.223	0.000	114.906	7.257	0.000	0.000	16.016
丽江市	−11.834	39.518	47.327	0.000	17.024	0.000	40.793
普洱市	−44.362	0.000	42.440	29.637	0.000	0.000	20.093
临沧市	−7.743	36.051	21.835	100.640	0.000	1.055	0.000
楚雄州	0.000	0.000	0.000	0.000	0.000	0.000	0.000
红河州	0.000	0.000	0.000	0.000	0.000	0.000	0.000
文山州	−45.819	0.000	65.994	74.903	0.000	0.000	29.932

市（州）	E改进策略	GDP改进策略	AGDP改进策略	R改进策略	IFA改进策略	IU改进策略	IR改进策略
西双版纳州	0.000	0.000	0.000	0.000	0.000	0.000	0.000
大理州	−38.478	0.000	68.818	65.824	2.641	0.000	18.559
德宏州	−12.972	13.900	21.802	0.000	25.388	0.000	25.180
怒江州	−22.044	116.575	0.603	121.907	156.054	0.000	69.850
迪庆州	0.000	0.000	0.000	0.000	0.000	0.000	0.000
无效平均值	−27.887	41.413	45.404	57.107	50.277	1.055	28.728
平均值	−17.429	12.942	28.377	28.554	12.569	0.066	14.364

从表 5-11～表 5-18 看出，六个产出指标中，需改进空间最大的是人均地区生产总值和地方财政总收入，除有效的市（州）外，财政支出相对效率无效的市（州）这两个产出变量需改进的比例为：2011—2018 年分别平均为 67.66%、66.91%、53.57%、40.14%、57.26%、54.20%、49.67%、45.40% 和 62.50%、62.17%、48.87%、74.03%、70.17%、56.75%、48.74%、57.11%。若需改进的比例均超过 50%，则说明当前的实际值仅达到产出目标值的 2/3，而 2011—2018 年未达到有效的市（州）人均地区生产总值和地方财政总收入的改进策略需提升比率大多在 50% 以上，最高的比率出现在地方财政总收入的 2014 年（74.03%），也就是 2014 年未达有效的 10 个市（州）地方财政总收入的实际值平均仅达到目标值的 57%。

从规模以上固定资产投资额的改进策略看，2011—2017 年云南省各市（州）的固定资产投资对地方财政支出效率相对有效需求缺口极小，2018 年此状况有所改变，丽江市和大理白族自治州、德宏傣族景颇族自治州、怒江傈僳族自治州三州的规模以上固定资产投资改进需求明显，怒江傈僳族自治州更达到 156.1% 的改进需求率，也就是说 2018 年该州的规模以上固定资产投资实际值还不到目标值的 40%。

地区生产总值,2011年所有市(州)均达目标值,2014年地区生产总值未达目标值的有十个市(州),其中的昭通市改进策略的改进需求率超过100%,说明2014年该市的地区生产总值实际值还不到目标值的一半。2011—2018年未达有效的市(州)地区生产总值改进策略需改进率平均值为35.18%,也就是云南省市(州)未达相对有效的市(州)地区生产总值整体上刚过目标值的七成。怒江傈僳族自治州在2018年地区生产总值改进策略的需改进率高达116.6%,与同年规模以上固定资产投资需改进率的156.1%相对应,可看出,2018年怒江傈僳族自治州的地区生产总值和规模以上固定资产投资实际值仅达到目标值的46%和39%,改进的空间还很大。

城镇居民人均可支配收入是六个产出变量中规模效益最好的,2014年昭通市改进策略需改进率为12%、2018年临沧市需改进率为1%,其余年度和市(州)城镇居民人均可支配收入均达到目标值。这表明,云南省各市(州)城镇居民人均可支配收入对本地财政支出相对效率的提高改进空间几乎不存在了。农村居民人均可支配收入是六个产出变量中未达目标值的市(州)数最多的,2013—2015年和2017年16市(州)中除有效的市(州)之外,各市(州)的农村居民人均可支配收入均未达目标值,这四年无效市(州)的农村居民人均可支配收入改进策略需改进率平均为24.1%、20.3%、19.3%和16.7%;2016年和2018年除强有效市(州)外,仅有1个和2个市(州)农村居民人均可支配收入达目标值;2011年和2012年除强有效市(州)外,有4个和5个市(州)达目标值;2011年、2012年、2016年和2018年无效市(州)的农村居民人均可支配收入改进策略需改进率平均为8.82%、9.53%、18.6%和28.7%。这表明,云南省各市(州)财政支出相对效率未达有效的绝大部分市(州)农村居民人均可支配收入规模效益均存在改进空间。

地方财政一般预算支出作为唯一的投入变量,2011—2018年云南省 16 市(州)除相对效率有效的市(州)外均未达目标值。昭通市是 16 市(州)中规模效益表现最为欠缺的,除 2014 年(9.46%)外,另外七年地方财政一般预算支出改进策略需改进率均为全省第一,都在 40% 以上,2015 年(63.3%)为最高。2011—2018 年昭通市地方财政一般预算支出需改进率平均为 48.2%,也就是,这八年整体上地方财政一般预算支出实际值接近目标值的 2 倍,2015 年达近 3 倍的最大值。

财政支出相对效率评价改进策略可得出,以过量的地方公共财政预算支出(E)投入,产出人均地方经济总量(AGDP)、地方财政总收入(R)和农村居民人均可支配收入(IR)的规模效益较低,这是云南省财政支出相对效率未达有效的市(州)普遍存在的不足。为此,2011—2018 年云南省 16 个市(州)的财政支出相对效率评价改进策略如表 5-19 所示。

表 5-19　云南省 16 个市(州)平均财政支出相对
效率评价改进策略(2011—2018 年)　　　单位:%

市(州)	E 改进策略	GDP 改进策略	AGDP 改进策略	R 改进策略	IFA 改进策略	IU 改进策略	IR 改进策略
昆明市	0.000	0.000	0.000	0.000	0.000	0.000	0.000
曲靖市	−11.666	0.000	47.097	40.293	0.000	0.000	10.875
玉溪市	0.000	0.000	0.000	0.000	0.000	0.000	0.000
保山市	−22.418	4.215	55.509	55.790	0.000	0.000	16.553
昭通市	−48.185	13.922	119.469	40.971	0.000	1.500	20.698
丽江市	−11.015	33.759	38.034	9.158	2.128	0.000	16.097
普洱市	−40.297	10.273	48.425	45.164	0.000	0.000	13.959
临沧市	−23.849	25.763	32.758	101.136	0.000	0.132	3.153
楚雄州	−12.227	1.445	34.883	14.630	0.000	0.000	18.927
红河州	−16.705	7.770	29.535	18.545	0.000	0.000	7.420
文山州	−35.546	6.358	84.630	115.944	0.000	0.000	23.399
西双版纳州	0.000	0.000	0.000	0.000	0.000	0.000	0.000

市（州）	E改进策略	GDP改进策略	AGDP改进策略	R改进策略	IFA改进策略	IU改进策略	IR改进策略
大理州	−30.454	1.222	58.459	62.496	0.330	0.000	15.651
德宏州	−20.983	6.888	26.366	6.759	6.440	0.000	12.059
怒江州	−3.586	14.776	7.393	16.003	35.319	0.000	11.522
迪庆州	0.000	0.000	0.000	0.000	0.000	0.000	0.000
无效平均值	−23.078	11.490	48.547	43.907	14.629	0.816	14.193
平均值	−17.308	7.899	36.410	32.931	2.764	0.102	10.645

针对云南省各市（州）财政支出相对效率有效的目标，除昆明、玉溪两市和西双版纳傣族自治州、迪庆藏族自治州在整个2011—2018年区间都为强有效外，另外12市（州），六个产出变量地区生产总值（GDP）、人均地区生产总值（AGDP）、地方财政总收入（R）、规模以上固定资产投资（IFA）、城镇居民人均可支配收入（IU）、农村居民人均可支配收入（IR）总体上需扩大规模，而一个投入变量地方公共财政预算支出（E）需缩小规模。

从表5-19可看出，规模以上固定资产投资仅有丽江市和大理白族自治州、德宏傣族景颇族自治州、怒江傈僳族自治州改进策略需改进，城镇居民人均可支配收入仅有昭通市改进策略需改进；四个产出变量和一个投入变量有12个未达有效的市（州）需改进。人均地区生产总值规模缺口最大的是昭通市，平均值达119.5%，也就是2011—2018年昭通市人均地区生产总值的实际平均值还不到目标值的一半。临沧市和文山壮族自治州地方财政总收入的平均实际值都达不到目标值的一半。除昭通、临沧两市和文山壮族自治州外，其他未达有效的市（州）人均地区生产总值和地方财政总收入需改进率也都较大。农村居民人均可支配收入是每一个未达有效的市（州）都需改进的产出变量，但规模上较人均地区生产总值和地方财政总收入小,各市(州)需改进率平均介于3.15%~23.4%,12市(州)平均14.2%。唯一的投入变量地方公共财政预算支出12市(州)均需改进,除怒江傈僳族自治州、丽江市、曲靖市、楚雄彝族自治州、红河哈尼族彝族自治州之外,其余七个市(州)需缩减支出占实际值的比例都在20%以上,12市(州)财政一般预算支出需改进率平均为-23.1%,实际值是目标值的1.3倍。

第四节 云南省县级财政支出相对效率评价分析

一、云南省县(区、市)财政支出相对效率评价结果动态分析

构建两阶段产出导向型(output)的C^2R评价模型,采用MaxDEA Pro软件计算云南省129个县(区、市)2011—2018年财政支出相对效率,评价各年排名前十位和后五位的结果及其由式(5-10)计算的改进策略比较,如表5-20~表5-27所示[①]。表中第一列"编号"是按照数据统计编排的顺序,同一县(区、市)在不同年度保持一致;表中第四列"排名"栏中(*)为该有效单元被无效单元作为参考标杆的次数。

表5-20 2011年云南省县(区、市)财政支出相对
效率评价结果及改进策略比较   单位:%

编号	县级	效率	排名	E改进策略	GDP改进策略	AGDP改进策略	R改进策略	IFA改进策略	IU改进策略	IR改进策略
48	水富县	1.000	1(116)	0.000	0.000	0.000	0.000	0.000	0.000	0.000
26	澄江县	1.000	2(74)	0.000	0.000	0.000	0.000	0.000	0.000	0.000

---

① 云南省人民政府办公厅,云南省统计局,国家统计局云南调查总队.云南领导干部手册[M].昆明:云南人民出版社,2012—2019.

（续表）

编号	县级	效率	排名	E改进策略	GDP改进策略	AGDP改进策略	R改进策略	IFA改进策略	IU改进策略	IR改进策略
2	五华区	1.000	3(70)	0.000	0.000	0.000	0.000	0.000	0.000	0.000
1	呈贡区	1.000	4(60)	0.000	0.000	0.000	0.000	0.000	0.000	0.000
24	红塔区	1.000	5(42)	0.000	0.000	0.000	0.000	0.000	0.000	0.000
8	富民县	0.972	6	−2.758	30.775	23.283	21.513	34.447	0.000	0.000
107	漾濞县	0.966	7	−3.397	138.88	102.13	126.50	100.88	0.000	0.000
30	峨山县	0.920	8	−7.983	34.841	23.890	0.000	41.303	0.000	0.000
28	华宁县	0.882	9	−11.82	5.204	35.024	43.484	165.57	0.000	0.000
78	永仁县	0.879	10	−12.06	114.77	126.51	111.04	34.809	0.000	0.000
23	宣威市	0.284	125	−71.62	0.000	177.87	0.000	0.000	0.000	31.759
37	腾冲县	0.272	126	−72.81	15.892	121.06	0.000	0.000	0.000	0.000
62	澜沧县	0.250	127	−74.95	32.422	224.66	0.000	0.000	0.000	53.653
121	盈江县	0.240	128	−76.03	30.089	76.050	0.000	26.309	0.000	0.000
45	镇雄县	0.172	129	−82.81	0.000	408.49	0.000	0.000	0.000	16.300
无效平均值		0.530		−46.98	35.847	128.31	33.379	34.359	0.720	6.461
平均值		0.548		−45.15	34.458	123.33	32.085	33.027	0.692	6.211

表5-21　2012年云南省县(区、市)财政支出相对
效率评价结果及改进策略比较　　　　单位：%

编号	县级	效率	排名	E改进策略	GDP改进策略	AGDP改进策略	R改进策略	IFA改进策略	IU改进策略	IR改进策略
48	水富县	1.000	1(115)	0.000	0.000	0.000	0.000	0.000	0.000	0.000
1	呈贡区	1.000	2(92)	0.000	0.000	0.000	0.000	0.000	0.000	0.000
2	五华区	1.000	3(77)	0.000	0.000	0.000	0.000	0.000	0.000	0.000
8	富民县	1.000	4(63)	0.000	0.000	0.000	0.000	0.000	0.000	0.000
24	红塔区	1.000	5(40)	0.000	0.000	0.000	0.000	0.000	0.000	0.000

编号	县级	效率	排名	E改进策略	GDP改进策略	AGDP改进策略	R改进策略	IFA改进策略	IU改进策略	IR改进策略
26	澄江县	0.917	6	−8.302	0.000	0.000	0.000	0.000	1.210	0.000
30	峨山县	0.864	7	−13.64	23.492	20.638	0.000	6.303	0.000	0.000
4	官渡区	0.858	8	−14.18	0.000	25.398	1.550	0.000	61.619	50.113
107	漾濞县	0.846	9	−15.41	122.83	99.701	100.17	31.801	0.000	0.000
28	华宁县	0.816	10	−18.42	0.000	29.823	38.138	90.416	0.000	0.000
33	隆阳区	0.261	125	−73.95	0.000	191.80	0.000	0.000	0.000	0.349
23	宣威市	0.250	126	−74.96	0.000	177.51	0.000	0.000	0.000	34.177
53	宁蒗县	0.228	127	−77.15	58.855	159.33	0.000	0.000	0.000	4.084
46	彝良县	0.193	128	−80.72	0.000	237.96	0.000	0.000	0.000	20.672
45	镇雄县	0.146	129	−85.42	0.000	378.25	0.000	0.000	0.000	17.804
无效平均值		0.494		−50.63	35.755	119.58	28.709	9.879	1.072	8.363
平均值		0.513		−48.67	34.370	114.95	27.596	9.496	1.030	8.039

表 5-22　2013 年云南省县（区、市）财政支出相对
效率评价结果及改进策略比较　　　单位：％

编号	县级	效率	排名	E改进策略	GDP改进策略	AGDP改进策略	R改进策略	IFA改进策略	IU改进策略	IR改进策略
48	水富县	1.000	1(115)	0.000	0.000	0.000	0.000	0.000	0.000	0.000
2	五华区	1.000	2(86)	0.000	0.000	0.000	0.000	0.000	0.000	0.000
1	呈贡区	1.000	3(82)	0.000	0.000	0.000	0.000	0.000	0.000	0.000
8	富民县	1.000	4(66)	0.000	0.000	0.000	0.000	0.000	0.000	0.000
24	红塔区	1.000	5(15)	0.000	0.000	0.000	0.000	0.000	0.000	0.000
26	澄江县	0.867	6	−13.35	0.000	1.258	6.238	0.000	0.000	0.000
4	官渡区	0.825	7	−17.48	0.000	23.102	4.451	0.000	52.687	41.539
10	石林县	0.791	8	−20.94	23.111	53.486	0.000	0.000	0.000	0.000

编号	县级	效率	排名	E改进策略	GDP改进策略	AGDP改进策略	R改进策略	IFA改进策略	IU改进策略	IR改进策略
28	华宁县	0.790	9	−21.03	0.000	31.538	29.555	83.342	0.000	0.000
27	通海县	0.776	10	−22.38	0.000	59.459	11.795	95.681	11.889	0.000
129	维西县	0.266	125	−73.41	73.386	98.820	58.800	0.000	0.000	13.085
101	广南县	0.261	126	−73.89	0.000	337.94	50.613	0.000	0.000	1.128
62	澜沧县	0.248	127	−75.19	43.449	244.28	0.000	0.000	0.000	56.609
46	彝良县	0.237	128	−76.34	0.000	264.68	3.075	0.000	0.000	16.852
45	镇雄县	0.158	129	−84.20	0.000	370.86	33.065	0.000	0.000	11.943
无效平均值		9.473		−52.65	39.521	124.39	26.509	14.342	0.829	9.473
平均值		0.494		−50.61	37.989	119.57	25.482	13.786	0.797	0.494

表5‐23　2014年云南省县（区、市）财政支出相对
效率评价结果及改进策略比较　　　　　单位：％

编号	县级	效率	排名	E改进策略	GDP改进策略	AGDP改进策略	R改进策略	IFA改进策略	IU改进策略	IR改进策略
8	富民县	1.000	1(105)	0.000	0.000	0.000	0.000	0.000	0.000	0.000
1	呈贡区	1.000	2(83)	0.000	0.000	0.000	0.000	0.000	0.000	0.000
2	五华区	1.000	3(79)	0.000	0.000	0.000	0.000	0.000	0.000	0.000
48	水富县	1.000	4(65)	0.000	0.000	0.000	0.000	0.000	0.000	0.000
4	官渡区	1.000	5(1)	0.000	0.000	0.000	0.000	0.000	0.000	0.000
24	红塔区	1.000	5(1)	0.000	0.000	0.000	0.000	0.000	0.000	0.000
26	澄江县	0.914	7	−8.650	0.000	2.667	8.450	0.000	6.783	0.000
5	西山区	0.901	8	−9.879	26.616	61.432	0.000	0.000	46.888	45.019
27	通海县	0.877	9	−12.27	0.000	61.740	50.471	115.31	18.731	0.000
3	盘龙区	0.854	10	−14.58	28.288	56.607	0.000	0.000	32.321	33.909
23	宣威市	0.249	125	−75.14	0.000	186.99	39.383	0.000	0.000	24.551

编号	县级	效率	排名	E 改进 策略	GDP 改进 策略	AGDP 改进 策略	R 改进 策略	IFA 改进 策略	IU 改进 策略	IR 改进 策略
101	广南县	0.246	126	−75.39	0.000	284.51	51.006	0.000	0.000	1.951
40	巧家县	0.195	127	−80.55	0.000	249.59	16.981	0.000	0.000	0.000
45	镇雄县	0.161	128	−83.91	0.000	468.29	30.964	0.000	0.000	5.393
39	鲁甸县	0.152	129	−84.80	0.000	145.13	59.382	0.000	0.000	5.025
无效平均值		0.474		−52.55	29.844	87.483	42.209	10.859	2.321	11.179
平均值		0.499		−50.11	28.456	83.414	40.246	10.354	2.213	10.659

表 5-24　2015 年云南省县（区、市）财政支出相对
效率评价结果及改进策略比较　　　单位：%

编号	县级	效率	排名	E 改进 策略	GDP 改进 策略	AGDP 改进 策略	R 改进 策略	IFA 改进 策略	IU 改进 策略	IR 改进 策略
1	呈贡区	1.000	1(124)	0.000	0.000	0.000	0.000	0.000	0.000	0.000
48	水富县	1.000	2(119)	0.000	0.000	0.000	0.000	0.000	0.000	0.000
2	五华区	1.000	3(54)	0.000	0.000	0.000	0.000	0.000	0.000	0.000
24	红塔区	1.000	4(0)	0.000	0.000	0.000	0.000	0.000	0.000	0.000
8	富民县	0.996	5	−0.424	31.237	54.309	20.801	0.000	8.346	0.000
26	澄江县	0.914	6	−8.626	18.031	46.817	13.757	0.000	13.398	0.000
4	官渡区	0.817	7	−18.28	0.000	26.759	34.456	0.000	59.627	53.288
78	永仁县	0.797	8	−20.35	99.564	80.193	67.621	0.000	0.000	15.158
49	古城区	0.789	9	−21.09	63.689	0.000	0.000	270.60	4.058	0.000
28	华宁县	0.786	10	−21.37	0.000	77.433	31.644	10.896	11.370	0.000
53	宁蒗县	0.264	125	−73.65	34.915	172.47	28.496	0.000	0.000	9.546
23	宣威市	0.255	126	−74.55	0.000	213.16	77.193	0.000	0.000	23.846
62	澜沧县	0.235	127	−76.48	34.759	226.58	0.000	93.975	0.000	0.000
46	彝良县	0.218	128	−78.20	5.199	293.17	0.000	93.618	0.000	0.000

编号	县 级	效 率	排 名	E 改进 策略	GDP 改进 策略	AGDP 改进 策略	R 改进 策略	IFA 改进 策略	IU 改进 策略	IR 改进 策略
45	镇雄县	0.157	129	−84.34	0.000	439.93	51.350	0.000	0.000	3.637
	无效平均值	0.492		−50.78	36.735	121.25	50.245	23.028	3.637	8.812
	平均值	0.508		−49.21	35.596	117.49	48.687	22.314	3.524	8.539

表 5‑25　2016 年云南省县（区、市）财政支出相对
效率评价结果及改进策略比较　　　单位：％

编号	县 级	效 率	排 名	E 改进 策略	GDP 改进 策略	AGDP 改进 策略	R 改进 策略	IFA 改进 策略	1U 改进 策略	IR 改进 策略
8	富民县	1.000	1(121)	0.000	0.000	0.000	0.000	0.000	0.000	0.000
1	呈贡区	1.000	2(71)	0.000	0.000	0.000	0.000	0.000	0.000	0.000
4	官渡区	1.000	3(66)	0.000	0.000	0.000	0.000	0.000	0.000	0.000
2	五华区	1.000	4(16)	0.000	0.000	0.000	0.000	0.000	0.000	0.000
48	水富县	1.000	5(10)	0.000	0.000	0.000	0.000	0.000	0.000	0.000
24	红塔区	0.999	6	−0.084	0.000	0.000	19.259	0.000	63.782	42.496
14	安宁市	0.923	7	−7.678	119.92	14.083	0.000	19.329	0.000	1.571
26	澄江县	0.899	8	−10.12	23.416	0.000	0.000	6.070	3.329	0.000
10	石林县	0.847	9	−15.34	17.620	53.008	34.362	0.000	0.000	7.260
5	西山区	0.830	10	−16.98	53.812	53.148	0.000	10.417	0.000	0.000
101	广南县	0.240	125	−76.00	0.000	166.77	36.917	0.000	0.000	9.744
46	彝良县	0.228	126	−77.24	0.000	188.80	25.033	34.429	0.000	6.526
40	巧家县	0.214	127	−78.61	0.000	176.04	44.925	0.000	0.000	7.196
39	鲁甸县	0.191	128	−80.93	13.896	133.82	75.049	0.000	0.000	8.207
45	镇雄县	0.141	129	−85.94	0.000	335.84	28.171	0.000	0.000	8.011
	无效平均值	0.485		−51.48	31.892	68.913	49.442	30.468	2.078	13.408
	平均值	0.505		−49.49	30.656	66.242	47.525	29.287	1.997	12.888

表 5 - 26　2017 年云南省县（区、市）财政支出相对
效率评价结果及改进策略比较　　　　单位：％

编号	县级	效率	排名	E改进策略	GDP改进策略	AGDP改进策略	R改进策略	IFA改进策略	IU改进策略	IR改进策略
26	澄江县	1.000	1(91)	0.000	0.000	0.000	0.000	0.000	0.000	0.000
8	富民县	1.000	2(73)	0.000	0.000	0.000	0.000	0.000	0.000	0.000
4	官渡区	1.000	3(65)	0.000	0.000	0.000	0.000	0.000	0.000	0.000
2	五华区	1.000	4(30)	0.000	0.000	0.000	0.000	0.000	0.000	0.000
48	水富县	1.000	5(29)	0.000	0.000	0.000	0.000	0.000	0.000	0.000
24	红塔区	1.000	6(0)	0.000	0.000	0.000	0.000	0.000	0.000	0.000
5	西山区	0.948	7	−5.157	112.22	75.266	0.000	0.000	4.344	3.638
30	峨山县	0.901	8	−9.903	0.000	1.273	47.472	0.000	0.000	10.761
14	安宁市	0.888	9	−11.22	126.38	24.013	0.000	0.000	0.000	0.737
1	呈贡区	0.872	10	−12.78	197.63	31.222	15.168	0.000	5.090	0.000
101	广南县	0.198	125	−80.15	0.000	190.16	21.066	0.000	0.000	6.914
62	澜沧县	0.197	126	−80.27	0.000	140.05	0.000	14.711	0.000	6.753
45	镇雄县	0.178	127	−82.17	10.518	369.50	21.136	0.000	0.000	7.845
39	鲁甸县	0.137	128	−86.32	0.000	139.67	16.658	0.000	0.000	5.241
40	巧家县	0.131	129	−86.94	0.000	178.81	8.715	0.000	0.000	4.081
无效平均值		0.483		−51.71	50.605	86.132	56.425	15.982	1.371	12.715
平均值		0.507		−49.30	48.251	82.126	53.801	15.239	1.307	12.124

表 5 - 27　2018 年云南省县（区、市）财政支出相对
效率评价结果及改进策略比较　　　　单位：％

编号	县级	效率	排名	E改进策略	GDP改进策略	AGDP改进策略	R改进策略	IFA改进策略	IU改进策略	IR改进策略
26	澄江县	1.000	1(109)	0.000	0.000	0.000	0.000	0.000	0.000	0.000
4	官渡区	1.000	2(43)	0.000	0.000	0.000	0.000	0.000	0.000	0.000

编号	县级	效率	排名	E改进策略	GDP改进策略	AGDP改进策略	R改进策略	IFA改进策略	IU改进策略	IR改进策略
2	五华区	1.000	3(33)	0.000	0.000	0.000	0.000	0.000	0.000	0.000
1	呈贡区	1.000	4(12)	0.000	0.000	0.000	0.000	0.000	0.000	0.000
48	水富市	1.000	5(7)	0.000	0.000	0.000	0.000	0.000	0.000	0.000
86	屏边县	1.000	5(7)	0.000	0.000	0.000	0.000	0.000	0.000	0.000
28	华宁县	1.000	7(3)	0.000	0.000	0.000	0.000	0.000	0.000	0.000
24	红塔区	1.000	8(1)	0.000	0.000	0.000	0.000	0.000	0.000	0.000
8	富民县	0.962	9	−3.838	8.805	0.000	712.38	0.000	38.849	107.08
27	通海县	0.928	10	−7.151	0.000	90.620	53.607	0.000	8.974	0.000
100	丘北县	0.260	125	−73.99	0.000	125.95	55.337	0.000	0.000	9.627
22	会泽县	0.223	126	−77.66	0.000	197.67	173.61	0.000	0.000	6.758
39	鲁甸县	0.205	127	−79.52	3.755	205.26	3.004	0.000	0.000	9.947
62	澜沧县	0.193	128	−80.69	0.000	158.73	27.855	0.000	0.000	53.933
45	镇雄县	0.167	129	−83.26	0.000	362.51	0.000	0.000	0.000	9.066
无效平均值		0.511		−48.95	41.917	104.53	89.794	10.157	3.129	20.501
平均值		0.541		−45.91	39.318	98.045	84.225	9.527	2.935	19.230

从表 5-20~表 5-27 可以看出,2011—2018 年,云南省 129 个县(区、市)中昭通市所辖水富市(2018 年撤县设县级市)和昆明市所辖五华区均为财政支出相对效率有效单元,玉溪市所辖红塔区和昆明市所辖呈贡区有七个年度为有效单元,未达有效的红塔区 2016 年(0.999)和呈贡区 2017 年(0.872)都比较接近有效。此外,昆明市所辖富民县有五个年度为效率有效,昆明市所辖官渡区有四个年度为效率有效,玉溪市所辖澄江县有三个年度为效率有效,红河哈尼族彝族自治州所辖屏边县和玉溪市所辖华宁县分别有一个年度为效率有效。2011—2018 年每年财政支

出相对效率有效的县,2018 年最多有八个,2015 年最少有四个,2014 年和 2017 年有六个,其余四个年度均为五个,与 129 个县(区、市)相比较,有效单元数占比 3.1%～6.2%,有效单元出现次数最多的占比为 3.9%。

有效单元各年因被无效单元作为参考标杆次数的不同而排序不同,昭通市的水富县 2011—2013 年被参考次数分别为 116、115、115,排名全省第一,2014—2018 年被参考次数分别为 65、119、10、29 和 7,排名分别为全省第四、第二、第五、第五和第六;2011—2018 年昆明市的五华区被参考次数分别为 70、77、86、79、54、16、30 和 33,排名分别为全省第三、第三、第二、第三、第三、第四、第四和第三。昆明市呈贡区和玉溪市红塔区在八年中有七年为有效,2011—2016 年呈贡区被无效单元作为参考标杆的次数分别为 61、92、82、83、124 和 71,全省排名分别第四、第二、第三、第二、第一和第二,2018 年被参考次数为 12,全省排名第四;2011—2015 年红塔区被无效单元作为参考标杆的次数分别为 43、40、15、1 和 0,全省排名分别为第五、第五、第五、第六和第四,2017—2018 年被参考次数分别为 0 和 1,全省排名第六和第八。2012—2014 年昆明市富民县为有效且被无效单元作为参考标杆的次数分别为 63、66 和 105,全省排名第四、第四和第一,2016—2017 年为有效且被无效单元作为参考标杆的次数分别为 121 和 73,全省排名第一和第二。2014 和 2016—2018 年昆明市官渡区为有效且被无效单元作为参考标杆的次数分别为 1 和 66、65、43,全省排名第五和第三、第三、第二。2011 年和 2017—2018 年玉溪市澄江县为有效且被无效单元作为参考标杆的次数分别为 76 和 91、109,全省排名第二和连续两年第一。2018 年红河哈尼族彝族自治州屏边县和玉溪市华宁县有效,且被无效单元作为参考标杆的次数分别为 7 和 3,全省排名第五和第七。

2011—2018 年云南省 129 个县(区、市)财政支出相对效率值的动态分布,如图 5-2 所示。

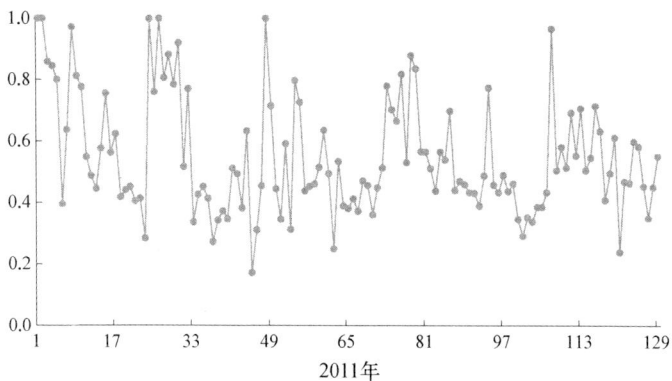

2011年

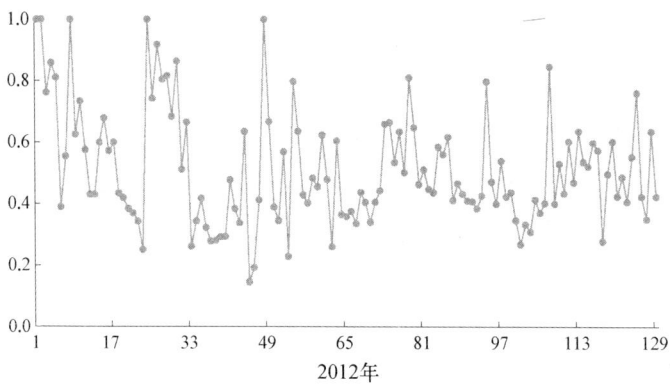

2012年

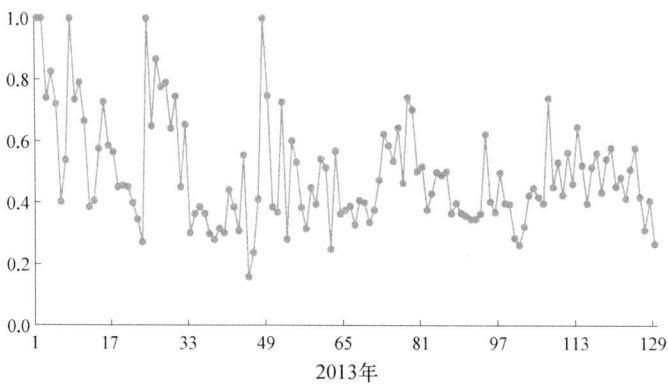

2013年

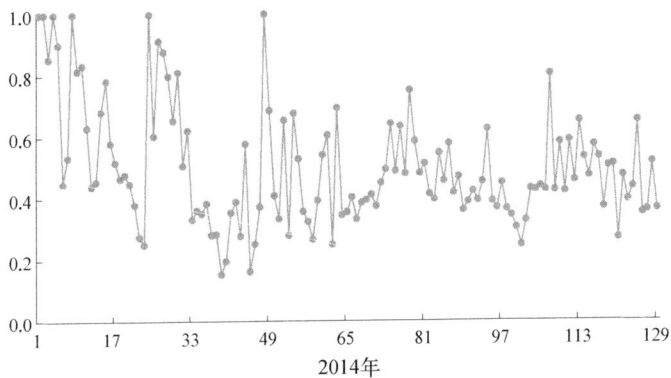

2014年

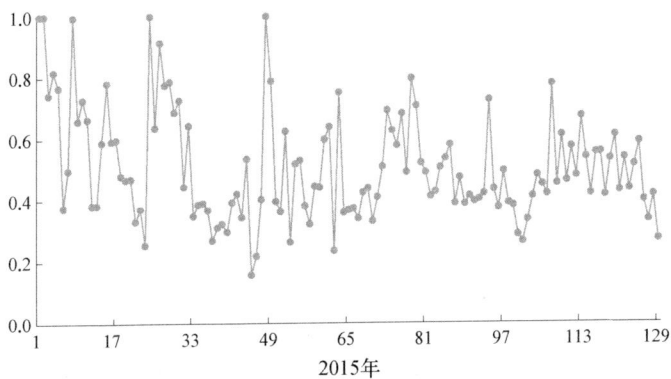

2015年

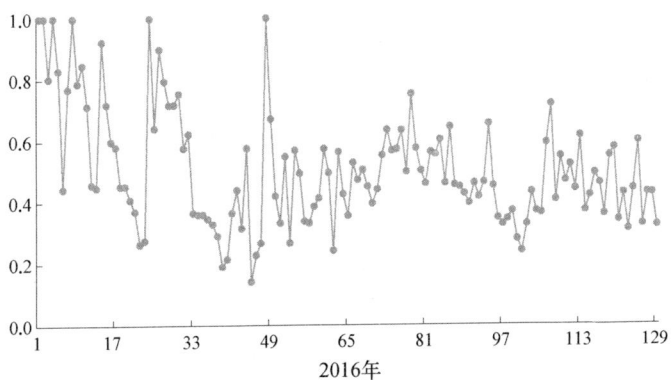

2016年

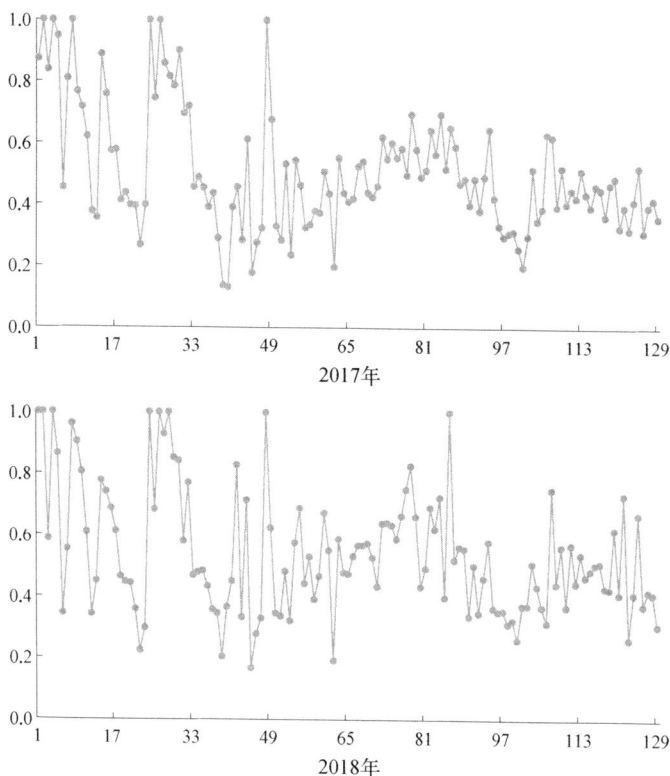

图 5-2　云南省县级财政支出相对效率动态分布(2011—2018 年)

图 5-2 的横坐标 1~129 序号为云南省按市(州)公布的 129 个县(区、市)数据统计编排的顺序"编号",同一县(区、市)在不同年度保持一致。从图可直观看出云南省 16 市(州)所辖县(区、市)2011—2018 年财政支出相对效率的动态分布。

图 5-2 中对应昆明市的横坐标 1~14 的县(区、市)中财政支出相对效率值大的个数在逐渐增加,同时效率值较小的个数基本保持但效率值有所下降。2011 年和 2015 年达到效率有效的县(区、市)为两个,其他年度都是 3~4 个。东川区、禄劝彝族苗族自治县和寻甸回族彝族

自治县三个贫困县财政支出相对效率处于 0.5 以下的较低水平,且表现出较明显的调整态势;其他县(区、市)都处于较高效率水平,且较多县(区、市)2011—2018 年都在 0.8 以上。全省 129 个县(区、市)的排名,三个贫困县外的 11 个县(区、市)除个别年度,如嵩明县 2018 年(41 位)、盘龙区 2018 年(43 位)、晋宁区 2018 年(55 位)等相对下滑外,其他基本都在 30 位以内。

图 5-2 中横坐标 15~23 对应曲靖市的 9 个县(区、市)财政支出相对效率值最大的为市府所在地麒麟区,八年间相对效率值除 2012 年(0.679)之外,都处于 0.7 以上的水平;2014 年(0.782)和 2015 年(0.781)达到了本区的最高效率,且这两年的效率值在全省的排名也达到 16 位和 11 位的较好名次。其他县(区、市)财政支出相对效率整体较低,除沾益县(2016 年撤县设沾益区)和马龙县(2018 年撤县设马龙区)在 0.6 左右外,其余的 6 个县(市)长期处于 0.5 以下,最低的会泽县和宣威市处于 0.3 左右且大部分年度在 0.3 以下。

图 5-2 中横坐标 24~32 对应玉溪市的 9 个县(区、市)财政支出相对效率值最大的为市府所在地红塔区,七年为有效、一年 0.999 的极高效率。作为云南省唯一没有贫困县的地级市,玉溪市除新平县和彝族傣族自治县效率相对较低之外,其他各县(区、市)(2011—2018 年)都在 0.5 以上,但除达到有效的县(区)外,各地基本在 0.9 以下。澄江县有两次与红塔区同为有效单元,2018 年与红塔区、华宁县一起成为财政支出相对效率有效县(区)。在排名上,除新平彝族傣族自治县外基本都在全省 30 位以内,因此可以得出,玉溪市为云南省各市(州)中财政收支均衡性较好的市。

图 5-2 中横坐标 33~37 对应保山市的 5 个县(区、市)都处于财政支出相对效率 0.5 以下的水平,没有出现过效率有效的情况。2017年前,保山市 5 个县(区、市)财政支出相对效率在全省的排位均在 80

位以外,且多个年度一半以上县(区、市)在 100 位以外;2017 年开始有所改观,名次前进二三十位。

图 5-2 中横坐标 38~48 对应昭通市的 11 个县(区、市)财政支出相对效率:表现最好的是昭通市唯一的非贫困县水富县(2018 年撤县设县级市),八年均为有效单元且有三个年度位居全省第一。此外,除绥江县在 0.6 左右之外,其他县(区)基本都处于 0.5 以下。昭通市镇雄县 2011—2013 年、2015—2016 年和 2018 年六个年度居全省最后,财政支出相对效率都在 0.18 以下;另外,昭通市的鲁甸和巧家县分别为 2014 年和 2017 年的全省最后一名,财政支出相对效率仅 0.152 和 0.131。

图 5-2 中横坐标 48~53 对应丽江市的 6 个县(区)财政支出相对效率:2011—2018 年在 0.2~0.8 间分布,效率分布较为分散,其市府所在地古城区效率最高处于 0.7 左右,其他五个县效率值不稳定,如华坪县效率高时 2013 年(0.726)、效率低时 2018 年(0.483)。在全省的位次也比较分散,如古城区 2013 年和 2015 年分别位居全省第 11 位和第 9位,宁蒗彝族自治县始终在第 115 位以外。从中可看出,丽江市虽仅辖6 个县(区),但其财政收支分布表现出较不均衡的特征。

图 5-2 中横坐标 54~63 对应普洱市的 10 个县(区)财政支出相对效率:除澜沧拉祜族自治县处于 0.3 以下的较低效率值水平,2017年(0.197)和 2018 年(0.193)在 0.2 以下外,其他 8 个民族自治县和市府所在区均处于效率值动态调整的状况,效率在 0.3~0.8 间。在全省的排位澜沧拉祜族自治县都在 120 位以外,其余各地均在 100 位以内,位次最靠前的思茅区 2011 年(18 位)和 2012 年(14 位)进入前 20,2018年下滑到 47 位,这年,宁洱哈尼族彝族自治县升至 27 位,江城哈尼族彝族自治县升至 30 位。作为最具民族特色和民族多样化的地区,普洱市除市府所在地外,辖 9 个民族自治县,从 2011—2018 年各县财政支

出相对效率看,其财政收支动态均衡性表现较好,这也是云南省建设民族团结示范区的重要成果体现。

图 5-2 中横坐标 64~71 对应临沧市的 8 个县(区)财政支出相对效率:2011—2018 年整体处于效率提升态势且县(区)之间差异较小,各县(区)2015 年都处于 0.5 以下,且大部分处于 0.4 以下,逐渐提升,至 2018 年各县(区)都在 0.4 以上,且大部分在 0.5 以上。各县(区)在全省的排位也实现较大幅度的提升,2015 年有 5 个县在 100 位以外,2015 年后 8 县(区)位次提升较快,2017—2018 年不仅全部进入 90 位内,而且越来越多的县进入 60 位内,2018 年 60 位内的县已过半。较特殊的地方是,市府所在地临翔区在全市各县(区)中的财政支出效率位次表现并不突出。

图 5-2 中横坐标 72~81 对应楚雄彝族自治州的 10 个县(市)财政支出相对效率:2011—2018 年除永仁县 2011 年(0.879)外都处于 0.45~0.85,州府所在地楚雄市虽未达到全州相对效率最高,但表现出明显的递增态势,由 2011 年的 0.512 逐年提高至 2018 年的 0.639,除此之外,整体上动态调整表现为基本持平略微下调的态势。在各县(市)全省的排位,除个别县在个别年度出现较低位次,如武定县 2018 年 88 位,其他年度各县(市)都在 70 位以内,且大部分时候处于 50 位以内,从位次动态分析上看,除楚雄市位次逐年明显提升外,其他县整体上处于略微后退的态势。

图 5-2 中横坐标 82~94 对应红河哈尼族彝族自治州的 13 个县(市)财政支出相对效率:屏边苗族自治县表现较为突出,各年财政支出相对效率均在 0.5 以上,2018 年成为八年中全州唯一效率有效的单元。红河哈尼族彝族自治州辖蒙自、个旧、开远和弥勒(2013 年该县设市)四个县级市,蒙自、个旧和开远三市财政支出相对效率表现出较明显的增长态势,而新进的县级市弥勒市则表现出调整的态势。除河口

瑶族自治县财政支出相对效率表现出一定的下降态势外,其余 7 县相对效率都表现基本持平调整态势。各县(市)在全省的排位整体表现后退,其余年度排位的进退基本与相对效率增减一致,13 县(市)总体上在 20～110 位分布。可以看出,2011—2018 年红河哈尼族彝族自治州各县(市)财政支出相对效率区域分布多样化较明显。

图 5-2 中横坐标 95～102 对应文山壮族苗族自治州的 8 个县(市)财政支出相对效率:2011—2018 年各县(市)均在 0.5 以下且县市间差异表现不大,整体上呈微幅下调态势,至 2018 年才在 2017 年基础上有所回升。在全省的排位除西畴县(2011—2015 年)在 50～70 位之外,其他的大都在 90 位以外,到 2017 年,除州府所在地文山市在 80 位外,七个县都在 100 位之外,2018 年除富宁(98 位)和广南(99 位)两县外,六县(市)都在 100 位以外。

图 5-2 中横坐标 103～105 对应西双版纳傣族自治州的 3 个县(市)财政支出相对效率:2011—2018 年除州府所在地景洪市 2017 年(0.518)和 2018 年(0.508)外都处于 0.5 以下,其中,景洪市呈明显提高态势,而勐海和勐腊两县则表现先升后降有所回升的调整态势。八年间在全省的排位变动基本与相对效率值的变动一致,有 3 县(市)均在 100 位以外,景洪市因动态调整站稳 70 位以内,勐海和勐腊两县均在 100 位左右。

图 5-2 中横坐标 106～117 对应大理白族自治州的 12 个县(市)财政支出相对效率:2011—2018 年漾濞彝族自治县保持在 0.7 以上,但表现出较明显的效率降低态势;其他县(市)总体上在 0.4～0.6 之间,整体表现微幅降低的态势。各县(市)在全省的排位变动整体表现小幅后退,除漾濞彝族自治县由 2011 年(7 位)逐年退至 2017 年(29 位)和 2018 年(21 位)、弥渡县降至 100 位外,其余各县(市)由 30 位左右至 60 位左右,调整至 50 位左右至 80 位左右。

图 5-2 中横坐标 118～122 对应德宏傣族景颇族自治州的 5 个县 (市)财政支出相对效率:2011—2018 年各县(市)总体上在 0.4～0.6 之间,梁河县基本处于 0.5 以上,虽有小幅增减调整,首尾年度基本持平;其他县(市)在 0.5 左右调整,总体上调整幅度较小,但各县(市)间差距有所缩小。州府所在地芒市和盈江县有几个年度财政支出相对效率在全省排位 100 位之外,其他县(市)在 90 位以内、20 位以外调整变动,可以看出位次变动的幅度较大,具有较不稳定的特性。

图 5-2 中横坐标 123～126 对应怒江傈僳族自治州的 4 个县(市)财政支出相对效率:2011—2018 年兰坪白族普米族自治县、泸水市(2016 年撤县设县级市)和福贡县表现调整递减态势,贡山独龙族怒族自治县则是调整小幅提高。在全省各县(区、市)的排位泸水市和兰坪白族普米族自治县从 70 位附近降至 100 位后,福贡县从 40 位逐年降至 90 位外,贡山独龙族怒族自治县则在 50 位以内调整。

图 5-2 中横坐标 127～129 对应迪庆藏族自治州的 3 个县(市)财政支出相对效率:2011—2018 年总体上在 0.3～0.6,州府所在地香格里拉市(2014 年撤县设县级市)在小幅调整中提升,德钦县和维西傈僳族自治县则在小幅调整中降低。在全省各县(区、市)的排位变动表现与效率值变动基本一致,香格里拉市由 110 位外逐渐进至 90 位开外,德钦县由 80 位开外小幅调整降至 90 位开外,维西傈僳族自治县则由 50 位开外较大幅度调整至 110 位左右。

各市(州)的县(区、市)放在全省 129 个县(区、市)中进行非参数估计,不仅与本市(州)内各县(区、市)的分布结构有关,而且与其他市(州)所辖县(区、市)的分布结构有关,因此,单看某一年度财政支出相对效率所反映的该县(区、市)财政收支成果的稳定性略显不足。通过分析八年间各县(区、市)财政支出相对效率的平均值,能够较大程度消除因个别年度少数地方异常表现带来的影响,较稳定研究期间段上云

南省 129 个县(区、市)财政收支成果的区域分布状况。2011—2018 年
云南省 129 个县(区、市)财政支出相对效率平均值分布,如图 5 - 3
所示。

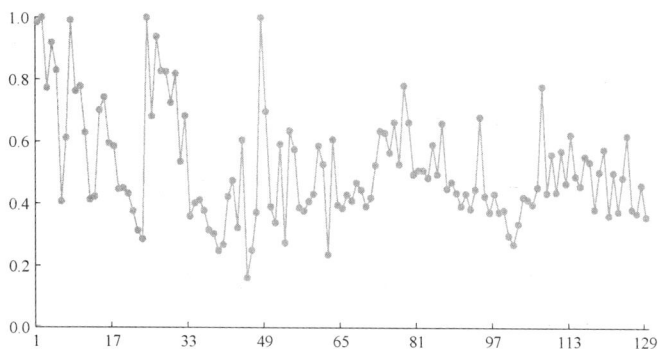

图 5 - 3　2011—2018 年云南省 129 个县(区、市)
财政支出相对效率平均值分布

　　从 2011—2018 年财政支出相对效率平均值看,全省后五位的县为
文山壮族苗族自治州的广南县(0.268),昭通市的彝良县(0.249)和鲁甸
县(0.248),普洱市的澜沧拉祜族自治县(0.235),昭通市的镇雄县
(0.160),五个县中有三个分布在昭通市,全省仅有的强有效的两个县
(区)之一排名第一的水富县(2018 年撤县设县级市)也在昭通市,而昭
通市的其他县(区)除绥江县(0.605)外均在 0.5 以下,且都在 60 位以
外。排名最后的镇雄县财政支出相对效率值还未达到有效的 16%;效
率平均值的中位数在迪庆藏族自治州的德钦县(0.460)未到有效的一
半,效率平均值排 54 位的德宏傣族景颇族自治州瑞丽市(0.502)刚过
有效的一半。2011—2018 年全省 129 个县(区、市)财政支出相对有效
的单元 2 个,占比 1.55%;效率平均值在 0.9 以上的非有效县(区)5 个,
占比 3.88%;效率平均值在 0.8 以上(累计)的非有效县(区)17 个,占比

13.2％;效率平均值在 0.6 以上(累计)的非有效县(区)33 个,占比 25.6％;效率平均值在 0.5 以上(累计)的非有效县(区)52 个,占比 40.3％。财政支出相对效率平均值 0.6 以下的县(区、市)94 个,占比 72.9％;效率平均值 0.5 以下的县(区、市)占比 58.1％。从图 5-3 的分布情况可以直观看出,参与评价的云南省 129 各县(区、市)财政支出相对效率集中分布在中低水平,高效率的评价单元还很有限,也表明云南省县域财政支出效率的提升空间还较大。

从 2011—2018 年财政支出相对效率未达有效的县(区、市)效率平均值看,两端的 2011 年(0.530)和 2018 年(0.511),2015 年(0.492)为极大值,形成大致 W 形的走势。各年财政支出相对效率均值(含有效单元)较非有效效率均值高 0.016～0.030,且表现出两者两端差距较大而中间差距较小的特点,较有效地削平 W 形中间的极大值,使得云南省 129 个县(区、市)2011—2018 年财政支出相对效率平均值接近 U 形走势。运用统计软件 IBM SPSS Statistics 20 对 2011—2018 年全省 129 个县(区、市)财政支出相对效率序列进行两两 T 检验和 Levene 方差检验,分析这两年间云南省县级财政支出效率的结构差异和波动性差异。检验结果如表 5-28 所示。

表 5-28　云南省县级财政支出相对效率 2011—2018 年
不同年度 T 检验和 Levene 方差检验结果

年　度	均　值		t-值	df	p	有效 N		标准差		F-ratio 方差	p-值 方差
	组 1	组 2				组 1	组 2	组 1	组 2		
2011 vs. 2012	0.548 4	0.513 3	1.499	256	0.135	129	129	0.189 9	0.186 3	0.064	0.801
2011 vs. 2013	0.548 4	0.493 9	2.387	256	0.018	129	129	0.189 9	0.176 6	1.119	0.291
2011 vs. 2014	0.548 4	0.498 9	2.074	256	0.039	129	129	0.189 9	0.193 8	0.024	0.878
2011 vs. 2015	0.548 4	0.508 0	1.759	256	0.080	129	129	0.189 9	0.179 2	0.590	0.443
2011 vs. 2016	0.548 4	0.505 1	1.832	256	0.068	129	129	0.189 9	0.189 7	0.101	0.751

年　度	均　值		t-值	df	p	有效 N		标准差		F-ratio 方差	p-值 方差
	组1	组2				组1	组2	组1	组2		
2011 vs. 2017	0.548 4	0.507 0	1.717	256	0.087	129	129	0.189 9	0.197 6	0.000	0.989
2011 vs. 2018	0.548 4	0.540 9	0.309	256	0.758	129	129	0.189 9	0.202 5	0.376	0.540
2012 vs. 2013	0.513 3	0.493 9	0.858	256	0.392	129	129	0.186 3	0.176 6	0.654	0.420
2012 vs. 2014	0.513 3	0.498 9	0.610	256	0.542	129	129	0.186 3	0.193 8	0.008	0.931
2012 vs. 2015	0.513 3	0.508 0	0.235	256	0.815	129	129	0.186 3	0.179 2	0.266	0.606
2012 vs. 2016	0.513 3	0.505 1	0.350	256	0.727	129	129	0.186 3	0.189 7	0.005	0.942
2012 vs. 2017	0.513 3	0.507 0	0.265	256	0.792	129	129	0.186 3	0.197 6	0.050	0.823
2012 vs. 2018	0.513 3	0.540 9	−1.138	256	0.256	129	129	0.186 3	0.202 5	0.738	0.391
2013 vs. 2014	0.493 9	0.498 9	−0.214	256	0.830	129	129	0.176 6	0.193 8	0.736	0.392
2013 vs. 2015	0.493 9	0.508 0	−0.634	256	0.527	129	129	0.176 6	0.179 2	0.089	0.766
2013 vs. 2016	0.493 9	0.505 1	−0.491	256	0.624	129	129	0.176 6	0.189 7	0.503	0.479
2013 vs. 2017	0.493 9	0.507 0	−0.560	256	0.576	129	129	0.176 6	0.197 6	0.966	0.327
2013 vs. 2018	0.493 9	0.540 9	−1.985	256	0.048	129	129	0.176 6	0.202 5	2.673	0.103
2014 vs. 2015	0.498 9	0.508 0	−0.392	256	0.696	129	129	0.193 8	0.179 2	0.336	0.563
2014 vs. 2016	0.498 9	0.505 1	−0.262	256	0.794	129	129	0.193 8	0.189 7	0.024	0.877
2014 vs. 2017	0.498 9	0.507 0	−0.333	256	0.739	129	129	0.193 8	0.197 6	0.018	0.894
2014 vs. 2018	0.498 9	0.540 9	−1.702	256	0.090	129	129	0.193 8	0.202 5	0.545	0.461
2015 vs. 2016	0.508 0	0.505 1	0.124	256	0.902	129	129	0.179 2	0.189 7	0.181	0.671
2015 vs. 2017	0.508 0	0.507 0	0.042	256	0.967	129	129	0.179 2	0.197 6	0.504	0.479
2015 vs. 2018	0.508 0	0.540 9	−1.382	256	0.168	129	129	0.179 2	0.202 5	1.847	0.175
2016 vs. 2017	0.505 1	0.507 0	−0.077	256	0.939	129	129	0.189 7	0.197 6	0.082	0.774
2016 vs. 2018	0.505 1	0.540 9	−1.463	256	0.145	129	129	0.189 7	0.202 5	0.818	0.367
2017 vs. 2018	0.507 0	0.540 9	−1.360	256	0.175	129	129	0.197 6	0.202 5	0.354	0.553

按10%统计显著性,2011—2018年云南省129个县(区、市)财政支出相对效率序列两两检验结果表明,2011年与2013—2017五个年度相

对效率均值存在显著差异,且表现出 2011 年效率均值显著高于 2013—2017 五个年度;此外,2018 年与 2013 年、2014 年相对效率均值存在显著差异,且表现出 2018 年效率均值显著高于 2013 年和 2014 两年。方差检验结果显示,2011—2018 年云南省 129 县(区、市)财政支出相对效率序列两两年度间波动性无显著差异。相较而言,2013 年与 2018 年效率波动性检验的 p 值接近 10%,这两年 129 个县(区、市)财政支出相对效率序列结构相似度较低。从统计检验结果可以分析得出,2011—2018 年各年间云南省 129 个县(区、市)财政支出相对效率整体上结构差异不显著,而首年和尾年表现出较其他年度高的相对效率值,相比较而言,2011 年效率值高的表现更为显著。2011 年后、2018 年前,129 个县(区、市)财政支出相对效率序列没有显著的变化,但序列随着年度间隔距离越远相似度越低。这从统计意义上表明,2011—2018 年云南省县级财政支出相对效率均值的差异随着时间的推移在缓慢增大,而财政支出相对效率的结构差异情况并不表现出与间隔时间长短的直接关系。这也反映出在现有的财政收支结构下,要在短时间内提升或者降低财政支出的效率并不是一件易事,需要长期的努力或者施以强烈的外部作用。

二、云南省县(区、市)财政支出相对效率评价各变量改进策略分析

出于篇幅的考虑,由产出导向型(output)的 C^2R 模型评价 2011—2018 年云南省县(区、市)财政支出相对效率的改进策略,由式(5-10)计算的结果在表 5-20~表 5-27 第 5~11 列中。2011—2018 年云南省 129 个县(区、市)对应的一个投入变量:地方公共财政预算支出(E)和六个产出变量:地区生产总值(GDP)、人均地区生产总值(AGDP)、地方财政总收入(R)、规模以上固定资产投资(IFA)、城镇居民人均可支配收入(IU)、农村居民人均可支配收入(IR)改进策略的比较,如图5-4所示。

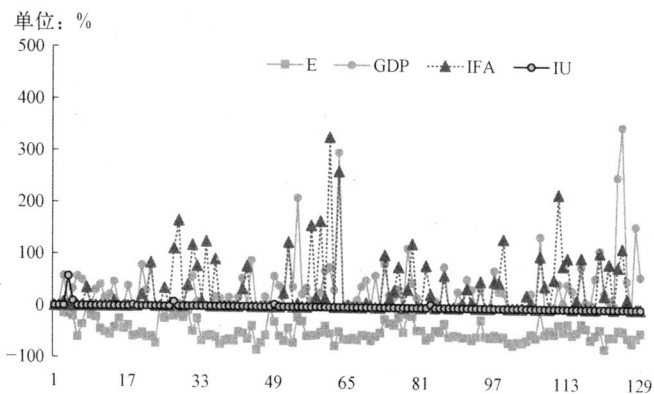

单位：%

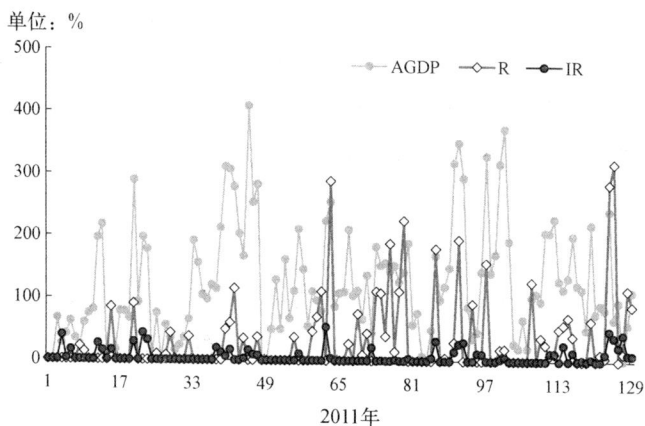

单位：%

2011年

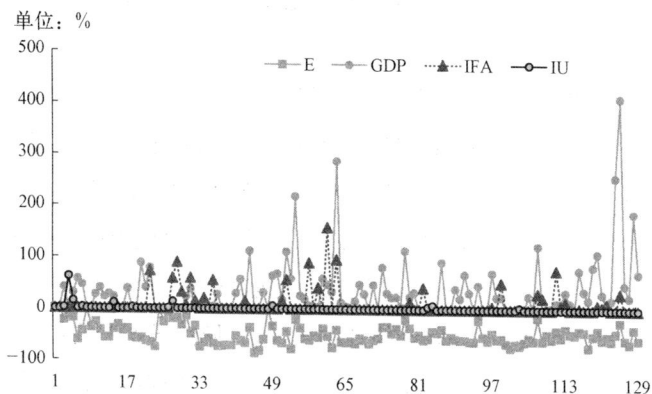

单位：%

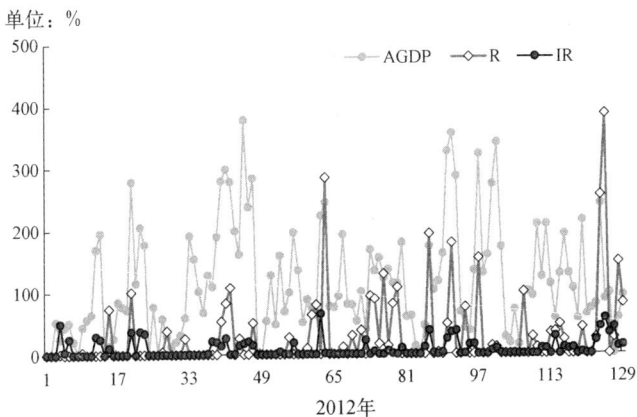

単位：%

2012年

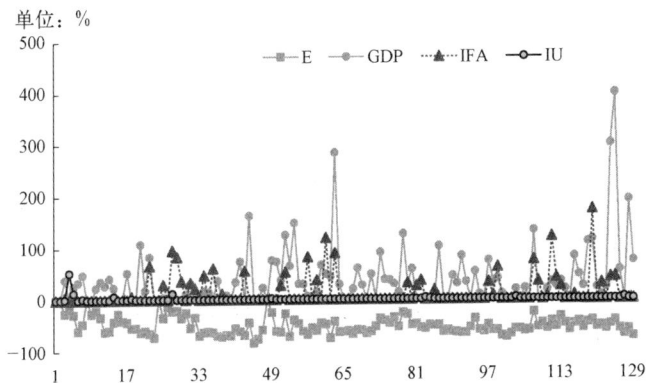

単位：%

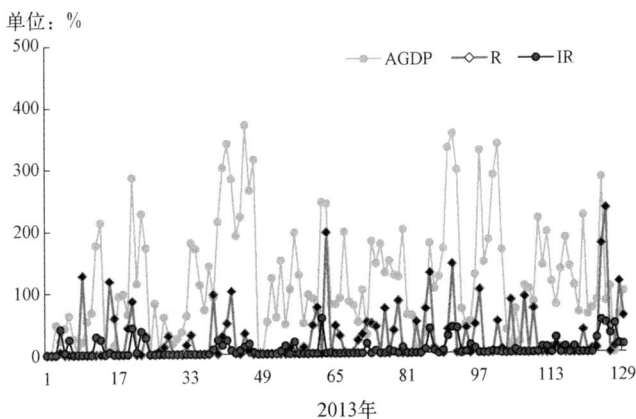

単位：%

2013年

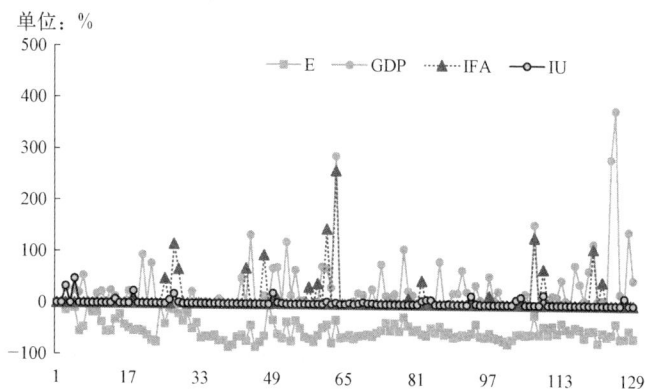

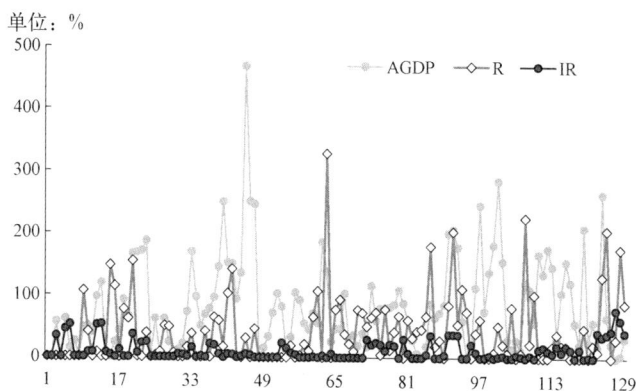

2014年

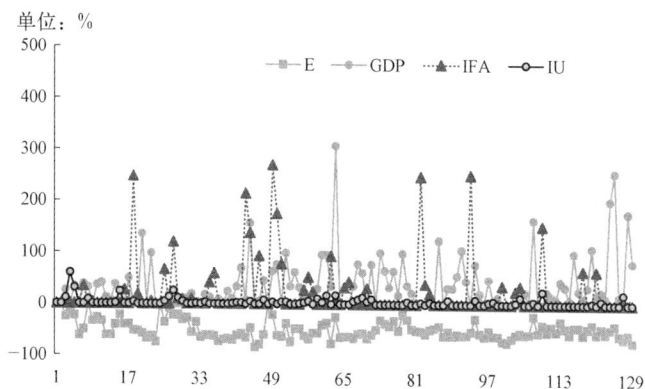

単位：%

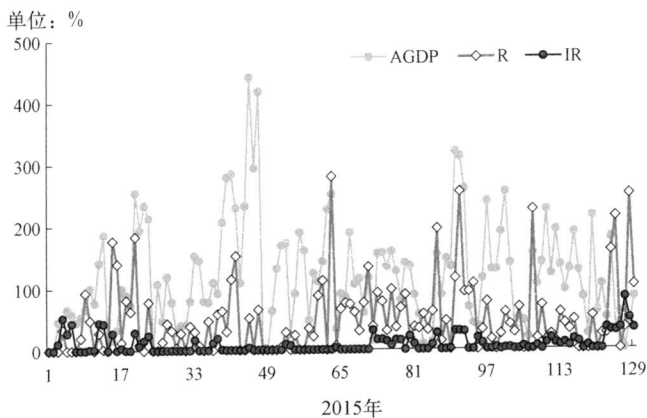

2015年

単位：%

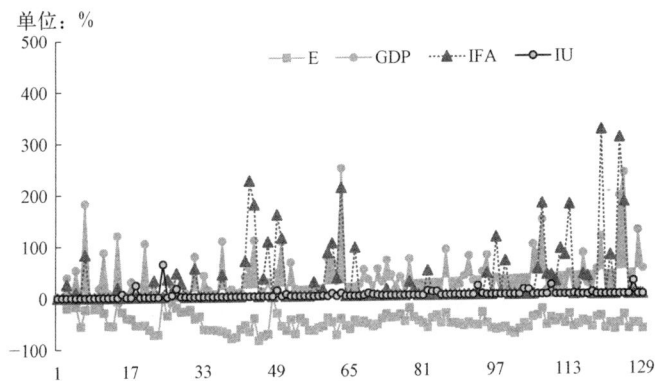

単位：%

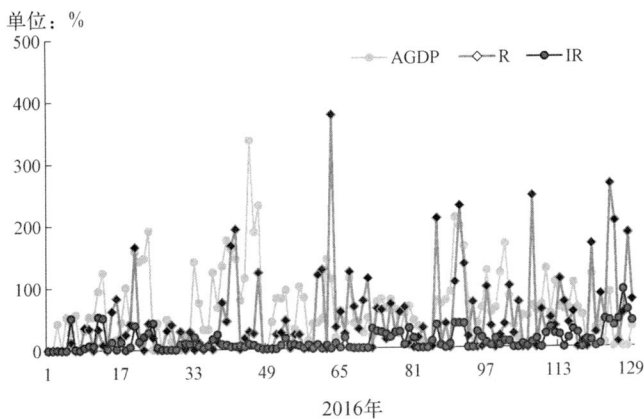

2016年

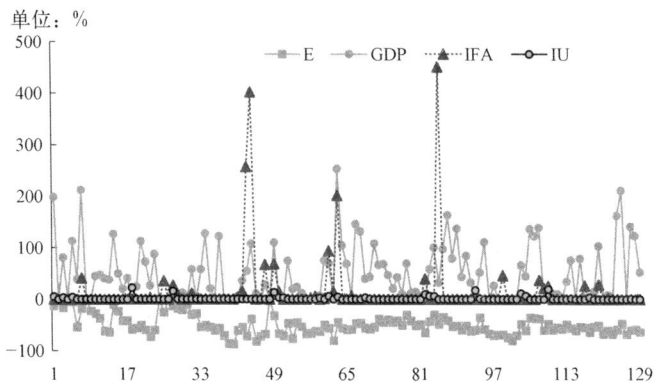

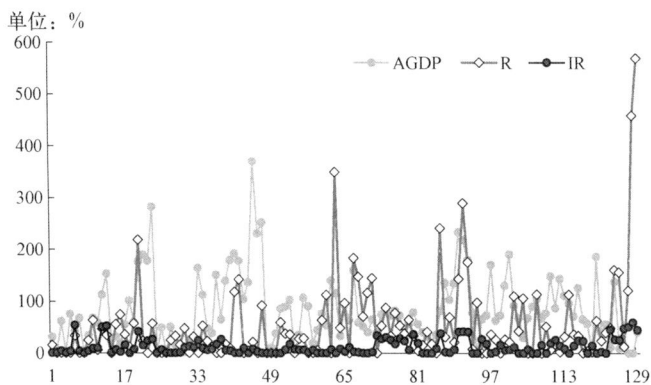

2017年

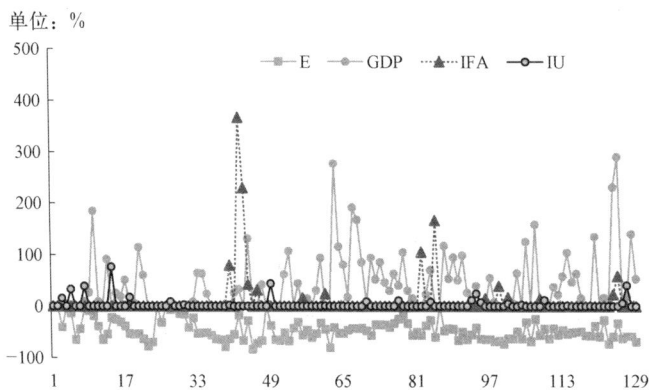

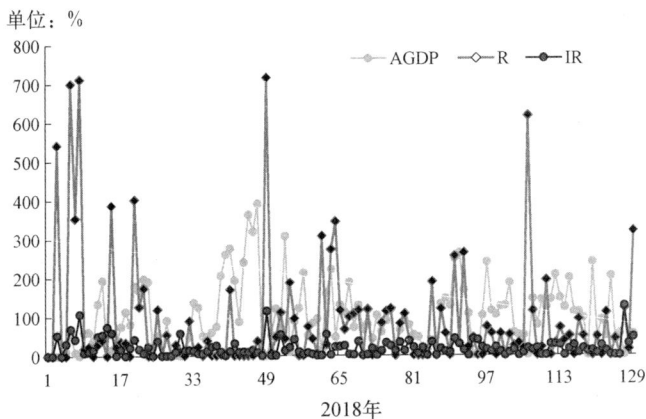

单位：%

图 5 - 4　2011—2018 年云南省 129 个县（区、市）
财政支出相对效率评价改进策略比较

从投入变量改进策略比较可以直观看出，2011—2018 年云南省各县（区、市）唯一的投入变量地方公共财政预算支出（E）在全省 129 个县（区、市）的分布形态极为相似。从中位数看，2011 年（−50.7%）、2012 年（−53.8%）、2013 年（−55.1%）、2014 年（−55.1%）、2015 年（−53.8%）、2016 年（−54.2%）、2017 年（−53.9%）、2018 年（−49.9%），投入变量改进策略的含义为地方公共财政预算支出冗余量与实际值之比，反映的是该地公共财政预算支出在现有实际值的基础上需缩减的比率，通过观察中位数动态，可看出 2011—2018 年云南省县（区、市）公共财政预算支出改进策略，2011 年和 2018 年需缩减比率较低，而 2012—2017 年需缩减比率高，总体上，各年公共财政预算支出需缩减一半以上。

从产出变量改进策略比较可以直观看出，2011—2018 年云南省各县（区、市）六个产出变量的改进策略动态变换较明显，2011—2013 年人均地区生产总值（AGDP）需增加比率较为突出，多个非有效县（区、市）人均地区生产总值（AGDP）缺口为该地实际值的 1 倍以上，2011 年其缺口率最大的超过 4 倍、2012 年 3.78 倍、2013 年 3.71 倍；2014 年虽然缺口率最大（4.68 倍），但其他缺口率较大的县（区、市）数目大为减少；2015 年后人均地区生产总值（AGDP）增长比率明显下降。其次是规模以上固定资产投资（IFA）在非有效县（区、市）中的需改进缺口率也较大，2011 年最大缺口率达 3.28 倍、2012 年减为 1.59 倍，2013 年（1.73 倍）和 2014 年（2.59 倍）虽有所增大，但缺口率较大的数量明显减少；2015 和 2016 年最大缺口率和缺口率较大的数量都有所增加，2017 年仅有极少数县（区、市）缺口率较大，到 2018 年该数量进一步减少。地方财政总收入（R）各年均在非有效县（区、市）中保持较大的改进缺口率，并且呈现增长的态势；2017 年出现各变量中最大比率的改进缺口率高达 5.69 倍，也就是该县 2017 年规模以上固定资产投资（IFA）的实际值仅为有效目标值的 15％。地区生产总值（GDP）在经济发展水平较低的县（区、市）存在一定的改进需求率，但表现出较明显的缩小态势。两个收入变量改进策略的缺口率变动相对平稳，其中城镇居民人均可支配收入（IU）在绝大部分县（区、市）绝大部分年度的缺口率均为 0。而农村居民人均可支配收入（IR）则始终在占比较大的县（区、市）中保持一定量的改进缺口率，2011 年需改进县（区、市）数量占 129 个县（区、市）的比重为 37.2％，2012 年比重 47.3％，2013 年比重为 45.0％，2014 年比重为 60.5％，2015 年比重为 47.3％，2016 年比重为 75.2％，2017 年比重为 72.1％，2018 年比重为 82.2％，从中可以看出，农村居民人均可支配收入（IR）需增加的县（区、市）数量呈增长态势。同时，2011—2018 年云南省县（区、市）农村居民人均可支配收入（IR）改进策略的缺口率分别为：2011 年 53.7％、2012 年 65.0％、2013 年 56.6％、2014 年 77.2％、2015 年 83.2％、2016 年 90.0％、2017 年 59.2％、2018 年 126.7％，表现出较明显的增长态势；农村居民人均可支配收入（IR）改进策略的缺口率最高的 2018 年（126.7％），就是该地当年农村居民人均可支配收入实际值仅为目标值的 44.1%。

2011—2018 年云南省县域经济考核的六个综合指标在全省的各个县(区、市)中实现的效果各不相同,城镇居民人均可支配收入(IU)整体上实现的效果较好,地区生产总值(GDP)实现效果次之;其余四个指标中,人均地区生产总值(AGDP)和规模以上固定资产投资(IFA)还有较大的缺口,但改进的效果较明显;而地方财政总收入(R)和农村居民人均可支配收入(IR)缺口较大并呈现拉大的态势。因此,不管是从县域经济考核的角度,还是从地方财政收支实施效果的改进上,云南省绝大部分县(区、市)增加地方财政总收入和提高农村居民人均可支配收入还需要持续不断的努力。而各县(区、市)的本级地方公共财政一般预算支出冗余率还比较高,也就是财政支出的有效利用率还有较大的提升空间。

运用统计软件 IBM SPSS Statistics 20 对 2011—2018 年云南省县(区、市)财政支出相对效率不同变量改进策略进行两两 T 检验和 Levene 方差检验,分析各指标在向财政支出效率有效的方向努力的缺口差异。检验结果如表 5-29～表 5-36 所示。

表 5-29　对云南省县(区、市)财政支出相对效率不同变量改进策略
进行 T 检验和 Levene 方差检验的结果(2011 年)

中　部	均　值		t-值	df	p	有效 N		标准差		F-ratio 方差	p-值 方差
	组 1	组 2				组 1	组 2	组 1	组 2		
E vs. GDP	−45.154 4	34.457 8	−15.491	256	0.000	129	129	18.987 5	55.196 3	23.272	0.000
E vs. AGDP	−45.154 4	123.332 2	−20.534	256	0.000	129	129	18.987 5	91.239 7	134.519	0.000
E vs. R	−45.154 4	32.085 5	−13.571	256	0.000	129	129	18.987 5	61.790 9	41.762	0.000
E vs. IFA	−45.154 4	33.027 1	−14.849	256	0.000	129	129	18.987 5	56.704 4	51.731	0.000
E vs. IU	−45.154 4	0.692 1	−26.464	256	0.000	129	129	18.987 5	5.161 3	168.214	0.000
E vs. IR	−45.154 4	6.210 8	−26.187	256	0.000	129	129	18.987 5	11.652 7	31.538	0.000

中　部	均　值		t-值	df	p	有效 N		标准差		F-ratio 方差	p-值 方差
	组1	组2				组1	组2	组1	组2		
GDP vs. AGDP	34.457 8	123.332 2	−9.466	256	0.000	129	129	55.196 3	91.239 7	38.768	0.000
GDP vs. R	34.457 8	32.085 5	0.325	256	0.745	129	129	55.196 3	61.790 9	1.905	0.169
GDP vs. IFA	34.457 8	33.027 1	0.205	256	0.837	129	129	55.196 3	56.704 4	1.736	0.189
GDP vs. IU	34.457 8	0.692 1	6.918	256	0.000	129	129	55.196 3	5.161 3	73.997	0.000
GDP vs. IR	34.457 8	6.210 8	5.687	256	0.000	129	129	55.196 3	11.652 7	44.269	0.000
AGDP vs. R	123.332 2	32.085 5	9.405	256	0.000	129	129	91.239 7	61.790 9	23.978	0.000
AGDP vs. IFA	123.332 2	33.027 1	9.548	256	0.000	129	129	91.239 7	56.704 4	28.296	0.000
AGDP vs. IU	123.332 2	0.692 1	15.242	256	0.000	129	129	91.239 7	5.161 3	215.057	0.000
AGDP vs. IR	123.332 2	6.210 8	14.462	256	0.000	129	129	91.239 7	11.652 7	171.623	0.000
R vs. IFA	32.085 5	33.027 1	−0.128	256	0.899	129	129	61.790 9	56.704 4	0.026	0.871
R vs. IU	32.085 5	0.692 1	5.750	256	0.000	129	129	61.790 9	5.161 3	101.987	0.000
R vs. IR	32.085 5	6.210 8	4.674	256	0.000	129	129	61.790 9	11.652 7	67.719	0.000
IFA vs. IU	33.027 1	0.692 1	6.450	256	0.000	129	129	56.704 4	5.161 3	131.288	0.000
IFA vs. IR	33.027 1	6.210 8	5.261	256	0.000	129	129	56.704 4	11.652 7	85.837	0.000
IU vs. IR	0.692 1	6.210 8	−4.918	256	0.000	129	129	5.161 3	11.652 7	76.440	0.000

表 5-30　对云南省县（区、市）财政支出相对效率不同变量改进
策略进行 T 检验和 Levene 方差检验的结果（2012 年）

中　部	均　值		t-值	df	p	有效 N		标准差		F-ratio 方差	p-值 方差
	组1	组2				组1	组2	组1	组2		
E vs. GDP	−48.670 1	34.369 6	−15.359	256	0.000	129	129	18.623 3	58.512 9	22.495	0.000
E vs. AGDP	−48.670 1	114.945 6	−20.638	256	0.000	129	129	18.623 3	88.095 3	134.935	0.000
E vs. R	−48.670 1	27.596 1	−13.876	256	0.000	129	129	18.623 3	59.584 8	29.666	0.000
E vs. IFA	−48.670 1	9.496 2	−21.528	256	0.000	129	129	18.623 3	24.390 2	0.003	0.959
E vs. IU	−48.670 1	1.030 0	−28.923	256	0.000	129	129	18.623 3	5.837 0	144.542	0.000
E vs. IR	−48.670 1	8.039 0	−27.841	256	0.000	129	129	18.623 3	13.725 8	13.328	0.000

中 部	均 值 组1	均 值 组2	t-值	df	p	有效 N 组1	有效 N 组2	标准差 组1	标准差 组2	F-ratio 方差	p-值 方差
GDP vs. AGDP	34.369 6	114.945 6	−8.653	256	0.000	129	129	58.512 9	88.095 3	32.022	0.000
GDP vs. R	34.369 6	27.596 1	0.921	256	0.358	129	129	58.512 9	59.584 8	0.209	0.648
GDP vs. IFA	34.369 6	9.496 2	4.456	256	0.000	129	129	58.512 9	24.390 2	20.497	0.000
GDP vs. IU	34.369 6	1.030 0	6.440	256	0.000	129	129	58.512 9	5.837 0	63.856	0.000
GDP vs. IR	34.369 6	8.039 0	4.976	256	0.000	129	129	58.512 9	13.725 8	34.524	0.000
AGDP vs. R	114.945 6	27.596 1	9.328	256	0.000	129	129	88.095 3	59.584 8	27.765	0.000
AGDP vs. IFA	114.945 6	9.496 2	13.102	256	0.000	129	129	88.095 3	24.390 2	124.702	0.000
AGDP vs. IU	114.945 6	1.030 0	14.655	256	0.000	129	129	88.095 3	5.837 0	213.001	0.000
AGDP vs. IR	114.945 6	8.039 0	13.619	256	0.000	129	129	88.095 3	13.725 8	160.473	0.000
R vs. IFA	27.596 1	9.496 2	3.193	256	0.002	129	129	59.584 8	24.390 2	26.920	0.000
R vs. IU	27.596 1	1.030 0	5.040	256	0.000	129	129	59.584 8	5.837 0	76.757	0.000
R vs. IR	27.596 1	8.039 0	3.633	256	0.000	129	129	59.584 8	13.725 8	43.611	0.000
IFA vs. IU	9.496 2	1.030 0	3.834	256	0.000	129	129	24.390 2	5.837 0	53.756	0.000
IFA vs. IR	9.496 2	8.039 0	0.591	256	0.555	129	129	24.390 2	13.725 8	5.678	0.018
IU vs. IR	1.030 0	8.039 0	−5.337	256	0.000	129	129	5.837 0	13.725 8	84.373	0.000

表 5 - 31　对云南省县（区、市）财政支出相对效率不同变量改进
策略进行 T 检验和 Levene 方差检验的结果（2013 年）

中 部	均 值 组1	均 值 组2	t-值	df	p	有效 N 组1	有效 N 组2	标准差 组1	标准差 组2	F-ratio 方差	p-值 方差
E vs. GDP	−50.611 5	37.989 3	−16.192	256	0.000	129	129	17.660 5	59.588 3	30.440	0.000
E vs. AGDP	−50.611 5	119.571 1	−20.525	256	0.000	129	129	17.660 5	92.503 8	152.564	0.000
E vs. R	−50.611 5	25.481 8	−18.291	256	0.000	129	129	17.660 5	43.826 5	42.042	0.000
E vs. IFA	−50.611 5	13.786 4	−21.346	256	0.000	129	129	17.660 5	29.362 7	9.428	0.002
E vs. IU	−50.611 5	0.797 0	−31.844	256	0.000	129	129	17.660 5	4.930 6	140.592	0.000
E vs. IR	−50.611 5	7.497 7	−29.887	256	0.000	129	129	17.660 5	13.257 6	11.089	0.001

中 部	均 值		t-值	df	p	有效 N		标准差		F-ratio 方差	p-值 方差
	组1	组2				组1	组2	组1	组2		
GDP vs. AGDP	37.989 3	119.571 1	−8.421	256	0.000	129	129	59.588 3	92.503 8	34.912	0.000
GDP vs. R	37.989 3	25.481 8	1.920	256	0.056	129	129	59.588 3	43.826 5	1.092	0.297
GDP vs. IFA	37.989 3	13.786 4	4.138	256	0.000	129	129	59.588 3	29.362 7	13.905	0.000
GDP vs. IU	37.989 3	0.797 0	7.065	256	0.000	129	129	59.588 3	4.930 6	74.775	0.000
GDP vs. IR	37.989 3	7.497 7	5.673	256	0.000	129	129	59.588 3	13.257 6	42.985	0.000
AGDP vs. R	119.571 1	25.481 8	10.440	256	0.000	129	129	92.503 8	43.826 5	59.937	0.000
AGDP vs. IFA	119.571 1	13.786 4	12.380	256	0.000	129	129	92.503 8	29.362 7	110.162	0.000
AGDP vs. IU	119.571 1	0.797 0	14.563	256	0.000	129	129	92.503 8	4.930 6	228.559	0.000
AGDP vs. IR	119.571 1	7.497 7	13.621	256	0.000	129	129	92.503 8	13.257 6	176.315	0.000
R vs. IFA	25.481 8	13.786 4	2.518	256	0.012	129	129	43.826 5	29.362 7	13.196	0.000
R vs. IU	25.481 8	0.797 0	6.357	256	0.000	129	129	43.826 5	4.930 6	131.780	0.000
R vs. IR	25.481 8	7.497 7	4.461	256	0.000	129	129	43.826 5	13.257 6	65.923	0.000
IFA vs. IU	13.786 4	0.797 0	4.955	256	0.000	129	129	29.362 7	4.930 6	97.332	0.000
IFA vs. IR	13.786 4	7.497 7	2.217	256	.027	129	129	29.362 7	13.257 6	27.303	0.000
IU vs. IR	0.797 0	7.497 7	−5.380	256	0.000	129	129	4.930 6	13.257 6	85.142	0.000

表 5-32　对云南省县（区、市）财政支出相对效率不同变量改进
策略进行 T 检验和 Levene 方差检验的结果（2014 年）

中 部	均 值		t-值	df	p	有效 N		标准差		F-ratio 方差	p-值 方差
	组1	组2				组1	组2	组1	组2		
E vs. GDP	−50.109 5	28.455 5	−14.997	256	0.000	129	129	19.378 2	56.258 3	20.647	0.000
E vs. AGDP	−50.109 5	83.414 3	−19.380	256	0.000	129	129	19.378 2	75.814 8	91.313	0.000
E vs. R	−50.109 5	40.245 8	−17.395	256	0.000	129	129	19.378 2	55.723 6	52.110	0.000
E vs. IFA	−50.109 5	10.354 1	−17.435	256	0.000	129	129	19.378 2	34.292 7	0.893	0.345
E vs. IU	−50.109 5	2.213 4	−29.041	256	0.000	129	129	19.378 2	6.575 9	96.514	0.000
E vs. IR	−50.109 5	10.658 8	−27.670	256	0.000	129	129	19.378 2	15.706 6	4.635	0.032

中 部	均 值		t-值	df	p	有效 N		标准差		F-ratio 方差	p-值 方差
	组1	组2				组1	组2	组1	组2		
GDP vs. AGDP	28.455 5	83.414 3	−6.612	256	0.000	129	129	56.258 3	75.814 8	16.624	0.000
GDP vs. R	28.455 5	40.245 8	−1.691	256	0.092	129	129	56.258 3	55.723 6	1.714	0.192
GDP vs. IFA	28.455 5	10.354 1	3.120	256	0.002	129	129	56.258 3	34.292 7	11.443	0.001
GDP vs. IU	28.455 5	2.213 4	5.262	256	0.000	129	129	56.258 3	6.575 9	57.116	0.000
GDP vs. IR	28.455 5	10.658 8	3.461	256	0.001	129	129	56.258 3	15.706 5	28.383	0.000
AGDP vs. R	83.414 3	40.245 8	5.211	256	0.000	129	129	75.814 8	55.723 6	9.764	0.002
AGDP vs. IFA	83.414 3	10.354 1	9.972	256	0.000	129	129	75.814 8	34.292 7	62.783	0.000
AGDP vs. IU	83.414 3	2.213 4	12.119	256	0.000	129	129	75.814 8	6.575 9	154.489	0.000
AGDP vs. IR	83.414 3	10.658 8	10.673	256	0.000	129	129	75.814 8	15.706 5	106.506	0.000
R vs. IFA	40.245 8	10.354 1	5.189	256	0.000	129	129	55.723 6	34.292 7	28.942	0.000
R vs. IU	40.245 8	2.213 4	7.698	256	0.000	129	129	55.723 6	6.575 9	118.606	0.000
R vs. IR	40.245 8	10.658 8	5.804	256	0.000	129	129	55.723 6	15.706 5	66.995	0.000
IFA vs. IU	10.354 1	2.213 4	2.648	256	0.009	129	129	34.292 7	6.575 9	29.015	0.000
IFA vs. IR	10.354 1	10.658 8	−0.092	256	0.927	129	129	34.292 7	15.706 5	4.236	0.041
IU vs. IR	2.213 4	10.658 8	−5.633	256	0.000	129	129	6.575 9	15.706 5	72.548	0.000

表 5 - 33　对云南省县(区、市)财政支出相对效率不同变量改进
策略进行 T 检验和 Levene 方差检验的结果(2015 年)

中 部	均 值		t-值	df	p	有效 N		标准差		F-ratio 方差	p-值 方差
	组1	组2				组1	组2	组1	组2		
E vs. GDP	−49.207 0	35.595 7	−17.527	256	0.000	129	129	17.923 6	51.947 6	38.535	0.000
E vs. AGDP	−49.207 0	117.490 2	−21.607	256	0.000	129	129	17.923 6	85.772 8	116.488	0.000
E vs. R	−49.207 0	48.687 4	−18.079	256	0.000	129	129	17.923 6	58.829 5	62.255	0.000
E vs. IFA	−49.207 0	22.313 9	−14.033	256	0.000	129	129	17.923 6	55.043 6	23.341	0.000
E vs. IU	−49.207 0	3.524 3	−30.694	256	0.000	129	129	17.923 6	7.711 5	77.001	0.000
E vs. IR	−49.207 0	8.539 1	−28.721	256	0.000	129	129	17.923 6	14.149 6	8.994	0.003

中　部	均　值		t-值	df	p	有效 N		标准差		F-ratio 方差	p-值 方差
	组1	组2				组1	组2	组1	组2		
GDP vs. AGDP	35.595 7	117.490 2	−9.276	256	0.000	129	129	51.947 6	85.772 8	28.352	0.000
GDP vs. R	35.595 7	48.687 4	−1.895	256	0.059	129	129	51.947 6	58.829 5	2.312	0.130
GDP vs. IFA	35.595 7	22.313 9	1.993	256	0.047	129	129	51.947 6	55.043 6	0.201	0.655
GDP vs. IU	35.595 7	3.524 3	6.936	256	0.000	129	129	51.947 6	7.711 5	85.298	0.000
GDP vs. IR	35.595 7	8.539 1	5.708	256	0.000	129	129	51.947 6	14.149 6	54.375	0.000
AGDP vs. R	117.490 2	48.687 4	7.513	256	0.000	129	129	85.772 8	58.829 5	15.783	0.000
AGDP vs. IFA	117.490 2	22.313 9	10.607	256	0.000	129	129	85.772 8	55.043 6	29.365	0.000
AGDP vs. IU	117.490 2	3.524 3	15.030	256	0.000	129	129	85.772 8	7.711 5	167.699	0.000
AGDP vs. IR	117.490 2	8.539 1	14.235	256	0.000	129	129	85.772 8	14.149 6	135.251	0.000
R vs. IFA	48.687 4	22.313 9	3.718	256	0.000	129	129	58.829 5	55.043 6	3.410	0.066
R vs. IU	48.687 4	3.524 3	8.645	256	0.000	129	129	58.829 5	7.711 5	116.178	0.000
R vs. IR	48.687 4	8.539 1	7.536	256	0.000	129	129	58.829 5	14.149 6	81.054	0.000
IFA vs. IU	22.313 9	3.524 3	3.840	256	0.000	129	129	55.043 6	7.711 5	54.821	0.000
IFA vs. IR	22.313 9	8.539 1	2.753	256	0.006	129	129	55.043 6	14.149 6	33.982	0.000
IU vs. IR	3.524 3	8.539 1	−3.535	256	0.000	129	129	7.711 5	14.149 6	33.944	0.000

表 5-34　对云南省县（区、市）财政支出相对效率不同变量改进
策略进行 T 检验和 Levene 方差检验的结果（2016 年）

中　部	均　值		t-值	df	p	有效 N		标准差		F-ratio 方差	p-值 方差
	组1	组2				组1	组2	组1	组2		
E vs. GDP	−49.486 7	30.656 3	−17.711	256	0.000	129	129	18.970 5	47.764 7	41.050	0.000
E vs. AGDP	−49.486 7	66.241 5	−21.683	256	0.000	129	129	18.970 5	57.574 4	65.281	0.000
E vs. R	−49.486 7	47.525 3	−16.387	256	0.000	129	129	18.970 5	64.506 5	55.406	0.000
E vs. IFA	−49.486 7	29.287 2	−14.274	256	0.000	129	129	18.970 5	59.740 4	36.424	0.000
E vs. IU	−49.486 7	1.997 1	−28.916	256	0.000	129	129	18.970 5	7.004 8	98.044	0.000
E vs. IR	−49.486 7	12.888 4	−28.496	256	0.000	129	129	18.970 5	16.068 8	3.421	0.066

中 部	均值		t-值	df	p	有效N		标准差		F-ratio 方差	p-值 方差
	组1	组2				组1	组2	组1	组2		
GDP vs. AGDP	30.656 3	66.241 5	−5.403	256	0.000	129	129	47.764 7	57.574 4	3.771	0.053
GDP vs. R	30.656 3	47.525 3	−2.387	256	0.018	129	129	47.764 7	64.506 5	5.030	0.026
GDP vs. IFA	30.656 3	29.287 2	0.203	256	0.839	129	129	47.764 7	59.740 4	1.004	0.317
GDP vs. IU	30.656 3	1.997 1	6.743	256	0.000	129	129	47.764 7	7.004 8	112.720	0.000
GDP vs. IR	30.656 3	12.888 4	4.004	256	0.000	129	129	47.764 7	16.068 8	53.754	0.000
AGDP vs. R	66.241 5	47.525 3	2.459	256	0.015	129	129	57.574 4	64.506 5	0.228	0.633
AGDP vs. IFA	66.241 5	29.287 2	5.059	256	0.000	129	129	57.574 4	59.740 4	0.510	0.476
AGDP vs. IU	66.241 5	1.997 1	12.581	256	0.000	129	129	57.574 4	7.004 8	138.394	0.000
AGDP vs. IR	66.241 5	12.888 4	10.138	256	0.000	129	129	57.574 4	16.068 8	79.159	0.000
R vs. IFA	47.525 3	29.287 2	2.356	256	0.019	129	129	64.506 5	59.740 4	1.210	0.272
R vs. IU	47.525 3	1.997 1	7.969	256	0.000	129	129	64.506 5	7.004 8	109.909	0.000
R vs. IR	47.525 3	12.888 4	5.918	256	0.000	129	129	64.506 5	16.068 8	65.903	0.000
IFA vs. IU	29.287 2	1.997 1	5.153	256	0.000	129	129	59.740 4	7.004 8	82.638	0.000
IFA vs. IR	29.287 2	12.888 4	3.011	256	0.003	129	129	59.740 4	16.068 8	45.023	0.000
IU vs. IR	1.997 1	12.888 4	−7.057	256	0.000	129	129	7.004 8	16.068 8	73.022	0.000

表5-35 对云南省县(区、市)财政支出相对效率不同变量改进
策略进行 T 检验和 Levene 方差检验的结果(2017 年)

中 部	均值		t-值	df	p	有效N		标准差		F-ratio 方差	p-值 方差
	组1	组2				组1	组2	组1	组2		
E vs. GDP	−49.302 5	48.250 9	−18.893	256	0.000	129	129	19.764 2	55.213 6	88.578	0.000
E vs. AGDP	−49.302 5	82.125 8	−21.605	256	0.000	129	129	19.764 2	66.204 2	80.752	0.000
E vs. R	−49.302 5	53.800 5	−13.529	256	0.000	129	129	19.764 2	84.271 6	39.872	0.000
E vs. IFA	−49.302 5	15.238 5	−11.467	256	0.000	129	129	19.764 2	60.792 4	3.810	0.052
E vs. IU	−49.302 5	1.307 0	−28.551	256	0.000	129	129	19.764 2	3.834 1	133.936	0.000
E vs. IR	−49.302 5	12.123 7	−28.218	256	0.000	129	129	19.764 2	14.854 7	6.680	0.010

中　部	均　值		t-值	df	p	有效 N		标准差		F-ratio 方差	p-值 方差
	组1	组2				组1	组2	组1	组2		
GDP vs. AGDP	48.250 9	82.125 8	−4.463	256	0.000	129	129	55.213 6	66.204 2	1.682	0.196
GDP vs. R	48.250 9	53.800 5	−0.626	256	0.532	129	129	55.213 6	84.271 6	1.604	0.206
GDP vs. IFA	48.250 9	15.238 5	4.566	256	0.000	129	129	55.213 6	60.792 4	11.583	0.001
GDP vs. IU	48.250 9	1.307 0	9.633	256	0.000	129	129	55.213 6	3.834 1	211.821	0.000
GDP vs. IR	48.250 9	12.123 7	7.176	256	0.000	129	129	55.213 6	14.854 7	118.429	0.000
AGDP vs. R	82.125 8	53.800 5	3.002	256	0.003	129	129	66.204 2	84.271 6	0.088	0.766
AGDP vs. IFA	82.125 8	15.238 5	8.452	256	0.000	129	129	66.204 2	60.792 4	17.053	0.000
AGDP vs. IU	82.125 8	1.307 0	13.842	256	0.000	129	129	66.204 2	3.834 1	164.309	0.000
AGDP vs. IR	82.125 8	12.123 7	11.718	256	0.000	129	129	66.204 2	14.854 7	101.458	0.000
R vs. IFA	53.800 5	15.238 5	4.215	256	0.000	129	129	84.271 6	60.792 4	13.166	0.000
R vs. IU	53.800 5	1.307 0	7.068	256	0.000	129	129	84.271 6	3.834 1	75.363	0.000
R vs. IR	53.800 5	12.123 7	5.532	256	0.000	129	129	84.271 6	14.854 7	48.532	0.000
IFA vs. IU	15.238 5	1.307 0	2.598	256	0.010	129	129	60.792 4	3.834 1	21.932	0.000
IFA vs. IR	15.238 5	12.123 7	0.565	256	0.572	129	129	60.792 4	14.854 7	7.202	0.008
IU vs. IR	1.307 0	12.123 7	−8.008	256	0.000	129	129	3.834 1	14.854 7	130.954	0.000

表 5-36　对云南省县(区、市)财政支出相对效率不同变量改进
策略进行 T 检验和 Levene 方差检验的结果(2018 年)

中　部	均　值		t-值	df	p	有效 N		标准差		F-ratio 方差	p-值 方差
	组1	组2				组1	组2	组1	组2		
E vs. GDP	−45.909 6	39.317 6	−15.882	256	0.000	129	129	20.247 3	57.487 8	55.080	0.000
E vs. AGDP	−45.909 6	98.044 7	−18.844	256	0.000	129	129	20.247 3	84.368 0	117.503	0.000
E vs. R	−45.909 6	84.225 1	−10.074	256	0.000	129	129	20.247 3	145.320	60.022	0.000
E vs. IFA	−45.909 6	9.527 0	−13.392	256	0.000	129	129	20.247 3	42.433 2	0.032	0.858
E vs. IU	−45.909 6	2.934 9	−24.570	256	0.000	129	129	20.247 3	9.992 0	73.577	0.000
E vs. IR	−45.909 6	19.229 7	−24.499	256	0.000	129	129	20.247 3	22.405 4	0.066	0.797

中 部	均 值		t-值	df	p	有效 N		标准差		F-ratio 方差	p-值 方差
	组1	组2				组1	组2	组1	组2		
GDP vs. AGDP	39.317 6	98.044 7	−6.533	256	0.000	129	129	57.487 8	84.368 0	18.113	0.000
GDP vs. R	39.317 6	84.225 1	−3.264	256	0.000	129	129	57.487 8	145.320	0.001	0.000
GDP vs. IFA	39.317 6	9.527 0	4.735	256	0.000	129	129	57.487 8	42.433 2	28.473	0.000
GDP vs. IU	39.317 6	2.934 9	7.082	256	0.000	129	129	57.487 8	9.992 0	117.147	0.000
GDP vs. IR	39.317 6	19.229 7	3.698	256	0.000	129	129	57.487 8	22.405 4	53.486	0.000
AGDP vs. R	98.044 7	84.225 1	0.934	256	0.351	129	129	84.368 0	145.320	5.832	0.016
AGDP vs. IFA	98.044 7	9.527 0	10.646	256	0.000	129	129	84.368 0	42.433 2	76.848	0.000
AGDP vs. IU	98.044 7	2.934 9	12.715	256	0.000	129	129	84.368 0	9.992 0	180.269	0.000
AGDP vs. IR	98.044 7	19.229 7	10.255	256	0.000	129	129	84.368 0	22.405 4	115.225	0.000
R vs. IFA	84.225 1	9.527 0	5.604	256	0.000	129	129	145.320	42.433 2	53.234	0.000
R vs. IU	84.225 1	2.934 9	6.338	256	0.000	129	129	145.320	9.992 0	79.379	0.000
R vs. IR	84.225 1	19.229 7	5.021	256	0.000	129	129	145.320	22.405 4	60.225	0.000
IFA vs. IU	9.527 0	2.934 9	1.717	256	0.087	129	129	42.433 2	9.992 0	11.440	0.001
IFA vs. IR	9.527 0	19.229 7	−2.297	256	0.022	129	129	42.433 2	22.405 4	0.087	0.768
IU vs. IR	2.934 9	19.229 7	−7.544	256	0.000	129	129	9.992 0	22.405 4	45.728	0.000

从检验结果的中投入指标与产出指标的比较看，在 5% 的统计检验显著水平下，2011—2018 年全省 129 个县（区、市）唯一的投入指标地方公共财政预算支出（E）在各年的改进策略序列与所有六个产出指标在同年的改进策略序列均存在显著差异；而投入指标与产出指标在极少数年度的极少情况下序列波动性差异表现不显著，具体为：投入指标地方公共财政预算支出（E）与规模以上固定资产投资（IFA）2012、2017 和 2018 年的改进策略序列间波动性差异不显著，与产出指标农村居民人均可支配收入（IR）在 2016 和 2018 年的改进策略序列间波动性差异不显著。

从检验结果中六个产出指标之间的比较看,在5%的统计检验显著水平下,2011—2018年全省129个县(区、市)六个产出指标各年改进策略序列差异性显著性情况为:

2011年地区生产总值(GDP)、地方财政总收入(R)、规模以上固定资产投资(IFA)三个产出指标两两间均值和波动性均无显著性差异。

2012年地区生产总值(GDP)与地方财政总收入(R)均值和波动性均无显著性差异,规模以上固定资产投资(IFA)与农村居民人均可支配收入(IR)均值无显著差异,但波动性差异显著。

2013和2014年都只有地区生产总值(GDP)与地方财政总收入(R)均值和波动性均无显著性差异。

2015年地区生产总值(GDP)与地方财政总收入(R)均值无显著差异,而地区生产总值(GDP)、地方财政总收入(R)和规模以上固定资产投资(IFA)两两间波动性无显著差异。

2016年地区生产总值(GDP)与规模以上固定资产投资(IFA)均值无显著差异;人均地区生产总值(AGDP)、地方财政总收入(R)、规模以上固定资产投资(IFA)三个产出指标两两间波动性无显著差异,而地区生产总值(GDP)与人均地区生产总值(AGDP)和规模以上固定资产投资(IFA)波动性无显著性差异。

2017年地区生产总值(GDP)与地方财政总收入(R)均值和波动性都无显著差异,规模以上固定资产投资(IFA)与农村居民人均可支配收入(IR)均值无显著差异,人均地区生产总值(AGDP)与地区生产总值(GDP)和地方财政总收入(R)波动性均无显著差异。

2018年人均地区生产总值(AGDP)与地方财政总收入(R)、规模以上固定资产投资(IFA)与城镇居民人均可支配收入(IU)均值无显著差异,规模以上固定资产投资(IFA)与农村居民人均可支配收入(IR)波动性都无显著差异。

投入指标(E)的改进策略是地方公共财政预算支出需减少的量与实际量之比,而产出指标的改进策略则是各产出指标需增加的量与其实际量之比。从检验结果分析看,在5%的统计检验显著水平下,2011—2018年全省129个县(区、市)唯一的投入指标改进策略与各产出指标改进策略间序列均值始终存在显著差异,序列的波动性大部分年度存在显著差异。六个产出指标21对两两改进策略序列比较中,均值各年基本保持一二对差异不显著,波动性则呈现差异不显著的对数增加的趋势,得出各产出指标改进策略结构趋同的趋势正有所体现。

从2011—2018年全省129个县(区、市)财政支出相对效率的比较,以及各年效率的中位数,可综合分析全省在实施县域经济考核实施的这八年间云南省县级财政支出相对效率的整体水平。在模型评价结果中,八年财政支出相对效率都有效的五华区和水富县,分布在昆明和昭通两市,七年相对效率有效的红塔区和呈贡区,分布在玉溪市和昆明市;除水富县(2018年改为水富市)外的三个区经济实力都较强,但并不是像公共产品价值评价的财政支出效率的排序那样与经济总量排序基本一致。

五华区长期是云南省省级机关集聚及商贸中心区,2011—2015年地区生产总值均为全省第一,2016年开始被昆明市的另一个经济大区官渡区超越而屈居第二,2017年GDP超过千亿元。占全省129个县(区、市)总量的1/15左右;人均地区生产总值2016年之前为全省第二,仅次于红塔区,2016年开始被官渡区超越而居第三;2011—2017年地方公共财政总收入均为全省第一,2018年被同属昆明市的安宁市超越,占全省129个县(区、市)总和的4.2%以上,且呈微幅增长的态势,2018年比重达到八年间的最高点4.42%。可以认为五华区为云南省经济超强县域,在公共产品价值评价财政支出效率中长期处于第一、第二的位置。

呈贡区是云南省省会昆明市的市级行政中心所在地，也是全省的高校集聚区，2011—2018 年地区生产总值在全省的排位从 27 位连年进位至 15 位，2015 年由人均量排位 17 位跃上并站稳全省第 9 的位置，2016 年财政总收入则由全省的 30 位跃上并站稳全省第 9 位。呈贡区作为省会城市的市级行政中心的社会效用可通过两个收入来体现，一是 2014 年城镇常住居民人均可支配收入站上全省第 5 位并一直保持；二是农村常住居民人均可支配收入则始终站稳全省第 3 位。呈贡区各项评价指标均呈较明显的上升态势。

红塔区为云南省重要大市玉溪市政府所在地，辖区内有著名的红塔烟草集团，该区是 1998 年 3 月原玉溪地区撤地建市，以卷烟品牌"红塔山"而命名。该区因烟草产业的拉动，经济实力极强，2011—2016 年生产总值均为全省第三，2017 和 2018 年被昆明市盘龙区超越；人均地区生产总值长期居全省第一，2017 和 2018 年被昆明市的官渡区超越；地方财政总收入则在全省第十位开外，2017 年和 2018 年呈后退的趋势，很大程度上是因为分税制政策将大量的烟草税上缴中央了，虽然有一定量的返还，还是拉下了在全省的位次。红塔区呈后退之势，这也表明以单一的烟草工业推动的经济发展方式后劲乏力，经济结构的调整与新型化的重建，应该在现有雄厚的经济基础之上合理布局，实施转型。

从云南省县域经济考核年度财政支出相对效率平均值比较及其排序比较可以看出，云南省十六个市（州）所辖 129 个县（区、市）中，昆明和玉溪两市辖区内共计 23 个县（区、市）2011—2018 年财政支出相对效率平均值均在 0.68 以上，它们在全省 129 个县（区、市）的排位除昆明市的寻甸回族彝族自治县、禄劝彝族苗族自治县和东川区三个贫困县之外，其余的 20 个县（区、市）排位均在 60 位以内。从比较图中还可看出，全省每个市（州）均有效率相对较高的县（区、市），而且可以发现，大部分市（州）财政支出相对效率最高的都出现在市（州）级政府所在地；但也有明显的例外，昭通市的政府所在地昭阳区在 2011—2018 年财政支出相对效率中排名（前五年）100 位以外，之后最好到 67 位，而该市下辖的水富市（2018 年撤县设县级市），则是全省两个八年均有效的县域之一，且有三个年度全省排位第一。

2011—2018 年间，德宏傣族景颇族自治州的州政府所在地芒市财政支出相对效率比全州除盈江县之外的两县一市都低。梁河县公共财政预算支出在全省居 120 位开外，财政支出相对效率却在全省 60 位之内，而芒市的公共财政预算支出是梁河县的 2 倍，财政支出相对效率却处于全省 100 位开外，其陇川县在云南省政府出台的《云南省沿边开放经济带发展规划（2016—2020 年）》中被划入沿边开放经济带，经济获得了发展，其公共财政预算支出在全省 100 位开外。此外，德宏傣族景颇族自治州的瑞丽市也不是州府所在地，是我国唯一按照"境内关外"模式实行特殊管理的边境贸易区；近年来，瑞丽市的发展显著，随着贸易开放的进一步扩大，人民币结算等金融政策在瑞丽边境及境外的推进，瑞丽的还会有更长足的发展，其财政支出于经济社会事业的效率也应该受到更多的重视并获得更好的发展与进步。

红河哈尼族彝族自治州在全国 30 个民族自治州中经济总量居榜首，其州政府所在地于 2003 年年初从个旧市迁至蒙自县，蒙自县和弥勒县分别于 2010 年 9 月和 2013 年 3 月撤县建市，至此，红河哈尼族彝族自治州是全省下辖县级市最多的市（州），达到了四个，分别是蒙自、个旧、开远及弥勒四个县级市。四个市相对而言，综合实力最强的是弥勒市，它与昆明市五华区共同拥有云南省两大烟草集团之一的红云红河烟草集团，并且近年以强大的烟草经济为支撑，崛起了葡萄生产及葡萄酒加工等新兴产业，其旅游业也得到迅猛发展，2011—2018 年经济总量从二三十位提升至全省十位开外，人均经济总量和财政总收入都在全省二十位以内;但其两个收入及公共财政预算支出却处于三四十位,且有较明显的提升趋势。另外,蒙自、开远、个旧三市各项指标与弥勒市有相似的状况,差别主要是个别指标位次的此起彼伏。例如,开远市经济总量在全省的位置较弥勒市后十位开外,而人均经济总量则比弥勒市靠前近十位。综合起来,红河哈尼族彝族自治州所辖四市的经济总量在该州所辖十三县(市)中都处于最强的位置,但财政支出相对效率却仅处于中偏上位置。2011—2018 年红河哈尼族彝族自治州财政支出相对效率最高的是屏边苗族自治县,其经济总量居全省 110 位开外、人均量居 90 位开外,地方公共财政预算支出和地方财政总收入在 120 位开外,城镇和农村居民人均可支配收入分别居 80 位和 120 位左右,固定资产投资在 70 位左右,财政支出相对效率 2018 年有效,居全省第五的位置,其他未达有效的年度位居全省 25—52 位。

从迪庆藏族自治州三个县的财政支出相对效率及该州在市(州)中的效率情况看,2011—2018 年州辖的香格里拉市、德钦县、维西傈僳族自治县在全省 129 个县级中排位分别从 110 位开外提升至 90 位开外、80 位开外、100 位以外,而迪庆藏族自治州的财政支出相对效率则在 2011—2018 年都为有效单元。三县(市)中作为州政府所在地的香格里拉市(2014 年撤县设县级市)和维西傈僳族自治县排位相对靠后,从数据上分析,显然是地方公共财政预算支出过高所致,2011—2018 年香格里拉市在地方公共财政预算支出停留在 20 位以内的同时,其财政支出相对效率逐渐提升至 20 位开外;维西傈僳族自治县地方公共财政预算支出则从 70 位以外调整升至 30 位开外,其财政支出效率由 2011 年的全省第 50 位快速降至 100 位以外。这在现实中是很有意义的,迪庆藏族自治州的香格里拉市既是旅游名胜地,更是全国民族团结边疆稳定的重要示范地,该地在全国五个大藏区中以其团结、稳定、繁荣而成为表率;维西傈僳族自治县与香格里拉市一同为云南省重点生态功能县,财政支出量大些是有价值和意义的,只是涉及这方面的定量指标并未直接进入评价模型中,其财政发挥的有别于其他地方的部分重要效果未得体现,因而,拉低了位次。在 2018 年云南省对 44 个重点生态功能区县的专项考核中香格里拉市和维西傈僳族自治县分列第八和第十一位。

结　语

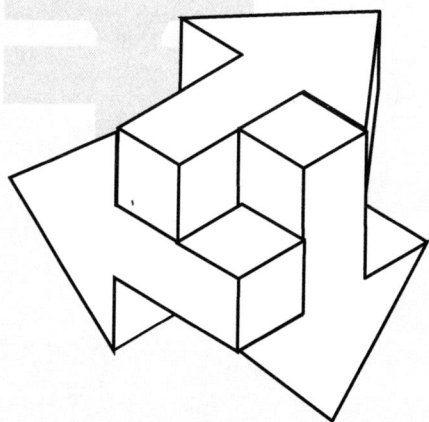

第6章

强调财政的重要性及财政对整个经济社会发展的预见和反映,著名经济学家约瑟夫·熊彼得(Joseph A. Schumpeter,2011)在《资本主义、社会主义和民主》一著作中有经典论述:"一个民族的精神风貌、文明程度、社会结构以及政策可能酿成的行为方式,所有这些甚至更多,都记录在它的财政史上。那些明白怎样读懂这个历史所蕴含的信息的人们,比从其他任何地方都能更清醒地预感到震惊世界的惊雷。"[1]通过对财政支出效率的测算、分析、比较,可以从所选定的角度解读相关信息。

财政部部长刘昆[2]明确指出:"新中国成立后,我国中央和地方财政关系大体经历了统收统支、包干制、分税制三个阶段。其中,1994年实施的分税制财政体制改革,是我国政府间财政关系领域一次具有深远影响的制度变革,为建立符合社会主义市场经济基本要求的政府间财政关系制度框架奠定了基础。"本文对新中国成立以来所经历的财政收支制度做了系统的回顾,定量分析十一届三中全会后全国财政收入和财政支出的状况,得出1993年年底国务院颁布实施分税制改革后我国实现了财政总收入和中央财政占财政总收入比重的两个提高。分税制改革后,我国的省级地方政府逐渐形成与当地经济社会发展形势相对应的财政收支体系。

通过对改革开放后全国和东、中、西部各省(自治区、直辖市)财政支出效率的测算和比较分析,评价我国中央和地方财政支出效率,测算

---

① 约瑟夫·熊彼得.资本主义、社会主义和民主[M].吴良健,译.北京,商务印书馆,2011.
② 刘昆,十三届全国人大常委会专题讲座第十八讲《我国的中央和地方财政关系》.2020,8,13 财政部网站.http://www.mof.gov.cn/zhengwuxinxi/caizhengxinwen/202008/t20200813_3567412.htm.

效率的方法主要采取绝对效率和相对效率两种。财政支出绝对效率的测算选用梁东黎(2003)提出的计算公共产品价值的方法进行,其定义为一地在某年度人均产出与单位产出消耗的财政支出之比,是人均财政支出能力在经济产出上的一种测度,公共产品价值越高,所评价的地方财政支出效率越高。财政支出相对效率的评价则采用较为成熟的数据包络分析(DEA),评价有效单元和无效单元,对各地各年财政支出的相对效率排序,并对非有效单元的投入、产出指标提出改进策略。

测算全国、省(自治区、直辖市)、云南省各市(州)和县(区、市)公共产品价值评价财政支出效率得出,我国各级政府财政支出效率在稳步上升,且与经济发展状况呈正向关系。对测算结果的统计检验,可得出我国东部十一省(市)除海南省之外,财政支出效率处于全国各省(自治区、直辖市)领先水平;中部八省的财政支出效率显著低于东部地区,与全国的水平基本一致;西部十二省(自治区、直辖市)包括了我国省级地方行政机构的全部三种形式,财政支出效率水平呈现多样化格局,但整体上低于中部地区和全国水平。

对测算的改革开放以来各省级政府在 1981—2019 年公共产品价值序列采用结构突变的单位根检验并结合相邻序列的 T 检验,得出各级行政机构从公共产品价值评价财政支出效率中显现出的阶段性:1986 年是改革开放后的第二个五年计划"七五"开局之年,党的十三大召开的前夕,全国各地飞速发展,大部分省(自治区、直辖市)在 1986 年财政支出效率阶段性提升。我国于 1994 年进行分税制财政体制改革,从 1995 年开始又对政府间财政转移支付制度进行了改革,加之 2002 年的所得税收入分享改革,我国基本上建立起了适应社会主义市场经济要求的财政体制框架。2003 年年初的"非典"冲击以及年底召开的十六届三中全会通过的《中共中央关于完善社会主义市场经济体制若干问题的决定》对全国以及各地方政府财政收支结构产生了重要的影响,其产生的效果在 2004 年及其后几年中逐渐显现。因此,在 1995 年前后和 2004 年左右是财政支出效率表现明显的阶段性特征。2009 年世界金融危机开始波及全球,我国以及部分省域受到影响,大部分地区的经济和财政在这年都出现了下滑,经济发展能力强的省域一两年就完成调整,实现较快反弹;而发展能力较弱的地方则在 2009 年出现跳点,并在之后一段时间内进行调整。

从而可以大致将新中国成立以来我国的财政收支状况分为四个阶段:① 新中国成立至改革开放前,为计划经济财政;② 改革开放开始至分税制改革开始实施前,为市场经济财政探索与实践初期;③ 分税制改革开始实施的 1994 年至 2003 年,为市场经济财政早期及地方财政体系形成初期;④ 2004 年至今,为公共财政框架构建初期。

采用财政支出相对效率测算和评价的方法,评比同一时期、不同区域财政支出的有效性及效率的高低效果较为显著。省级以下财政体制是中央和地方财政关系的延伸,是政府间财政关系的重要组成部分。我国省以下财政体制的基本原则为统一领导、分级管理,省级政府在中央指导下,结合本地实际自行确定。在省级以下财政收支中,转移支付来源渠道广、差异大,计算基于特定产出的财政支出效率,对评价一地在一定时间内本级财政支出实施效果具有较强的针对性和实效性。DEA 方法是多输入、多输出非参数估计评价相对效率的有效方法。鉴于数据的获取,结合云南省 2011 年出台的《云南省县域经济发展争先进位评价体系及考核办法(试行)》,构建针对县域经济考核指标的产出导向型(output)两阶段财政支出相对效率 C^2R 模型,获得以云南省县域经济考核指标为导向的地方财政支出相对效率评价系统。对已公布的云南省 16 市(州)及 129 个县(区、市)2011—2018 年度财政支出相对效率进行评价,并分析效率实现情况及改进策略。得出:

(1) 2011—2018 年云南省公布的县域经济考核数据测算财政支

出相对效率有效的单元数市(州)级比县(区、市)级多。16个市(州)2011—2018各年有效单元数为4～6个,占比25%～37.5%;其中,昆明市、玉溪市、西双版纳傣族自治州和迪庆藏族自治州八年都有效,占比25%。129个县(区、市)2011—2018各年有效单元数为4～8个,占比3.1%～6.2%;其中,八年都有效的为昆明市的五华区和昭通市的水富县,七年都有效的为昆明市的呈贡区和玉溪市的红塔区,两者合计占3.1%。2011—2018年云南省市(州)财政支出的相对效率平均达值都在0.8以上;而县级较低,平均在0.5上下,改进的空间及需求较大。

(2)财政支出相对效率有效的单元既有全省经济实力最强的省会城市昆明市(地市级的有效单元)以及昆明市所辖五华区(县级有效单元),也有民族团结边疆稳定的重点示范区域迪庆藏族自治州(地市级的有效单元),还有年财政支出全省最少的昭通市水富县(县级有效单元)。从中可看出财政支出效率有效的单元具有多样性,但均是在一定的财政支出水平下实现产出效果较好的区域。如水富县投入指标地方公共财政预算支出居全省最后,而其产出指标:生产总值、人均生产总值、财政总收入、规模以上固定资产投资、城镇常住居民人均可支配收入及农村常住居民人均可支配收入都不是全省最低,且有的产出指标处于全省中游甚至以上,所以水富县2011—2018年财政支出相对效率均为有效。另如,迪庆藏族自治州是全国五大藏区之一,也是全国藏区中民族团结、边疆稳定的典范,人口虽为全省16市(州)中最少者(仅40余万),但2011—2018年创造的人均地区生产总值达2.4万元/人至5.3万元/人,站稳全省第三的位置;该州的居民收入也居全省前列,其地方公共财政预算支出长期居全省倒数五位内。西双版纳傣族自治州与迪庆藏族自治州有类似的特点,其地方公共财政预算支出处于迪庆藏族自治州之后,六项产出指标位次均在投入指标之前,且农村居民人均可支配收入居全省前列。于是,2011—2018年迪庆藏族自治州和西双版纳傣族自治州都为财政支出相对效率有效单元。

(3) 2011—2018 年两两年度间全省县级财政支出相对效率序列差异矛盾不突出,但波动性矛盾相对突出。表明在现有地方财政支出结构下,要使得一个区域突然大幅提高或者降低其财政支出的相对效率的可能性都不大,相比较而言,提升相对效率的动力要强于降低的阻力,且各输入、输出指标间的结构关系年年都有部分变化。

(4) 通过对一个投入指标地方公共财政预算支出(E)和六个产出指标:生产总值(GDP)、人均生产总值(AGDP)、财政总收入(R)、规模以上固定资产投资(IFA)、城镇居民人均可支配收入(IU)及农村居民人均可支配收入(IR)(2014 年前统计口径为农民人均纯收入)改进策略的分析研究,可得出云南省县域经济考评六个综合评价指标的产出效率都偏低,基本都集中在 10%～50%但具有了一定的基础。2011—2018 年云南省县(区、市)投入指标公共财政预算支出改进策略,总体上,各年需缩减一半以上。六个产出指标在全省的各个县域实现的效果各不相同,城镇居民人均可支配收入(IU)整体上实现的效果较好,地区生产总值(GDP)实现效果次之;其余四个指标中,人均地区生产总值(AGDP)和规模以上固定资产投资(IFA)还有较大的缺口,但改进的效果较明显;而地方财政总收入(R)和农村居民人均可支配收入(IR)缺口较大且呈现拉大的态势。云南省县域经济考核的六个综合评价指标对各县(区、市)财政支出效率提升的要求和发展空间均较大。

(5) 2011—2018 年全省 129 个县(区、市)唯一的投入指标地方公共财政预算支出(E)在各年的改进策略序列与所有六个产出指标在同年的改进策略序列均存在显著差异;而投入指标与产出指标在极少数年度的极少情况下序列波动性差异表现不显著。六个产出指标两两改进策略序列的 21 对比较中,均值在各年基本保持一二对差异不显著,波动性则呈现差异不显著的对数增加的趋势,因而,各产出指标改进策略结构趋同的趋势正有所体现。

　　笔者认为,我国的财政尤其是地方财政,应立足于有限的支出,追求实现效果的最大化。据国家统计局数据①:2019 年我国财政收入规模超过了 19 万亿元,地方财政收入规模接近 9 万亿元,全国财政支出接近 24 万亿元,地方财政支出超过 20 万亿元。财政收支规模已经很庞大了,关键是怎么把这个钱用在刀刃上。各级政府应通过财政支出结构的优化,引导其向公共服务型方向发展,侧重于推动人民收入水平的提高;加大财政在经济社会发展中杠杆作用的正向效应,促进中、小、微企业健康持续发展;不断扩大财政支出的社会覆盖面,实现与社会的良性互动;在不断提高财政支出效率的同时,实现财政稳步增收。各地根据自身的实际情况,向着实现基本公共服务均等化的目标努力。

---

① 国家统计局国家数据网站.https://data.stats.gov.cn/easyquery.htm? cn=C01.2020,8,25.

参考文献

［1］安家康,陈晓和. 国防支出效率的测算及国际比较——基于DEA的分析[J]. 财贸经济,2012(3)：38－45.

［2］才国伟,钱金保. 中国地方政府的财政支出与财政效率竞争[J]. 统计研究,2011(10)：36－46.

［3］蔡卫红,王燕武. 地方政府财政支出效率与影响因素分析——以福建省为例的实证研究[J]. 福建论坛：人文社会科学版,2009(12)：146－149.

［4］曹可成. 财政分权视角下基础教育支出效率测度及影响因素研究[J]. 统计与信息论坛,2020(3)：113－121.

［5］陈焕江,吴延峰. 物流系统绩效综合评价方法的研究[J]. 交通标准化,2005,148(12)：158－160.

［6］陈诗一,张军. 中国地方政府财政支出效率研究：1978—2005[J]. 中国社会科学,2008(4)：65－78.

［7］崔志坤,张燕. 财政分权、转移支付和地方福利性财政支出效率[J]. 财政研究,2017(5)：24－37.

［8］代娟,甘金龙. 基于DEA的财政支出效率研究[J]. 财政研究,2013(8)：22－25.

［9］董翔宇,赵守国,王忠民. 政府效率与要素市场配置效率——基于

财政收支效率视角[J]. 华东经济管理,2019(3):94 - 103.

[10] 杜传忠,张丽. 多重目标约束下我国省级地方政府效率评价——基于偏好型 DEA 模型的实证分析[J]. 中国经济问题,2015(6):15 - 25.

[11] 范念龙,董鸿昆,史永立. 地方政府财政支出效率及优化实证研究——以陕西省延安市为例[J]. 西部金融,2018(1):75 - 77.

[12] 范庆泉,周县华,潘文卿. 从生产性财政支出效率看规模优化:基于经济增长的视角[J]. 南开经济研究,2015(5):24 - 39.

[13] 伏润民,常斌,缪小林. 我国省对县(市)一般性转移支付的绩效评价——基于 DEA 二次相对效益模型的研究[J]. 经济研究,2008(11):62 - 73.

[14] 傅勇,张晏. 中国式分权与财政支出结构偏向:为增长而竞争的代价[J]. 管理世界,2007(3):4 - 12.

[15] 付志宇,严文宏. 地方政府财政支出效率评价、解析与提升——基于四川省各市(州)视角[J]. 东北财经大学学报,2018(5):58 - 66.

[16] 郭庆旺,贾俊雪. 财政分权、政府组织结构与地方政府支出规模[J]. 经济研究,2010(11):59 - 72.

[17] 郭长林. 财政支出效率管理:理论分析[J].合作经济与科技,2007(8):83 - 84.

[18] 姜扬. 地方政府质量与民生性财政支出效率[J]. 中国行政管理,2019(3):133 - 139.

[19] 贾康,赵全厚. 中国财政改革 30 年:政策操作与制度演进[J]. 改革,2008(5):5 - 23.

[20] 贾俊雪,郭庆旺,宁静. 财政分权、政府治理结构与县级财政解困[J]. 管理世界,2011(1):30 - 39.

［21］贾俊雪,应世为. 财政分权与企业税收激励——基于地方政府竞争视角的分析［J］. 中国工业经济,2016(10)：23-39.

［22］韩松,魏权龄. 资源配置的非参数 DEA 模型［J］. 系统工程理论与实践,2002(7)：59-64.

［23］李永友. 我国财政支出结构演进及其效率［J］. 经济学(季刊),2010(1)：307-332.

［24］李世刚,尹恒. 县级基础教育财政支出的外部性分析——兼论"以县为主"体制的有效性［J］. 中国社会科学,2012(11)：81-97.

［25］李燕凌,欧阳万福. 县乡政府财政支农支出效率的实证分析［J］. 经济研究,2011(10)：110-122.

［26］李燕,王晓. 国家治理视角下我国地方财政透明对财政支出效率的影响研究［J］. 中央财经大学学报,2016(11)：3-10.

［27］李一花,魏群,李雪妍. "省直管县"财政改革对县级政府财政支出效率的影响研究［J］. 经济与管理评论,2016(1)：79-88.

［28］李永友,沈坤荣. 辖区间竞争、策略性财政政策与 FDI 增长绩效的区域特征［J］. 经济研究,2008(5)：58-69.

［29］梁东黎. 论公共产品的价值［J］. 江苏社会科学,2003(3)：1-5.

［30］梁东黎. 提高财政支出效率的结构因素［J］. 南京审计学院学报,2004(3)：23-27.

［31］刘建徽,张明,张芳芳,周志波. 财政支出缩小城乡居民收入差距的效率研究［J］. 农业技术经济,2012(9)：52-59.

［32］刘江会,王功宇. 地方政府财政竞争对财政支出效率的影响——来自长三角地级市城市群的证据［J］. 财政研究,2017(8)：56-68.

［33］刘穷志,卢盛峰. 财政支农支出绩效评估与数量优化研究［J］. 中南财经政法大学学报,2009(2)：51-56.

[34] 庞伟,孙玉栋. 财政分权、地方政府竞争对财政支出效率的空间效应[J]. 现代经济探讨,2018(10)：42-49.

[35] 乔俊峰,陈宇旺. 减税增支压力下地方政府财政支出效率研究——基于 DEA-Malmquist 方法的实证分析[J]. 经济与管理评论,2017(4)：94-101.

[36] 覃鹏,梁才,谭开通,梁远. 地方政府财政支出效率研究——基于广西 14 地市数据的实证分析[J]. 区域金融研究,2013(5)：70-75.

[37] 茹玉骢,王文雯. 地方财政社会基础设施支出效率动态的再测度——基于金融危机前后的数据比较[J]. 浙江学刊,2016(3)：188-195.

[38] "深化财税体制改革"课题组,宋立. 深化我国财政税收体制改革的总体思路、主要任务与改革重点(总报告)[J]. 经济研究参考,2009(26)：2-27.

[39] 孙杰,邓群钊,林永钦,肖丽群. 财政支出效率评价与政策启示——基于五大发展理念政府绩效[J]. 华东经济管理,2017(4)：104-110.

[40] 孙群力,罗艳,陈平. 京津冀城市群财政支出效率研究[J]. 审计与经济研究,2016(1)：102-109.

[41] 谭之博,周黎安,赵岳. 省管县改革、财政分权与民生——基于"倍差法"的估计[J]. 经济学(季刊),2015(3)：1093-1114.

[42] 唐齐鸣,王彪. 中国地方政府财政支出效率及影响因素的实证研究[J]. 金融研究,2012(2)：48-60.

[43] 唐颖,赵文军. 公共支出与我国经济增长方式转变——基于省际面板数据的实证检验[J]. 财贸经济,2014(4)：14-29.

[44] 王德祥,张权. 中国城市政府公共支出效率分析——基于四阶段

DEA方法的实证研究[J]. 财经科学,2011(3)：41-48.

[45] 王检,石大千,吴可. 财政支出效率与产业结构：要素积累与流动——基于DEA和省级面板数据模型的实证研究[J]. 管理现代化,2016(3)：15-18.

[46] 王谦,李超. 基于三阶段DEA模型的我国财政支农支出效率评价[J]. 财政研究,2016(8)：66-77.

[47] 王谦,张兴荣. 基于DEA-Tobit模型的财政支农支出效率评价与影响因素——以山东省为例[J]. 系统工程,2017(4)：91-100.

[48] 王谦,董艳玲. 公共风险约束下中国地方财政支出效率评价与影响因素分析[J]. 财政研究,2018(11)：46-61.

[49] 王谦,于楠楠. 基于超效率SBM-DEA模型的山东省财政环境保护支出效率评价[J]. 经济与管理评论,2020(2)：113-122.

[50] 王谦,董玥,董艳玲. 创新驱动发展战略下中国财政科技支出效率评价——基于三阶段超效率SBM-DEA模型. 科技管理研究,2020(5)：23-33.

[51] 王守坤,任保平. 中国省级政府间财政竞争效应的识别与解析：1978—2006年[J]. 管理世界,2008(11)：32-43.

[52] 王新宇. 基于DEA模型的城市百货零售企业经营效率评估[J]. 系统工程,2001(1)：56-60.

[53] 王瑛,孙林岩,陈宏. 基于两阶段的物流系统综合评价DEA/AHP法[J]. 长安大学学报(自然科学版),2003,23(3)：79-84.

[54] 吴骏,钱菲菲. 安徽省新型城镇化建设财政支出效率评价及影响因素分析[J]. 合肥工业大学学报(社会科学版),2015(6)：16-21.

[55] 吴俊培. 财政支出效益评价问题研究[J]. 财政研究,2003(1)：15-17.

[56] 席鹏辉,刘晔. 财政分权对财政支出效率影响的实证检验[J]. 统计与决策,2014(12):139-143.

[57] 续竞秦,杨永恒. 地方政府基本公共服务供给效率及其影响因素实证分析——基于修正的 DEA 两步法[J]. 财贸研究,2011(6):89-96.

[58] 许坤,管治华. 地方政府财政支出效率及其影响因素分析——以安徽省为例[J]. 华东经济管理,2016(9):34-40.

[59] 许伟,肖承忠. 数据包络分析方法的灵敏度分析[J]. 上海机械学院学报,1990(3):16-22.

[60] 徐琰超,杨龙见. 财政分权、转移支付与地方政府福利性支出效率[J]. 金融评论,2014(2):37-49.

[61] 徐永胜,乔宝云. 财政分权度的衡量:理论及中国 1985—2007 年的经验分析[J]. 经济研究,2012(10):4-13.

[62] 杨伯坚. 2004—2008 年中国财政农业支出效率的实证分析——基于省际面板数据的 DEA-TOBIT 两步法[J]. 财政研究,2012(3):23-25.

[63] 杨林,许敬轩. 地方财政公共文化服务支出效率评价与影响因素[J]. 中央财经大学学报,2013(4):7-13.

[64] 叶青,杨丞娟. 武汉城市圈财政支出效率评价[J]. 审计与决策,2013(18):100-102.

[65] 詹新宇,韩雪君. 中国式财政分权、支出偏向与财政支出效率——基于省际面板数据的 Tobit 模型分析[J]. 华中师范大学学报(人文社会科学版),2017(6):52-64.

[66] 张践祚,李贵才. 城市财政支出效率及其影响因素研究——基于 2003—2012 年中国 283 个地级以上城市的面板数据[J]. 社会发展研究,2015(4):24-42.

[67] 赵霞,段玉铭,张雪. 中国公共财政支出的绩效评估研究——基于公平与效率兼顾的视角[J]. 国家行政学院学报,2011(1)：88 - 93.

[68] 赵为民,李光龙. 财政分权、纵向财政失衡与社会性支出效率[J]. 当代财经,2016(7)：24 - 35.

[69] 晁毓欣. 基于公共品生命周期模型的财政支出效率评价研究[J]. 经济与管理评论,2013(5)：120 - 126.

[70] 周亚虹,宗庆庆,陈曦明. 财政分权体制下地市级政府教育支出的标尺竞争[J]. 经济研究,2013(11)：127 - 139.

[71] 周业安,章泉. 财政分权、经济增长和波动[J]. 管理世界,2008(3)：6 - 15.

[72] 朱柏铭,祝燕君. 财政支出与经济增长关系研究——基于中国1978—2005 年数据的验证[J]. 技术经济与管理研究,2008(3)：59 - 63.

[73] 朱浩,傅强,魏琪. 地方政府环境保护支出效率核算及影响因素实证研究[J]. 中国人口·资源与环境,2014(6)：91 - 96.

[74] Adler N，Lea F and Zilla S S. Review of Ranking Methods in the Data Envelopment Analysis Context[J]. European Journal of Operational Research，2002，140(2)：249 - 265.

[75] Andersen P and Petersen N C. A procedure for Ranking Efficient Units in Data Envelopment Analysis[J]. Management Science，1993，39(10)：1261 - 1294.

[76] Balaguer-Coll M，Prior-Jimenez，Vela-Bargurs. Efficiency and Quality in Local Government Management. The Case of Spanish Local Authorities[R]. Universitat Autonoma de Barcelona，Working Paper 2002(2).

[77] Banker R D, Conrad R F, Strauss R P. A Comparative Application of Data Envelopment Analysis and Translog Methods: an Illustrative Study of Hospital Production [J]. Management Science, 1986, 32(1): 30 - 44.

[78] Bessent A, Bessent W, Kennington J, Reagan B. An Application of Mathematical Programming to Assess Productivity in the Houston Independent School District[J]. Management Science, 1982, 28 (12): 1355 - 1367.

[79] Boussofiance A, Dyson R G, Thanassoulis E. Applied Data Envelopment Analysis [J]. European Journal of Operational Research, 1991, 52(1): 1 - 15.

[80] Bowlin W F. Evaluating the Efficiency of US Air Force real-property Maintenance Activities[J]. Journal of the Operational Research Society, 1987, 38(2): 127 - 135.

[81] Braglia M, Zanoni S, Zavanella L. Measuring and Benchmarking Productive Systems Performances Using DEA: an Industrial Case [J]. Production Planning & Control, 2003, 14(6): 542 - 554.

[82] Charnes A, Clark T, Cooper W W, et al. A Development Study of Data Envelopment Analysis in Measuring the Efficiency of Maintenance Units in U. S. Air Forces[J]. Annals of Operations Research, 1984, 2(1): 95 - 112.

[83] Charnes A, Cooper W W, Lewin Y A, et al. Data Envelopment Analysis: Theory, Methodology, and Applications[M]. USA: Kluwer Academic Publisher, 1994: 158 - 183.

[84] Charnes A, Cooper W W, Rhodes E. Measuring the Efficiency of Decision Making Units [J]. European Journal of Operational

Research, 1978, 2(6): 429 - 444.

[85] Charnes A. Sensitivity and Stability Analysis in DEA[J]. Annals of Operations Research, 1984, 2(1): 139 - 156.

[86] Cook W D, Hababou M, Liang L. Financial Liberalization and Efficiency in Tunisian Banking Industry: Dea Test [J]. International Journal of Information Technology & Decision Making, 2005, 4(3): 455 - 475.

[87] Cook W D, Kress M, Seiford L M. Data Envelopment Analysis in the Presence of Both Quantitative and Quantitative Factors[J]. Journal of the Operational Research Society, 1996, 47 (7): 945 - 953.

[88] Cooper W W, Wei Quanling, Yu G. Using Displaced Cone Representation in DEA Models for Non-dominated Solutions in Multi-objective Programming [J]. Systems Science & Mathematical Sciences, 1997(1): 41 - 49.

[89] Friedman L, Stern Z S. Combining Ranking Scales and Selecting Variables in the DEA Context: The Case of Industrial Branches [J]. Computers Operations Research, 1998, 25(9): 781 - 791.

[90] Gattoufi S, Oral M, Reisman A. Data Envelopment Analysis Literature: a Bibliography Update (1951—2001) [J]. Social Science Electronic Publishing, 2004, 38(2 - 3): 159 - 229.

[91] Giokas D. The Use of Goal Programming, Regression Analysis and Data Envelopment Analysis for Estimating Efficient Marginal Costs of Hospital Services[J]. Journal of Multi-Criteria Decision Analysis, 2002, 11(4 - 5): 261 - 268.

[92] Golany B, Storbeck J E. A Data Envelopment Analysis of the

Operational Efficiency of Bank Branches [J]. Critical Asian Stuclies, 1999, 29(3): 14 - 26.

[93] Hashimoto A. A Ranked Voting System Using a DEA/AR Exclusion Model: A Note[J]. European Journal of Operational Research, 1997, 97(3): 600 - 604.

[94] Howland M, Rowse J C. Measuring Bank Branch Efficiency Using Data Envelopment Analysis: Managerial and Implementation Issues [J]. NFOR, 2006, 44(1): 49 - 63.

[95] Jacobs R. Alternative Methods to Examine Hospital Efficiency: Data Envelopment Analysis and Stochastic Frontier Analysis[J]. Health Care Management Science, 2001, 4(2): 103 - 115.

[96] Jia, Junxue, Guo, Qingwang, Zhang, Jing. Fiscal Decentralization and Local Expenditure Policy in China[J]. China Economic Review, 2014(28): 107 - 122.

[97] Johnes J. Data Envelopment Analysis and Its Application to the Measurement of Efficiency in Higher Education[J]. Economics of Education Review, 2006, 25(3): 273 - 288.

[98] Lanne M, Lutkepohl H and Saikkonen P. Comparison of Unit Root Tests for Time Series With Level Shifts[J]. Journal of Time Series Analysis, 2002(23): 667 - 685.

[99] M. Al-Shammari. A Multi-criteria Data Envelopment Analysis Model for Measuring the Productive Efficiency of Hospitals[J]. International Journal of Operations & Production Management, 1999, 19(9): 879 - 891.

[100] Miller J G, Roth A V. Taxonomy of Manufacturing Strategies [J]. Management Science, 1994, 40(3): 285 - 304.

[101] Narasimhan R, Talluri S, Mendez D. Supplier Evaluation and Rationalization Via Data Envelopment Analysis: an Empirical Examination[J]. Journal of Supply Chain Management, 2001, 37(3): 28 - 37.

[102] Parkin D, Hollingsworth B. Measuring Production Efficiency of Acute Hospitals in Scotland, 1991—94: Validity Issues in Data Envelopment Analysis[J]. Applied Economics, 1997, 29(11): 1425 - 1433.

[103] Ross A D, Droge C. An Analysis of Operations Efficiency in Large — scale Distribution Systems[J]. Journal of Operations Management, 2004(21): 673 - 688.

[104] Seiford L M and Zhu J. Infeasibility of Super-efficiency Data Envelopment Analysis Models [J]. INFOR, 1999, 37 (2): 174 - 187.

[105] Seiford L M. Data Envelopment Analysis: the Evolution of the State of the Art (1978—1995)[J]. The Journal of Productivity, 1996(7): 99 - 137.

[106] Sengupta J K. Transformations in Stochastic DEA Models[J]. Journal of Econometrics, 1990, 46(1 - 2): 109 - 123.

[107] Sherman H D, Gold E. Bank Branch Operating Efficiency: Evaluation with Data Envelopment Analysis [J]. Journal of Banking & Finance, 1985, 9(2): 297 - 315.

[108] Stern Z S, Mehrez A, Hadad Y. An AHP/DEA Methodology for Ranking Decision Making Units[J]. International Transactions in Operational Research, 2000, 7(2): 109 - 124.

[109] Subash B A. Manufacturing Performance Measurement Systems: a

Review[J]. International Journal of Manufacturing Technology &. Management, 2003, 5(5-6): 398-413.

[110] Sueyoshi T. DEA Non-parametric Ranking Test and Index Measurement: Slack-adjusted DEA and an Application to Japanese Agriculture Cooperatives[J]. Omega, 1999, 27(3): 315-326.

[111] Sueyoshi T, Ohnishi K, Kinase Y. A Benchmark Approach for Baseball Evaluation [J]. European Journal of Operational Research, 1999, 115(3): 429-448.

[112] Taylor B, Harris G. Relative Efficiency Among South African Universities: a Data Envelopment Analysis [J]. Higher Education, 2004, 47(1): 73-89.

[113] Thrall R M. Chapter 5 Duality, Classification and Slacks in DEA [J]. Annals of Operations Research, 1996, 66(2): 109-138.

[114] Torgersen A M, Forsund F R and Kittelsen S A C. Slack-adjusted Efficiency Measures and Ranking of Efficient Units[J]. Journal of Productivity Analysis, 1996, 7(4): 379-398.

[115] Vahid S, Sowlati T. Efficiency Analysis of the Canadian Wood-product Manufacturing subsectors: A DEA approach[J]. Forest Products Journal, 2007, 57(1-2): 71-77.

[116] Wei Quanling. Data envelopment analysis[J]. Chinese Science Bulletin, 2001, 46(16): 1321-1331.

[117] Wong W P, Wong K Y. Supply Chain Performance Measurement System Using DEA Modeling[J]. Industrial Management &. Data Systems, 2007, 107(3): 361-381.

[118] Worthington A C. Cost Efficiency in Australian Local Government:

A Comparative Analysis of Mathematical Programming and Econometrical Approaches [J]. Financial Accountability & Management, 2001, 16(3): 201 - 223.

[119] Yao Chen, Joe Zhu. DEA Models for Identifying Critical Performance Measures [J]. Annals of Operations Research, 2003, 124(11): 225 - 244.

[120] Ying Chu Ng, Sung Ko Li. Measuring the Research Performance of Chinese Higher Education Institutions: an Application of Data Envelopment Analysis[J]. Education Economics, 2000, 8(2): 139 - 156.

[121] Zhu J. Robustness of the efficient DMUs in Data Envelopment Analysis[J]. European Journal of Operational Research, 1996, 90(3): 451 - 460.

[122] Zilla S S, Friedman L. DEA and the Discriminate Analysis of Ratios for Ranking Units[J]. European Journal of Operational Research, 1998(111): 470 - 478.